权威·前沿·原创

皮书系列为
“十二五”“十三五”国家重点图书出版规划项目

BLUE BOOK

智库成果出版与传播平台

一带一路智库合作联盟

"一带一路"投资安全蓝皮书

BLUE BOOK OF INVESTMENT SECURITY OF THE "BELT AND ROAD" CONSTRUCTION

中国"一带一路"投资安全研究报告（2020）

ANNUAL REPORT ON INVESTMENT SECURITY OF CHINA'S THE "BELT AND ROAD" CONSTRUCTION (2020)

主　编／计金标　梁昊光

副主编／余金艳　袁胜军

社会科学文献出版社
SOCIAL SCIENCES ACADEMIC PRESS (CHINA)

图书在版编目(CIP)数据

中国"一带一路"投资安全研究报告.2020 / 计金标,梁昊光主编. --北京:社会科学文献出版社,2020.8
("一带一路"投资安全蓝皮书)
ISBN 978-7-5201-6881-6

Ⅰ.①中… Ⅱ.①计… ②梁… Ⅲ.①"一带一路"-投资风险-研究报告-中国-2020 Ⅳ.①F125

中国版本图书馆 CIP 数据核字(2020)第122018号

"一带一路"投资安全蓝皮书
中国"一带一路"投资安全研究报告(2020)

主　　编 / 计金标　梁昊光
副 主 编 / 余金艳　袁胜军

出 版 人 / 谢寿光
责任编辑 / 仇　扬

出　　版 / 社会科学文献出版社·当代世界出版分社(010)59367004
地址:北京市北三环中路甲29号院华龙大厦　邮编:100029
网址:www.ssap.com.cn
发　　行 / 市场营销中心(010)59367081　59367083
印　　装 / 天津千鹤文化传播有限公司

规　　格 / 开 本:787mm×1092mm　1/16
印 张:21.5　字 数:322千字
版　　次 / 2020年8月第1版　2020年8月第1次印刷
书　　号 / ISBN 978-7-5201-6881-6
定　　价 / 168.00元

“一带一路”投资安全蓝皮书
编　委　会

主编简介

计金标 北京第二外国语学院党委副书记、校长，经济学博士，教授，博士生导师，中国“一带一路”战略研究院院长。教育部全国财政学类专业教学指导委员会委员、教育部全国旅游职业教育教学指导委员会副主任委员、中国税务学会学术研究委员会委员等。出版学术著作6部，代表性著作：《生态税收论》《个人所得税政策和改革》。在《财贸经济》《税务研究》《财政研究》《光明日报》《经济日报》等报刊上发表论文百余篇。出版教材10余部，其中主编国家级“十五”规划、“十一五”规划教材2部；主编的《税收筹划概论》被评为北京市精品教材。获教育部优秀青年教师资助计划特别资助，霍英东教育基金会高等学校优秀青年教师奖、北京市第七届哲学社会科学优秀成果二等奖、国家税务总局优秀科研成果一等奖、财政部跨世纪学科带头人、北京市青年学科带头人、北京市优秀青年教师和青年骨干教师等奖励和荣誉称号。

梁昊光 北京第二外国语学院中国“一带一路”战略研究院执行院长、国家“一带一路”数据分析与决策支持北京市重点实验室主任，经济学博士，教授，博士生导师，北京市首都发展研究院院长。目前主持国家社科基金重大项目“系统规划设计‘一带一路’互联互通研究”（18VDL001）、北京市社会科学基金重点项目“国家一带一路战略推进北京国家文化中心建设提速创新支撑平台研究”和国家发展和改革委员会重点项目“北京非首都功能向雄安新区疏解转移的内生动力机制研究”等课题。曾获国土资源部第十一届“国土资源科学技术奖”一等奖、北京市第十四届哲学社会科学优秀成果二等奖，在《地理学报》《学术前沿》《新华文摘》等刊物上发表论文40余篇，撰写的多篇资政报告多次获得中央和国家领导人肯定性批示，入选2009年“北京市优秀人才计划”。

摘　要

2020年，新冠肺炎疫情继续冲击全球市场，经济活动几近停滞，全球生产和消费严重收缩，其对全球2020年经济发展和经济安全构成巨大威胁和影响。在这个背景下，我们期待“一带一路”产业链合作重构全球供应链和价值链格局，以此为起点建立全球经济新秩序。

新型全球化背景下，产业分工作为经济发展的基础，在不断调整与重构的进程中成为世界形势变革的重要驱动力量。我们可以看到，2013年以来，共建“一带一路”促进全球产业分工格局变化为很多发展中国家融入经济全球化发展开放型经济带来了重要机遇，包括中国在内的部分发展中国家通过融入发达国家跨国公司主导的全球产业分工体系，实现了经济快速发展和一定程度上的产业转型升级。

在第四次产业转移的契机下，“一带一路”带动共建国家的产业升级和工业化水平提升。例如，我国钢铁企业通过在印度尼西亚、马来西亚、塞尔维亚、南非等国家兴建钢铁生产基地、参与项目合作等方式，将钢铁制造业向外转移。在此过程中，中国制造业行业结构得以优化，技术密集型产业成为制造业主导产业，中国也向共建国家输出了部分先进技术。

深化产能合作带来了更多的机会，涉及行业包括化学制品制造、汽车制造、计算机通信设备制造、医药制造和交通、建筑等。2019年建筑业同比增长48.7%；期待在2020年第三、第四季度通过积极承揽交通项目建设、电力工程建设等基础设施项目，在释放国内产能的同时，改善当地发展环境，为其带来新机遇。

《中国“一带一路”投资安全研究报告（2020）》前瞻世界经济与新型全球化，构建了“一带一路”投资经济安全、金融安全、政治安全、社会安全四大指标，32 个子指标的模型，定性定量结合，并将定性分析量化，根据具体指标，采纳相应的国际权威分析机构的打分/评级结果，围绕贸易、科技、金融和文化投资安全，科学评价企业面临的机遇与风险，全面分析“一带一路”共建国家的国别动态，客观评估其综合发展环境。总的来看，“一带一路”国际化合作指数普遍得到提升。在资金融通、设施联通、贸易畅通的推进过程中，“一带一路”重塑了全球产业链和供应链的基本格局。

数字经济成为“一带一路”与全球产业链联动的重要枢纽。中国的数字经济发展迅猛，在“一带一路”共建国家甚至全球均处于领先地位。“一带一路”联系西方发达国家与新兴发展中国家。在全球经济“单体运行”的主态势下，中国利用现有数字经济技术和经验，同“一带一路”共建国家展开合作，帮助其在新型电子贸易、电子货币等数字经济领域跟上时代步伐。通过更大程度的开放与西方国家重新锻造产业链，倒逼经济结构升级，最终使“一带一路”与全球产业链形成“东西联动”格局。

“一带一路”互联互通为全球供应链迎来更加广阔的发展空间。目前，交通设施联通成效初显，运输便利化加速货物贸易往来。我国已与世界 200 多个国家和地区的 600 多个主要港口建立航线联系，海运互联互通指数保持全球第一。新亚欧大陆桥、孟中印缅经济走廊、中巴经济走廊等骨干通道的建设也提升了互联互通的水平。运输效率显著提升，互联互通软硬件设施逐渐完善，带来了进出口总额和货物运输需求的持续增长，一旦疫情结束，物流行业以及供应链管理均提供了发展机遇。2020 年继续加强交通枢纽、物流通道、信息平台等基础设施建设，推进与“一带一路”共建国家互联互通，在此基础上推动国际产能和装备制造合作，推进边境经济合作区、跨境经济合作区等的建设，同时大力鼓励企业深化对外投资合作，逐步建立本地化的供应链体系，积极地融入全球供应链网络。

“一带一路”推动国际贸易合作，融入全球价值链。近年来，借助“一带一路”行之有效的经济合作平台，中国与“一带一路”共建国家的货物贸易额年均增长 19%，高出同期我国对外贸易平均增速 4 个百分点。随着“一带一路”建设走向深入，未来中国与共建国家贸易投资还将有快速大幅增加。2020 年中国将通过中间品贸易将更多发展中国家带入世界活动中，参与国际贸易合作，融入全球价值链。

共建全球贸易体系和伙伴关系，构建“一带一路”包容性全球价值链。在此次全球公共突发卫生事件背景下，“本地化取代国际化”“制造业回流”“贸易保护主义”等使全球价值链向碎片化发展，全球价值链结构受到冲击和挑战。以“一带一路”为创新引领的新型国际关系和对外开放战略，在国际贸易结构方面引领多边合作共同抵御“逆全球化”冲击，建设自贸区和经贸合作区，提高国际贸易活跃性，在制度上推动建立多种协商机制、多边合作组织，推动多边协议签订，发挥“一带一路”价值链引领作用；由被动接受国际治理规则到主动维护广大发展中国家的利益，推动世界经济发展，打造更高效、更有活力的价值链新格局。

总之，投资与贸易的安全是推动“一带一路”多边主义进一步深化的战略重点，“一带一路”国际合作也将成为“十四五”时期中国经济发展、打造广阔市场的主导力量。

目录

Ⅰ 总报告

Ⅱ 专题篇

Ⅲ 合作关系篇

Ⅳ 产业发展篇

皮书数据库阅读**使用指南**

总　报　告

General Report

B.1

中国对“一带一路”共建国家投资安全形势分析（2019~2020）*

余金艳　梁昊光**

摘　要： 目前，中国对“一带一路”共建国家的投资覆盖面持续扩大，金额稳中有升，行业领域广泛且结构持续优化。与此同时，其投资安全依然受多方面因素影响，主要包括经济、金融、政治、社会、对华关系安全等因素。本研究报告基于相关理论基础和实践经验，构建了包含5个一级指标、38个二级指标的投资安全评价模型，并以投资安全指数作为综合衡

* 中国“一带一路”投资与安全研究课题组组长：计金标，课题组成员：梁昊光、袁胜军、余金艳、张耀军、兰晓、薛海丽、张钦、郭艳军、白雪、王瑞平、李晴、安然、肖宣昂。本研究受到首都对外文化贸易与文化交流协同创新中心资助。

** 余金艳，北京第二外国语学院国家“一带一路”数据分析与决策支持北京市重点实验室学术秘书，博士；梁昊光，教授，博士生导师，北京第二外国语学院国家“一带一路”数据分析与决策支持北京市重点实验室主任，北京市首都发展研究院院长。

量中国企业对“一带一路”共建国家投资的安全参考。总体来看，“一带一路”共建国家的投资安全指数依然参差不齐，新加坡最高，也门最低，中东欧区域整体较高，西亚北非区域整体偏低。建议根据投资安全水平因地制宜，加强顶层设计，建立多领域的合作和对话机制，积极参与不稳定因素的治理，提升中国对“一带一路”共建国家的投资安全水平。

关键词： “一带一路”　对外直接投资　投资安全　投资风险

一　中国对“一带一路”共建国家投资概况

（一）中国对外投资稳步增长，对世界经济贡献明显

近年来，尽管世界外向型投资的政策环境不如出口导向型增长和发展的全盛时期温和，但中国对外投资占全球的份额依然稳步增长。2018 年，中国对外直接投资净额达 1430.4 亿美元，占全球份额的 14.10%。从双向投资来看，中国对外直接投资与吸引外国直接投资（1390.4 亿美元）基本持平。联合国贸易和发展会议（UNCTAD）发布的《世界投资报告 2019》显示，中国是世界第二大投资国，存量投资居世界第三位。2012～2018 年，中国已经连续 7 年位居世界对外直接投资流量前三，对世界经济的贡献日益凸显。

从时间序列来看（见图 1），2018 年中国对外直接投资是 2002 年的 53 倍，自 2016 年起占全球的比重连续 3 年超过 10%，中国对外投资在全球外国直接投资中的影响力不断扩大。2002～2018 年中国对外投资的年均增长速度高达 28.2%，2013～2018 年累积总额达 8741.1 亿美元，占对外直接投资存量规模的 44.1%。

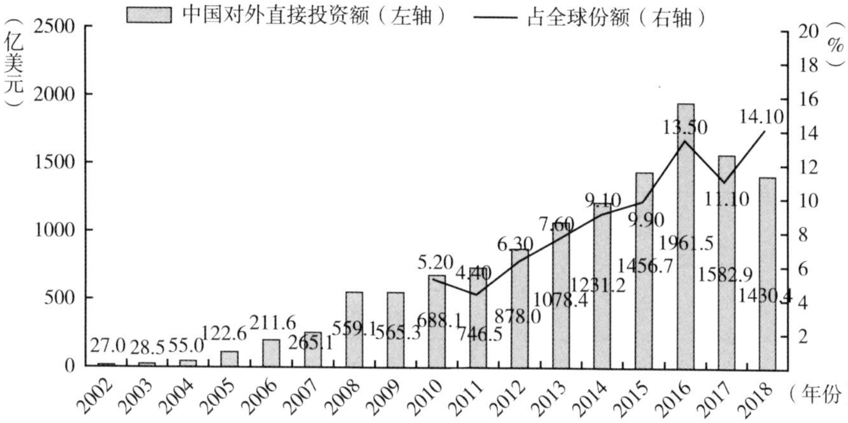

图 1　2002 ~ 2018 年中国对外直接投资额及占全球份额

资料来源：各年《中国对外直接投资统计公报》和《世界投资报告》。

（二）对“一带一路”共建国家投资覆盖面扩大，金额稳中有升

随着“一带一路”建设的推进，中国对“一带一路”共建国家的投资活动存在巨大空间，投资覆盖面不断扩大，投资呈现螺旋式稳中有升的趋势，并越发普遍化和多元化。受全球经济复苏步伐缓慢以及贸易保护主义盛行等因素的影响，中国对“一带一路”共建国家的直接投资，呈现明显的“增长—保持—增长”态势，从 2015 年的 148.2 亿美元，上升至 2018 年的 156.4 亿美元，年均增长约 1.8%；投资国家数量也从 2015 年的 49 个上升至 2017 年的 59 个，2018 年和 2019 年稳定在 56 个。近年的对外投资总额占比维持在 12% ~ 13%（见表 1）。

表 1　2015 ~ 2019 年中国对“一带一路”共建国家直接投资情况

年份	投资国家数量(个)	投资额(亿美元)	占比(%)	增长率(%)	主要流向
2015	49	148.2	—	18.20	新加坡、哈萨克斯坦、老挝、印度尼西亚、俄罗斯、泰国
2016	53	145.3	8.50	-1.96	新加坡、印度尼西亚、印度、泰国、马来西亚

续表

年份	投资国家数量(个)	投资额(亿美元)	占比(%)	增长率(%)	主要流向
2017	59	143.6	12.00	-1.17	新加坡、马来西亚、老挝、印度尼西亚、巴基斯坦、越南、俄罗斯、阿联酋、柬埔寨
2018	56	156.4	13.00	8.91	新加坡、老挝、越南、印度尼西亚、巴基斯坦、马来西亚、俄罗斯、柬埔寨、泰国、阿联酋
2019(至11月)	56	127.8	12.90	-1.40	新加坡、老挝、越南、印度尼西亚、泰国、巴基斯坦、阿联酋、马来西亚、柬埔寨、哈萨克斯坦

资料来源：商务部网站。

中国对“一带一路”共建国家投资主要流向东南亚，新加坡多年来高居榜首，老挝、马来西亚、印度尼西亚、越南、泰国、柬埔寨等国家也持续吸引我国投资，此外南亚的印度和巴基斯坦、中亚的哈萨克斯坦、东北亚的俄罗斯、西亚的阿联酋等也是我国对“一带一路”共建国家投资的重点区域。2018 年末，中国对“一带一路”共建国家的直接投资存量为 1727.7 亿美元，占中国对外投资存量的 8.7%（见表 2）。存量位列前十的国家是：新加坡、俄罗斯、印度尼西亚、马来西亚、老挝、哈萨克斯坦、阿拉伯联合酋长国、柬埔寨、泰国、越南。

表 2　2018 年中国对“一带一路”共建国家直接投资及存量情况

单位：万美元

国家(地区)	2018 年投资	2018 年底存量	国家(地区)	2018 年投资	2018 年底存量
合计	1788574	17276851	罗马尼亚	157	30462
阿尔巴尼亚	172	642	马尔代夫	-155	7477
阿富汗	-16	40444	马来西亚	166270	838724
阿拉伯联合酋长国	108101	643606	蒙古国	-45713	336507
阿曼	5191	15068	孟加拉国	54365	87023
阿塞拜疆	-105	918	缅甸	-19724	468006
埃及	22197	107926	摩尔多瓦	0	387
爱沙尼亚	5322	5684	尼泊尔	5122	37919
巴基斯坦	-19873	424682	塞尔维亚	15341	27141
巴勒斯坦	0	4	沙特阿拉伯	38307	259456

续表

国家(地区)	2018 年投资	2018 年底存量	国家(地区)	2018 年投资	2018 年底存量
巴林	-235	7196	斯里兰卡	783	46893
白俄罗斯	6773	50378	斯洛伐克	1462	9929
保加利亚	-168	17109	斯洛文尼亚	1328	4009
北马其顿	183	3630	塔吉克斯坦	38824	194483
波黑	0	434	泰国	73729	594670
波兰	11783	52373	土耳其	35282	173368
东帝汶	-1032	16668	土库曼斯坦	-3830	31193
俄罗斯	72524	1420822	文莱	-1509	22045
菲律宾	5882	83002	乌克兰	2745	9048
格鲁吉亚	8023	63970	乌兹别克斯坦	9901	368988
哈萨克斯坦	11835	734108	新加坡	641126	5009383
黑山	1272	6286	匈牙利	9495	32069
吉尔吉斯斯坦	10016	139308	叙利亚	-1	87
柬埔寨	77834	597368	亚美尼亚	1964	4961
捷克	11302	27923	也门	1045	62300
卡塔尔	-36810	43598	伊拉克	773	59854
科威特	19208	109184	伊朗	-56733	323429
克罗地亚	2239	6908	以色列	41057	461998
拉脱维亚	1068	1170	印度	20620	466280
老挝	124179	830976	印度尼西亚	186482	1281128
黎巴嫩	0	222	约旦	8562	14198
立陶宛	-447	1289	越南	115083	560543

资料来源：《中国对外直接投资统计公报》。

在对外承包工程方面（见表3），中国与“一带一路”共建国家的合作日益紧密，并表现出强力增长趋势。2015 年，我国企业新签对外承包工程项目合同的国家中，“一带一路”共建国家已达 60 个，这一数量在 2016 年达到 61 个后持续稳定至 2019 年。其合同数量、金额也从 2015 年的 3987 份、926.4 亿美元，激增至 2016 年的 8158 份、1260.3 亿美元，并逐渐稳定。其完成的营业额也从 2015 年的 692.6 亿美元增长至 2018 年的 893.3 亿美元，年均增长率达 8.8%。对外承包工程的稳定增长对投资合作也发挥了重要的促进作用。

表 3　中国对“一带一路”共建国家承包工程项目情况

年份	国家数量（个）	合同数量（份）	合同			营业额		
			金额（亿美元）	全国占比（%）	增长率（%）	金额（亿美元）	全国占比（%）	增长率（%）
2015	60	3987	926.4	44.10	7.40	692.6	45.00	7.60
2016	61	8158	1260.3	51.60	36.04	759.7	47.70	9.69
2017	61	7217	1443.2	54.40	14.51	855.3	50.70	12.58
2018	61	7721	1257.8	52.00	-12.85	893.3	52.80	4.44
2019（至11月）	61	6055	1276.7	61.20	41.20	746.1	55.30	1.30

资料来源：商务部网站。

中国在“一带一路”共建国家境外经贸合作区的建设也取得了富有成效的进展。2016 年，中国企业在境外建立了 77 个经贸合作区，涵盖了 36 个国家和地区，投资领域包括加工制造型、资源利用型、农业加工型以及商贸物流型四大类，涉及产业包括轻纺、服装、家电、钢铁、建材、化工、汽车、矿产品加工等。2019 年通过确认考核的境外经贸合作区有 20 个，其中埃塞俄比亚东方工业园、赞比亚中国经贸合作区、泰国泰中罗勇工业园、柬埔寨西哈努克港经济特区、埃及苏伊士经贸合作区等成立较早、运行良好的境外经贸合作区已成为中国与“一带一路”共建国家产能合作的重要平台（见表 4）。

表 4　通过确认考核的境外经贸合作区名录

合作区名称	境内实施企业名称
柬埔寨西哈努克港经济特区	江苏太湖柬埔寨国际经济合作区投资有限公司
泰国泰中罗勇工业园	华立产业集团有限公司
越南龙江工业园	前江投资管理有限责任公司
巴基斯坦海尔-鲁巴经济区	海尔集团电器产业有限公司
赞比亚中国经贸合作区	中国有色矿业集团有限公司
埃及苏伊士经贸合作区	中非泰达投资股份有限公司
尼日利亚莱基自由贸易区（中尼经贸合作区）	中非莱基投资有限公司
俄罗斯乌苏里斯克经贸合作区	康吉国际投资有限公司
俄罗斯中俄托木斯克木材工贸合作区	中航林业有限公司
埃塞俄比亚东方工业园	江苏永元投资有限公司

续表

合作区名称	境内实施企业名称
中俄（滨海边疆区）农业产业合作区	黑龙江东宁华信经济贸易有限责任公司
俄罗斯龙跃林业经贸合作区	黑龙江省牡丹江龙跃经贸有限公司
匈牙利中欧商贸物流园	山东帝豪国际投资有限公司
吉尔吉斯斯坦亚洲之星农业产业合作区	河南贵友实业集团有限公司
老挝万象赛色塔综合开发区	云南省海外投资有限公司
乌兹别克斯坦“鹏盛”工业园	温州市金盛贸易有限公司
中匈宝思德经贸合作区	烟台新益投资有限公司
中国・印尼经贸合作区	广西农垦集团有限责任公司
中国印尼综合产业园区青山园区	上海鼎信投资（集团）有限公司
中国・印度尼西亚聚龙农业产业合作区	天津聚龙集团

资料来源：商务部网站。

此外，亚洲基础设施投资银行（Asian Infrastructure Investment Bank，AIIB，简称亚投行）、“丝路基金”等亦为中国对“一带一路”共建国家的投资提供了巨大支持。亚投行已批准15个国家的39个贷款或投资项目，并与亚洲开发银行共同签署了主权业务联合融资框架协议，未来这两大多边金融机构将开展更多联合融资项目。中国出资400亿美元成立、增资1000亿元人民币的“丝路基金”，对“一带一路”共建国家已决策投资28个项目，承诺投资金额超过110亿美元，其中70%投向了“一带一路”共建国家和地区的基础设施类项目，如巴基斯坦卡洛特水电站项目、阿联酋哈斯彦清洁燃煤电站项目等。

（三）对“一带一路”共建国家投资领域广泛，行业结构持续优化

我国对“一带一路”共建国家投资领域广泛，流向制造业、电力生产、科学研究和技术服务、批发和零售业的投资增幅较大。根据《2018年度中国对外直接投资统计公报》的数据，2018年末，中国境内投资者在63个“一带一路”共建国家设立境外企业超1万家，涉及国民经济18个行业大类，当年实现直接投资178.9亿美元，同比下降11.3%（流向采矿业的投资为负值），占同期中国对外直接投资流量的12.5%。

从行业构成来看，流向制造业的投资额为 58.8 亿美元，同比增长 42.6%，占全行业的 32.9%；流向批发和零售业 37.1 亿美元，同比增长 37.7%，占全行业的 20.7%；流向电力生产和供应业 16.8 亿美元，同比增长 87.5%，占全行业的 9.4%；流向科学研究和技术服务业 6 亿美元，同比增长 45.1%，占全行业的 3.4%。

以东盟国家为例，2018 年中国对东盟的直接投资流量为 136.94 亿美元，年末存量为 1028.58 亿美元，累积设立直接投资企业超过 5200 家，雇用外方员工近 43 万人。中国对东盟直接投资的第一目标行业是制造业，投资额为 44.97 亿美元，同比增长 41.7%，占全行业的 32.8%，主要流向是马来西亚、印度尼西亚、越南、新加坡和泰国。第二是批发和零售业，投资额为 34.73 亿美元，同比增长 41.8%，占全行业的 25.4%，主要流向是新加坡。租赁和商务服务业位列第三，投资额为 15.02 亿美元，同比下降 29.9%，占全行业的 11%，主要流向是新加坡、老挝、印度尼西亚。

从存量的主要行业构成看，中国对东盟的直接投资存量中，前五名分别是：投向制造业 214.18 亿美元，占全行业的 20.8%，主要分布在印度尼西亚、马来西亚、越南、泰国、新加坡、柬埔寨、老挝等；租赁和商务服务业 188.74 亿美元，占全行业的 18.3%，主要分布在新加坡、印度尼西亚、老挝、柬埔寨、越南、马来西亚等；批发和零售业 154.3 亿美元，占全行业的 15%，主要分布在新加坡、马来西亚、泰国、印度尼西亚、越南等；电力、热力、燃气及水生产和供应业 100.05 亿美元，占全行业的 9.7%，主要分布在缅甸、新加坡、老挝、印度尼西亚、柬埔寨等；采矿业 97.63 亿美元，占全行业的 9.5%，主要分布在新加坡、印度尼西亚、缅甸等。

二　中国对“一带一路”共建国家投资安全研究

（一）“一带一路”共建国家投资安全受多方面因素影响

“一带一路”共建国家中，部分国家政治动荡，治理体制不完善，经济发展相对落后，金融体系不稳定，投资保护政策及法律制度不完善，使包括中国在内的外国企业在这些国家进行投资时，安全难以保障，不确定性因素较多。结合近年来面临的新形势，中国对“一带一路”共建国家投资安全的影响因素主要体现在以下几个方面。

1. 经济安全

经济安全主要指宏观或微观经济政策、活动等的变化给企业投资带来的影响，如经济市场规模、经济增长水平、经济结构变化、经济政策调整、市场导向、贸易条件、投资开放度和自由度、通货膨胀、失业率、经济运营效率等因素的变化，会影响企业的成本和运营。

（1）经济下行压力累积，经济波动影响投资预期

全球经济发展虽在缓慢复苏，但不确定不稳定因素明显增多，增长速度仍趋于放缓，经济下行压力在不断累积（见图2）。支撑经济增长的新技术革命并未在传统的发达国家中发挥主导作用，未形成新产业，发展前景不明朗，经济增长仍依赖于宽松政策，增长乏力。拉动发展中国家经济增长的国际贸易也逐渐乏力，近年来贸易增长率和经济增长率大致相同。发展中国家的发展水平仍相对滞后，尤其是基础设施的水平相对落后，产业结构较单一。

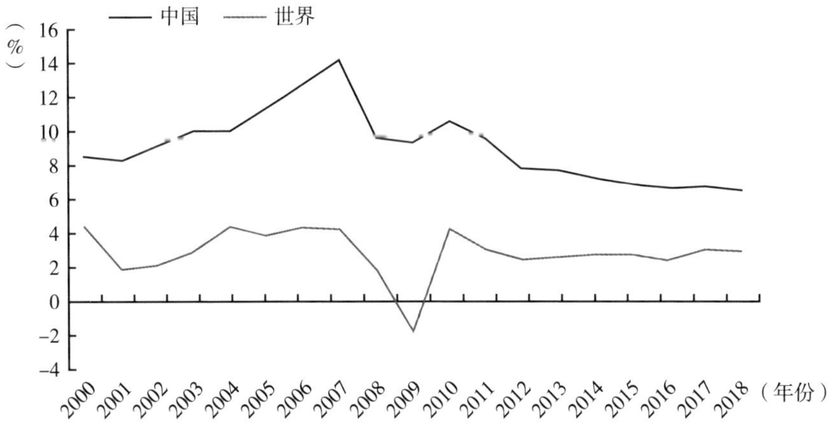

图2　2000～2018年世界和中国GDP增长率

资料来源：世界银行WDI数据库。

近年来相对较大的经济波动，使投资成本不稳定，投资者预期不确切，从而踟蹰不前，给投资安全带来巨大挑战。经济波动情况通常表现在投入产出的变化、物价的涨跌、经济增长的波动、利率的波动和汇率的波动等方面。经济波动会影响外向投资政策，因为外商投资会导致经济波动的跨国传导，如果东道国的经济波动较大，尤其是下行波动大时，投资母国可能会减少或撤销部分投资，这不但进一步给东道国的经济带来负面影响，而且将资金压力传导回母国，从而导致汇率波动，影响母国的经济波动。

（2）贸易保护主义盛行，投资壁垒增加

经济下行压力的累积使各国为了保护本国经济发展而过度限制进口，贸易保护主义破坏了正常商业投资行为，妨碍了资源在全球市场的合理配置，已经成为影响全球贸易和投资的重要障碍。近年来，这种投资壁垒增加使一些国家出现"逆全球化"的倾向，国家安全审查、行业准入限制、反垄断审查、反倾销、反补贴等各种显性和隐性的保护主义措施出现，甚至形成"羊群效应"，导致相关的多个国家开展投资保护主义竞赛。这也给中国企业对"一带一路"共建国家投资带来了严重影响。

签订和升级双边投资协定（BIT）以及其他双边投资保护政策是促进和保护中国企业在东道国投资的重要手段。截至2019年底，我国已同104个国家和地区签订了双边投资协定，其中51个是"一带一路"共建国家（见表5）。

表5 与我国签订双边投资协定的国家

洲	国　家
欧洲	瑞典、德国、法国、比利时、卢森堡、芬兰、挪威、意大利、丹麦、荷兰、奥地利、英国、瑞士、波兰*、保加利亚*、俄罗斯*、匈牙利*、斯洛伐克*、葡萄牙、西班牙、希腊*、乌克兰*、摩尔多瓦*、白俄罗斯*、阿尔巴尼亚*、克罗地亚*、爱沙尼亚*、斯洛文尼亚*、立陶宛*、冰岛、罗马尼亚*、塞尔维亚、马其顿*、马耳他、塞浦路斯*
亚洲	泰国*、新加坡*、科威特*、斯里兰卡*、日本、马来西亚*、巴基斯坦*、土耳其*、蒙古国*、乌兹别克斯坦*、吉尔吉斯斯坦*、亚美尼亚*、菲律宾*、哈萨克斯坦*、韩国、土库曼斯坦*、越南*、老挝*、塔吉克斯坦*、格鲁吉亚*、阿联酋*、阿塞拜疆*、印度尼西亚*、阿曼*、以色列*、沙特阿拉伯*、黎巴嫩*、柬埔寨*、叙利亚*、也门*、卡塔尔*、巴林*、伊朗*、缅甸*、朝鲜、印度*
大洋洲	澳大利亚、新西兰、巴布亚新几内亚

续表

洲	国　家
非洲	加纳、埃及*、摩洛哥、毛里求斯、津巴布韦、阿尔及利亚、加蓬、尼日利亚、苏丹、南非、佛得角、埃塞俄比亚、突尼斯、赤道几内亚、马达加斯加、马里、坦桑尼亚、刚果
美洲	玻利维亚、阿根廷、乌拉圭、厄瓜多尔、智利、秘鲁、牙买加、古巴、巴巴多斯、特立尼达多巴哥、圭亚那、加拿大

注：标*为“一带一路”共建国家，共51个。

资料来源：根据商务部网站整理，http：//tfs. mofcom. gov. cn/article/Nocategory/201111/20111107819474. shtml。

2. 金融安全

2008年全球金融危机给实体经济带来了严重冲击，使全球生产和消费都出现萎缩。金融安全涉及国家的经济地位、资本流动透明度、投资流动性、外汇储备水平、维稳能力等，对经济发展具有重要性，事关一个经济体的长期发展和稳定。

（1）金融不稳定带来违约风险和汇兑风险，影响投资决策

企业对外投资涉及大量资金和外汇，对母国和东道国的金融支撑要求均较高。金融发展水平和市场稳定性、自由度等影响企业投资的固定成本和可变成本，金融发展水平良好、金融体系稳定可靠，是企业开展经营活动的基础条件。“一带一路”共建国家中发展中国家居多，有些国家金融体系脆弱、金融发展不稳定、保护制度不完善、银行不良贷款占比高等，给外商投资者带来了巨大的风险。

汇兑风险包括交易、折算和经营等面临的汇率变动，导致企业在日常经营中因收入和支出、资产和负债的币种和期限出现错配而可能产生风险。汇率变动影响对外直接投资企业收入或支出外汇的价值，从而引起应收账款与应付债务价值的变化、资产负债表中某项外汇项目发生变化、企业未来收益的变化等，这些均使企业损益面临不确定性。中国对“一带一路”共建国家的投资面临资产汇兑风险是比较明显的，海外投资必然涉及外币资产，汇率不确定的变化带来的汇兑风险不可避免。

（2）金融系统性风险难以识别，主权财富基金带来金融保护主义

除了违约风险、汇兑风险等日常经营面临的金融安全问题外，金融系统性风险和主权财富基金带来的金融保护主义也是金融安全中不可忽视的因素。系统性风险是一种外部性风险，是一系列微观层面的风险不断累积的结果，比如某个企业或机构强加给全社会的高于其实际价值的成本、某个相关部门监管职责不到位等，都有可能产生溢出和传导效应，现代通信技术及金融交易的便捷性也为溢出和传导创造了条件，从而在一连串的机构和市场所构成的系统中，使原本毫无关系的微观风险之间相互作用、相互影响，并不断扩大，引起一系列连续损失，最终形成系统性风险。系统性风险一旦形成，要比单个风险更难识别、危害更大。伴随国际油价飙升、全球金融危机和贸易保护主义的兴起，对主权财富基金的管理引发重视，这带来了金融领域的金融保护主义，给投资安全带来影响。

3. 政治安全

战争、内乱、政权更迭等政治行为，是一国政府内部的某些利益集团为了达到某种政治目的而采取的行动，如政局动荡、国有化、恐怖主义、武装冲突、军事和宗教干预政治、民族矛盾、政府治理水平等，都会给投资行为带来不可预料的影响，可能导致企业投资资产的损失、经营终结、收入降低、成本增加、资金无法回流等。政治安全也在一定程度上影响经济安全、文化安全、法律安全等，一般自然资源和要素禀赋丰富的地区往往也伴随着地区冲突和宗教矛盾，政治很不稳定，是政治安全高发的地区。

（1）地缘政治变化莫测，区域局势紧张态势升级

在经济下行压力下，世界地缘政治的秩序也进行深入调整，各国家、区域"抱团"发展，造成局部地区的政治经济紧张态势不断升级。为了创造更有利于自身的发展环境，一些有影响力的国家或国际组织，纷纷提出各种区域甚至全球范围内的发展倡议和合作战略，也带来了地缘政治秩序的进一步调整。归属不同政治利益集团的变化会导致国家、区域或国际组织之间的冲突，给投资活动带来多重不确定影响。

俄罗斯、印度、伊朗三国于2000年发起"北南走廊计划"，试图抗衡西

方国家主张的绕开俄罗斯的东西“欧亚经济走廊”，计划修建一条从南亚途经中亚、高加索、俄罗斯到达欧洲的货运通道，虽然进展缓慢，但印度2011年的积极推动又使该计划得以重获生机，已经有包括中亚国家在内的16个国家参与到这个项目中。欧盟重视与中亚的互动关系，于2007年推出了《欧盟与中亚新伙伴关系战略》，认为中亚是其地理意义上的外延、政治意义上东进的方向、安全意义上的比邻、经济意义上的能源地，积极开展对中亚地区的投资与合作。美国自2008年金融危机以来，在全球各地寻求突破方向，提出“重返亚太”战略目标、新丝绸之路战略，积极启动《跨太平洋伙伴关系协议》（TPP）谈判，无法全面体现“美国优先”时又主动退出，试图重塑全球贸易投资规则。

在这一大环境下，为了达到共同发展、共同繁荣的目标，中国于2013年提出了横贯欧亚非大陆的“一带一路”倡议，积极发展与共建国家的全方位合作关系。印度2014年也推出了雄心勃勃的“季风计划”（又称“香料之路”战略），尝试“借古谋今”，深化环印度洋地区的合作，通过加强与东非、阿拉伯半岛、印度次大陆、东南亚群岛等广义印度洋海域国家的经济协调和合作，谋求可持续的区域战略利益，保障更加牢固的地区领导权，进而实现印度的全球战略抱负。俄白哈三国2014年签署《欧亚经济联盟条约》，期待在2025年前实现联盟内部商品、服务、资本和劳动力的自由流动，以及推行协调一致的经济政策。欧盟于2014年提出“容克计划”，设立总额210亿欧元的欧洲战略投资基金，旨在重振欧盟经济的欧盟投资计划，在2015~2017年释放出来自私营部门约3150亿欧元的投资。此外，日本的“亚洲基建投资计划”、波兰的“琥珀之路”、蒙古国的“草原之路”、哈萨克斯坦的“光明大道计划”、印度尼西亚的“全球海上支点战略”、韩国的“欧亚计划”、肯尼亚的“拉穆港—南苏丹—埃塞俄比亚交通走廊”等，均给地缘政治环境带来重要影响。

（2）恐怖主义形势有所缓解，部分国家内战升级

近年来国际涉恐安全形势虽然有所好转，但其突发性带来巨大破坏，极大提升了企业经营成本，给现金流带来巨大压力，负面影响非常大。一些“一带一路”共建国家民族种族多样化，地缘政治带破碎，历史问题错综复

杂，宗教信仰矛盾尖锐，恐怖武装冲突频发。恐怖主义活动（见图3）一旦爆发，可能会使“一带一路”建设瞬间停滞，破坏原先按部就班运行的计划，不但扰乱了建设进度，更有可能增加人员伤亡。2018 年全球恐怖主义指数排名前20 中，“一带一路”共建国家占了10 名（见表6）。

表6　2018 年全球恐怖主义指数排名（前20 名）

排名	国家	得分	较2017 年排名	排名	国家	得分	较2017 年排名
1	伊拉克*	9.746	持平	11	刚果(金)	7.055	升2
2	阿富汗*	9.391	持平	12	土耳其*	7.036	降3
3	尼日利亚	8.660	持平	13	利比亚	6.987	降3
4	叙利亚*	8.315	持平	14	南苏丹	6.756	持平
5	巴基斯坦*	8.181	持平	15	中非	6.719	升4
6	索马里	8.020	升1	16	喀麦隆	6.615	降1
7	印度*	7.568	升1	17	泰国*	6.252	降1
8	也门*	7.534	降2	18	苏丹	6.179	持平
9	埃及*	7.345	升2	19	肯尼亚	6.114	升3
10	菲律宾*	7.191	升2	20	美国	6.066	升12

注：标*为“一带一路”共建国家，共10 个。

资料来源：《全球恐怖主义指数报告2018》，经济与和平研究所，澳大利亚悉尼，2018 年11 月，http://visionofhumanity.org/reports。

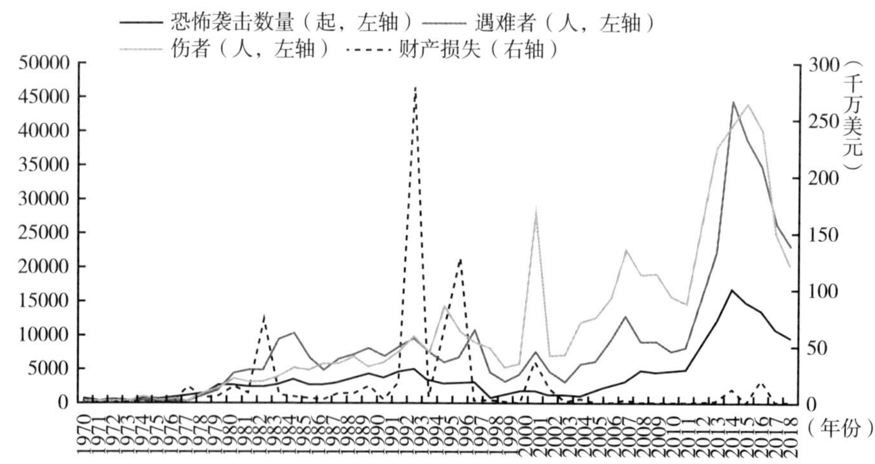

图3　1970～2018 年全球恐怖主义袭击情况

资料来源：Global Terrorism Database（CTD）全球恐怖主义数据库。

（3）军事干预带来政局动荡，政府治理水平良莠不齐

军事干预政治、政党斗争、政府腐败等带来的政局动荡，也会给投资者带来大量损失。部分国家军事干预政治情况严重，政府较为弱势，诸多正常经营的合法权益很难保障。有些国家领导人变更频繁，由此伴随的政策调整和改变，使政策体系和法律制度难以保持完善性和连续性，对投资尤其是外来投资影响较大。一些东道国政府还常常以国家安全等为借口，对进入市场采取限制、无条件征用、剥夺性没收、多重税收等，频繁搜查跨国企业，干预和限制跨国企业正常的生产经营活动。

在全球提倡治理水平提升的大背景下，政府公信力、政策执行力、办事效率等虽整体有所提升，但各国治理水平依然良莠不齐。政府政策稳定、国家法律法规制定健全、对市场的监管能力、经济社会治理、质量监管、民主问责、腐败控制等均影响对外直接投资决策。治理水平较弱的一些国家政府，机构臃肿、效率低下、贪污腐败现象严重，甚至利用司法、行政手段打击，随意制造各种政策变动、违约合同包庇、审批障碍、强制税收、歧视待遇等投资和经营阻力。“一带一路”共建国家中的一些发展中国家，对外国企业财产缺乏严格的法律保护，发生这一类政治安全的可能性一般要比发达国家大。

4. 社会安全

社会安全主要包括社会环境、社会安全稳定、种族和宗教矛盾、法治环境、劳动自由、失业情况和贫富差距等可能引发社会冲突和不稳定的因素，虽然不直接作用于经济活动，但其对跨国企业在融入当地社会时发挥重要影响，有时甚至起到决定性作用。

（1）非政府组织参与政府决策，社会治安环境影响投资决策

在全球经济低速增长的压力下，国际就业形势变得十分严峻，过高的失业率成为威胁社会稳定的隐患。面对外国投资，民众更关注征地补偿、外来移民、劳工保障和就业机会等，一些国家中以反对党、行业协会、工会为代表的非政府组织通过罢工、抗议集会等方式来表达对外商的不满，将反对矛头对准外商投资企业，严重影响了经济发展和社会秩序。这些国家的工会等

各种社会组织往往会采取各种合法乃至非法的手段来排挤外资企业，并向本国政府施压，推动政府实施投资与贸易保护政策，严重威胁外商投资的人身财产安全和投资积极性。

除了非政府组织的影响，社会整体治安环境也是影响投资决策的重要方面，主要包括社会秩序、公共安全行为、各种不安定因素、国际犯罪等。对于犯罪率高的区域，外来投资者的进入意愿很低。

（2）宗教、文化、种族冲突激烈，影响政治稳定和经济发展

由于历史和现实的原因，世界部分区域宗教、文化、种族的影响力较大，甚至影响政局和经济发展。“一带一路”共建国家之间民族宗教各异，文化差异较大，一些国家内部的宗教和民族矛盾尖锐，政府对事态的控制往往处于弱势地位，导致一些部族势力割据一方。如中亚地区，生活着 100 余个民族和部族，各种民族文化、思想观念、宗教信仰相互冲突尤为激烈，政局动荡时有发生，一些对外投资项目经常被当地宗教极端势力袭扰，绑架勒索事件层出不穷。在企业投资和经营中，宗教、文化、种族的差异，意味着价值观和行为方式的不同，会带来经营管理上的冲突，给企业带来不确定性损失。

（3）法律制度差异明显，合同漏洞可能带来巨大损失

法律规章、行业规则、投资贸易政策、劳工制度、产权保护等制度环境，是支持技术创新与商业模式变革的基础性条件，是维持经济持续增长的重要前提。各国法律制度差异明显，法治水平高、知识产权保护完善、尊重专利创新等，能够鼓励和支持贸易和投资，带来动力，反之则会阻碍贸易和投资的进行。此外，劳工保护制度也会对外资企业的投资活动产生重要影响。

5. 对华关系安全

以上经济安全、金融安全、政治安全、社会安全等，是一个国家的宏观投资环境，对各国具有普遍适用性。中国对“一带一路”共建国家的投资安全，还要考虑到“中国 - 东道国”之间的国家层面特征，即“对华关系安全”。包括诸如双边政治关系、投资贸易关系、税收关系、人文交流和互免签证等。良好的对华关系，能够有效化解风险因素，而紧张的对华关系，

则会带来负面影响。

整体上说，中国与大多数“一带一路”共建国家，尤其是以新兴经济体为代表的发展中国家，有着良好的双边及多边政治关系。这种良好的双边政治关系可以减少中国企业在“一带一路”共建国家经营的不确定性。但随着经济复苏的乏力，一些国家出现经济民族主义和“逆全球化倾向”，价值观念、意识形态、政治制度等原因引发了一些国家政府和社会团体的反华行为，对我国企业的海外投资行为故意丑化和排挤，对中国企业海外经营活动进行政治干预和人为限制，加剧了对外投资风险的发生。

（1）贸易、投资、税收协定提升经济、金融关系

为维护双边关系，双方在进行政治对话、战略对话与经济对话的同时，一般会签订相应的促进双边经济发展的投资或贸易协定。此类协定作为一种制度安排，主要包括投资保护、市场准入、外汇资金转移、金融服务、法律法规透明度、争端解决机制、人权、环境保护、企业社会责任和可持续发展等条款。投资和贸易协定为两国企业的外向经济活动提供了制度层面的保护和促进措施，为减少贸易摩擦、解决争端提供了法律依据，从而影响企业的投资、贸易决策和行为。紧密的经贸联系意味着母国是东道国重要的商业贸易伙伴，双边贸易量的增加对于吸引对方国家的直接投资活动具有重要的促进作用。

（2）政治建交、签证互免、城市友好等提升政治、社会关系

政治互访、设立领事馆、发展城市外交、民间外交等多种外交活动，尊重和了解东道国国家的传统文化习俗和商业活动惯例，有助于减少对东道国环境的陌生感、不适感和距离感，能够提升对华政治、社会关系，有利于对外直接投资的开展。政府组织、友好城市、孔子学院、留学生等交流频繁，能够作为加强中外交流与友谊的重要平台和桥梁，对世界各国了解中国文化发挥重要作用，对中国企业对外直接投资起到促进作用。

（二）学者对“一带一路”投资安全相关研究关注度提升

中国学者关于对外直接投资的研究，尤其是对于投资安全的关注，大多

成果集中于2000年之后。究其原因，改革开放以来，中国一直以吸引外商投资为主，对外投资的规模直到进入21世纪之后才逐渐增长。客观来说，中国作为后发国家，在国际投融资竞争中有优势更有劣势。当资本和企业有足够能力“走出去”时，可供选择的世界目标市场已为数不多，成熟的、风险较低的市场对后发者已经没有太大空间，进入门槛也较高；而未开发的、潜力大的市场相对风险又较高，需要开拓者具备应对不确定因素的能力。

中国对外直接投资的安全因素通常被识别为政治、经济、社会文化以及双边关系等主要类型。诸多文献研究了这些风险对中国对外直接投资的影响作用，如政治风险对中国对外直接投资流量（或存量）、区位选择的影响作用①；经济金融风险如经济增长、通货膨胀、偿债能力、汇率波动等因素对中国对外直接投资的影响②；社会文化风险如受教育程度、社会的治安情况、经济管制等对中国对外直接投资的影响。③

在中国对“一带一路”共建国家的投资安全综合评价方面，学者们运用各种研究方法，亦做了诸多尝试。如张明等构建了经济基础、偿债能力、社会弹性、政治风险与对华关系5个一级指标体系，对“一带一路”35个

① Globerman, S., Shapiro, D., “Governance Infrastructure and US Foreign Direct Investment,” *Journal of International Business Studies*, 2013, 34 (1): 19－39; Buckley, P. J., Clegg, L. J., Cross, A. R. et al., “The Determinants of Chinese Outwards Foreign Direct Investment,” *Journal of International Business Studies*, 2007, 38 (4): 499－518.

② 胡兵、李柯：《国家经济风险对中国OFDI的影响——以东道国经济发展水平为门槛变量的实证分析》，《广西财经学院学报》2012年第6期，第55～63页；王海军、高明：《国家经济风险与中国企业对外直接投资：基于结构效应的实证分析》，《经济体制改革》2012年第2期，第113～117页。

③ 沈铭辉、张中元：《中国企业海外投资的企业社会责任——基于案例分析的研究》，《中国社会科学院研究生院学报》2016年第2期，第53～61页；孟醒、董有德：《社会政治风险与我国企业对外直接投资的区位选择》，《国际贸易问题》2015年第4期，第106～115页；刘希等：《政治互动、文化交流与中国OFDI区位选择——来自国事访问和孔子学院的证据》，《中国经济问题》2017年第4期，第98～107页；许和连、李丽华：《文化差异对中国对外直接投资区位选择的影响分析》，《统计与决策》2011年第17期，第154～156页；Blomkvist, K., Drogendijk, R., “The Impact of Psychic Distance on Chinese Outward Foreign Direct Investment,” *Management International Review*, 2013, 53 (5): 659－686；赵明亮：《国际投资风险因素是否影响中国在“一带一路”国家的OFDI——基于扩展投资引力模型的实证检验》，《国际经贸探索》2017年第2期，第29～43页。

共建国家的投资风险进行了综合评级①；胡俊超等从政治、经济、主权信用和社会4个维度，采用主成分分析等对2014年“一带一路”65个国家进行了风险评价②；赵敏燕等对“一带一路”地区的恐怖主义风险进行了评估③；宋长青等人对“一带一路”区域的风险进行了阐述④；国家信息中心2018年发布“一带一路”国家投资环境指数，帮助企业在投资合作过程中发掘机会、规避风险⑤；Duan等基于熵权的模糊综合方法，对“一带一路”能源投资风险进行了评价⑥；Yuan等从9个维度评价了“一带一路”国家电力投资的风险⑦；陆大道等对“一带一路”区域的自然与经济、社会、地理结构和特征进行了综合分析，为风险评估奠定了很好的基础⑧。除了对投资安全风险的综合表述外⑨，重点关注的行业领域为石油⑩、基础设施等，重点关注的政策领域为立法⑪、保险⑫等。

除学术领域研究之外，咨询领域对全球国家信用的评级也值得关注和借鉴。但这些国家风险测度模型大多从宏观层面出发，偏重于考察东道国国家

① 张明等：《中国海外投资国家风险评级报告（2018）》，中国社会科学出版社，2018。

② 胡俊超、王丹丹：《“一带一路”沿线国家国别风险研究》，《经济问题》2016年第5期，第1～6页。

③ 赵敏燕等：《“一带一路”沿线国家安全形势评估及对策》，《中国科学院院刊》2016年第6期，第689～696页。

④ 宋长青等：《从地缘关系视角解析“一带一路”的行动路径》，《地理研究》2018年第1期，第3～19页。

⑤ 国家信息中心：《“一带一路”大数据报告（2018）》，商务印书馆，2018。

⑥ Duan, F., Ji, Q., Liu, B－Y et al., “Energy Investment Risk Assessment for Nations along China's Belt & Road Initiative,” *Journal of Cleaner Production*, 2018, 170: 535－547.

⑦ Yuan, J. H., Zeng, Y. R., Guo, X. X. et al., “Electric Power Investment Risk Assessment for Belt and Road Initiative Nations,” *Sustainability*, 2018, 10 (9): 3119.

⑧ 陆大道等：《科学认识“一带一路”》，科学出版社，2017。

⑨ 孙南申：《中国海外投资的风险防范与安全管理》，《中国经贸》2011年第8期，第50～53页。

⑩ 梁咏：《美国国家安全体制下的中国海外投资保障研究——基于中海油收购优尼科案分析的视角》，《国际商务研究》2009年第1期，第44～51页；童生等：《中国石油安全态势与石油企业海外投资的政治风险》，《经济体制改革》2005年第2期，第31～34页。

⑪ 胡琴：《中国海外投资安全的立法思考》，《北京政法职业学院学报》2012年第1期，第60～64页。

⑫ 段婧：《浅析海外投资安全与保险制度》，《技术与市场》2010年第11期，第105页。

的主权信用和偿债能力，对具体的、真实的外商投资活动刻画不足。针对“一带一路”共建国家的投资安全评价，具备一定的理论基础与可操作性，又处于亟待细化和拓展的状态，值得学术界进行相应研究与探讨。

三 “一带一路”投资安全理论模型

（一）理论依据

本报告从中国对“一带一路”共建国家的对外直接投资角度，对其投资、经营过程中可能面临的安全影响因素，基于相关理论基础和实践经验，构建了含经济安全、金融安全、政治安全、社会安全、对华关系安全5个一级指标、38个二级指标的评价模型，并以“投资安全指数”（Investment Safety Index，ISI）作为综合衡量中国企业对“一带一路”共建国家投资的安全参考。

（二）指标选取与数据来源

本模型纳入了经济安全、金融安全、政治安全、社会安全、对华关系安全5个一级指标，定性与定量相结合，将定性分析量化，并根据具体指标采纳相应的国际权威分析机构的打分/评级结果，提升数据来源的准确性、权威性（见图4）。

经济安全指标	金融安全指标	政治安全指标	社会安全指标	对华关系指标
•市场规模指数	•公共债务指数	•外部冲突指数	•环境政策指数	•政治关系指数
•生产能力指数	•外债指数	•选举周期指数	•教育政策指数	•贸易关系指数
•经济增长指数	•外债出口指数	•换届平稳指数	•社会传统指数	•投资关系指数
•经济波动指数	•外债外汇指数	•事件风险指数	•内部冲突指数	•税收关系指数
•贸易开放度	•财政平衡指数	•主权风险指数	•法律权利度指数	•人文交流指数
•投资开放度	•经常账户余额指数	•政府治理指数	•营商便利指数	•互免签证指数
•出口结构指数	•银行贷存指数	•制度有效性指数		
•进口活动指数		•腐败指数		
•通货膨胀指数		•银行干预指数		
		•承诺支付指数		

图4 投资安全影响指标选取

1. 经济安全指标

经济安全主要以一个国家的经济发展水平、投资贸易总环境等来衡量。经济安全是一个国家投资的长期基础，也是对外投资安全的根本保障。对外投资的经济安全指标主要从目标投资国的经济发展、波动、贸易结构等方面来衡量。具体来说，包括市场规模指数、生产能力指数、经济增长指数、经济波动指数、贸易开放度、投资开放度、出口结构指数、进口活动指数、通货膨胀指数 9 个指标，具体指标内容及数据来源如表 7 所示。

表 7　经济安全指标

指标名称	指标内容	数据来源
市场规模指数	GDP,反映市场规模	世界银行 WDI 数据库
生产能力指数	人均 GDP,反映人均生产能力	世界银行 WDI 数据库
经济增长指数	年度 GDP 增速,反映经济活力	根据世界银行 WDI 数据库计算
经济波动指数	5 年平均 GDP 增速,反映经济稳定性	根据世界银行 WDI 数据库计算
贸易开放度	(进口 + 出口)/GDP,反映贸易开放程度	根据世界银行 WDI 数据库计算
投资开放度	(外商直接投资 + 对外直接投资)/GDP,反映投资开放程度	根据世界银行 WDI 数据库计算
出口结构指数	最大的单一商品出口(2 位数的 SITC 代码)/总商品出口,反映出口结构是否过于单一	EIU Countrydata 数据库
进口活动指数	平均进口额(月),反映进口活动	EIU Countrydata 数据库
通货膨胀指数	平均通货膨胀率(48 个月),反映货币贬值程度	EIU Countrydata 数据库

本模型对于经济安全指标数据的来源，以基础统计数据为优先选择，主要数据来源为世界银行 WDI 数据库和 EIU Countrydata 数据库。

2. 金融安全指标

金融安全指标用以衡量一国的整体金融稳定制度，主要由国家外债、外汇相关指标来衡量。金融安全关联国家整体货币、经济、投资、财务状况，对我国企业对外投资也具有重要影响，一旦爆发债务危机或者金融危机，对外投资和运营都会受到严重影响。具体来说，金融安全包括公共债务指数、外债指数、外债出口指数、外债外汇指数、财政平衡指数、经常账户余额指数、银行贷存指数 7 个指标，具体指标内容及数据来源如表 8 所示。

表 8　金融安全指标

指标名称	指标内容	数据来源
公共债务指数	公共债务/GDP,用以衡量国内公共部门的债务水平	根据世界银行 WDI 数据库计算
外债指数	总外债/GDP,用以衡量外债规模水平	根据世界银行 WDI 数据库计算
外债出口指数	净外债/出口,用以衡量外债负担	根据世界银行 WDI 数据库计算
外债外汇指数	外汇储备/短期外债,用以衡量外汇充裕程度	根据世界银行 WDI 数据库计算
财政平衡指数	(财政收入 - 财政支出)/GDP,用以衡量国家财政实力	根据世界银行 WDI 数据库计算
经常账户余额指数	经常账户余额/GDP,用以衡量国家对出口的依存度	根据世界银行 WDI 数据库计算
银行贷存指数	银行贷款存款利差(百分比),用以衡量银行盈利能力	根据世界银行 WDI 数据库计算

本模型对于经济安全指标数据的来源，以基础统计数据为优先选择，主要数据来源为世界银行 WDI 数据库。

3. 政治安全指标

政治安全指标衡量的是国家政府的稳定性和权威性，以及制度的有效性、主权风险、腐败程度、政府干预经济程度等。政治安全对经济活动影响非常大，是投资活动需要考量的重要因素。政治安全既包括来自国外的威胁（外部冲突指数），也包括领导人选举、换届所产生的影响（选举周期指数、换届平稳指数），还包括非常态的特殊事件对政治环境产生的影响（事件风险指数）、各种势力对国家主权的影响（主权风险指数），以及与政府治理相关的政府治理指数、制度有效性指数、腐败指数、银行干预指数、承诺支付指数等。政府的稳定性权威性越高，治理程度越高，投资安全系数就越高（见表 9）。

政治安全的评价，需定量与定性相结合，对于专家意见的倚赖程度较高，因此，本模型对于政治安全指标数据的来源，基于已有的权威研究选取，以保障评价的准确性，主要数据来源为 EIU Country Risk Model 数据库。

表9　政治安全指标

指标名称	指标内容	数据来源
外部冲突指数	来自国外的行为给在位政府带来的风险。包括非暴力的外部压力，例如外交压力、中止援助、贸易限制、领土纠纷、制裁等，也包括暴力的外部压力，例如跨境冲突、全面战争等。0～4分，分数越高，外部冲突越严重	EIU Country Risk Model 数据库
选举周期指数	选举会导致金融市场动荡，提高国家风险，限制融资渠道，有时也会引发金融危机。0～4分，分数越高，选举周期影响越大，没有明确选举周期得4分	EIU Country Risk Model 数据库
换届平稳指数	衡量首领换届是否平稳。金融危机频繁发生于政府换届时期，投资安全也会受到影响。0～4分，分数越高，换届越不平稳，安全性越低	EIU Country Risk Model 数据库
事件风险指数	非常态的特殊事件带来的潜在风险。0～4分，分数越高，特殊事件风险越大	EIU Country Risk Model 数据库
主权风险指数	国家主权的风险，如领土完整、分裂活动、叛乱、恐怖活动、有组织犯罪、联邦/地方政府关系等。主权风险消耗国家生产力及政府支付能力，以及影响政府承担债务的能力。0～4分，分数越高，主权风险越大，安全性越低	EIU Country Risk Model 数据库
政府治理指数	政府执政能力，较弱的治理能力可能导致政治不稳定、政策变化快、扰乱市场、损害投资者的权益。0～4分，分数越高，政府执政能力越弱	EIU Country Risk Model 数据库
制度有效性指数	国家制定和执行政策的有效性，如果国家缺乏有效实施政策的能力，政策的质量可能就没有多大价值。0～4分，分数越高，制度有效性越弱	EIU Country Risk Model 数据库
腐败指数	公共部门的腐败程度，政府腐败和滥用资源，对公众纳税具有抑制作用。0～4分，分数越高，政府腐败程度越高	EIU Country Risk Model 数据库
银行干预指数	评估腐败的普遍性及国家对银行体系的干预。政府腐败及过分干预银行业会严重削弱企业的盈利能力和资本充足率。大型银行的腐败、欺诈会引发其他银行挤兑，导致系统性危机。0～4分，分数越高，政府对银行干预越强，风险越高	EIU Country Risk Model 数据库
承诺支付指数	政府履行兑现支付公共债务的能力。0～4分，分数越高，政府承诺支付兑现能力越弱	EIU Country Risk Model 数据库

4. 社会安全指标

社会安全指标主要指向国家的社会文明发展，包括种族、宗教、教育、法律、社会稳定等诸多因素，主要用以衡量社会环境对投资安全的影响。具体包括环境政策指数、教育政策指数、社会传统指数、内部冲突指数、法律权利度指数、营商便利指数等。社会文明程度越高、劳动者综合素质越高，受社会传统约束性越小、内部冲突程度越低、法律权利度和营商便利度越高，投资安全程度也就越高（见表10）。

表10　社会安全指标

指标名称	指标内容	数据来源
环境政策指数	对环境议题的重视，1～10分，分数越高，环境政策越严厉	Transformation Index of the Bertelsmann Stiftung研究结果
教育政策指数	对教育议题的重视，1～10分，分数越高，教育政策越严厉	Transformation Index of the Bertelsmann Stiftung研究结果
社会传统指数	对社会传统的重视，1～10分，分数越高，对社会传统重视程度越高	Transformation Index of the Bertelsmann Stiftung研究结果
内部冲突指数	社会、种族、宗教冲突严重性，1～10分，分数越高，内部冲突程度越严重	Transformation Index of the Bertelsmann Stiftung研究结果
法律权利度指数	法律权利度指数主要衡量的是法律的权威程度，重点考量与商业相关的担保、破产等保护借款人和贷款人权利的法律。指数范围0至12，数值越高，表明越有利于获得信贷	世界银行，营商环境项目（doingbusiness. org）
营商便利指数	营商便利指数从1到189为经济体排名，第一位为最佳。排名越高，表示法规环境越有利于营商。该指数对世界银行营商环境项目所涉及的10个专题中的国家百分比排名的简单平均值进行排名	世界银行，营商环境项目（doingbusiness. org）

社会安全的评价，需定量与定性相结合，对于专家意见的倚赖程度较高，因此，本模型对于社会安全指标数据的来源，基于已有的权威研究选取，以保障评价的准确性，主要数据来源为Transformation Index of the Bertelsmann Stiftung研究结果和世界银行的营商环境项目（doingbusiness. org）。

5. 对华关系安全指标

对华关系安全指标主要指向“一带一路”共建国家与中国的政治、经济、文化等关系，具体指标包括政治关系指数、贸易关系指数、投资关系指数、税收关系指数、人文交流指数、互免签证指数。这些关系一般以建交、签订协议的累积时长或者友好城市数量来衡量，时间越长、数量越高，表明对华关系越密切，投资安全程度越高，主要数据来源为中国政府网站和联合国商品贸易统计数据库（见表11）。

表11　对华关系安全指标

指标名称	指标内容	数据来源
政治关系指数	与华建交时间	外交部《中华人民共和国与各国建立外交关系日期简表》
贸易关系指数	双边贸易进出口流量	联合国商品贸易统计数据库（UN Comtrade Database）
投资关系指数	签订双边投资协定时间	商务部《我国对外签订双边投资协定一览表》
税收关系指数	签订避免双重征税时间	税务总局《我国签订的避免双重征税协定一览表》
人文交流指数	缔结友好城市数量	中国国际友好城市联合会《世界各国与我国建立友好城市关系一览表》
互免签证指数	互免签证时间	中国领事服务网《中外互免签证协议一览表》

（三）样本选取

“一带一路”是一个开放、包容的国际区域经济合作网络，不存在完全封闭的空间范围，愿意参与的国家均可参加。[①] 依据中国政府2015年发布的《推动共建丝绸之路经济带和21世纪海上丝绸之路的愿景与行动》，“一带一路”有65个国家和地区（含不丹、塞浦路斯、希腊，不含东帝汶）。《中国对外直接投资统计公报》中对“一带一路”共建国家的统计为62个（含东帝汶，不含不丹、塞浦路斯、希腊）。结合两者，本文的研究对象为66个国家，可划分为东北亚、东南亚、南亚、中亚、西亚北非、独联体其他国家、中东欧7个子区域。本研究报告受限于数据的可获得性，对完全缺失任一指标所有年份数据的国家，暂不列入分析样本，具体如下（见表12）。

① 刘卫东：《“一带一路”战略的科学内涵与科学问题》，《地理科学进展》2015年第5期，第538～544页。

表 12　“一带一路”投资安全模型样本选取及数据可获得性

区域	国家	国家英文名	分析样本
东北亚	俄罗斯	Russian Federation	是
	蒙古国	Mongolia	是
东南亚	东帝汶	East Timor	否
	菲律宾	Philippines	是
	柬埔寨	Cambodia	是
	老挝	Laos	否
	马来西亚	Malaysia	是
	缅甸	Myanmar	是
	泰国	Thailand	是
	文莱	Brunei	否
东南亚	新加坡	Singapore	是
	印度尼西亚	Indonesia	是
	越南	Vietnam	是
其他独联体国家	阿塞拜疆	Azerbaijan	是
	白俄罗斯	Belarus	是
	格鲁吉亚	Georgia	否
	摩尔多瓦	Moldova	是
	乌克兰	Ukraine	是
	亚美尼亚	Armenia	否
南亚	阿富汗	Afghanistan	否
	巴基斯坦	Pakistan	是
	不丹	Bhutan	否
	马尔代夫	Maldives	是
	孟加拉国	Bangladesh	是
	尼泊尔	Nepal	是
	斯里兰卡	Sri Lanka	是
	印度	India	是
西亚北非	阿拉伯联合酋长国	United Arab Emirates	是
	阿曼	Oman	否
	埃及	Egypt, Arab Rep.	是
	巴勒斯坦	Palestine	否
	巴林	Bahrain	是
	卡塔尔	Qatar	是
	科威特	Kuwait	是

续表

区域	国家	国家英文名	分析样本
西亚北非	黎巴嫩	Lebanon	是
	塞浦路斯	Cyprus	是
	沙特阿拉伯	Saudi Arabia	是
	土耳其	Turkey	是
	希腊	Greece	是
	叙利亚	Syria	否
	也门	Yemen	是
	伊拉克	Iraq	是
	伊朗	Iran	否
	以色列	Israel	是
	约旦	Jordan	是
中东欧	阿尔巴尼亚	Albania	是
	爱沙尼亚	Estonia	是
	保加利亚	Bulgaria	否
	北马其顿	Macedonia	否
	波黑	Bosnia and Herzegovina	否
	波兰	Poland	是
	黑山	Montenegro	是
	捷克	Czech Republic	是
	克罗地亚	Croatia	是
	拉脱维亚	Latvia	是
	立陶宛	Lithuania	是
	罗马尼亚	Romania	是
	塞尔维亚	Serbia	是
	斯洛伐克	Slovak Republic	是
	斯洛文尼亚	Slovenia	是
	匈牙利	Hungary	是
中亚	哈萨克斯坦	Kazakhstan	是
	吉尔吉斯斯坦	Kyrgyzstan	否
	塔吉克斯坦	Tajikistan	否
	土库曼斯坦	Turkmenistan	是
	乌兹别克斯坦	Uzbekistan	是

本文选取50个研究样本，占"一带一路"共建国家总数量的75.8%；2018年GDP合计13.76万亿美元，占全球总量的16.04%。

（四）模型构建

1. 数据处理

（1）补齐缺失数据

对66个国家收集的数据中，任一指标完全缺失所有年份的数据，将不作为分析样本。对于指标中缺少部分年份数据的，采用均值替换法将中间年份缺少的数据补齐；采用回归替换法，通过散点图建立简单回归方程计算末尾年份（如2018年）缺少的数值。

（2）数据判断

基于对应的指标，在相应的来源处获得原始数据，虽然已将定性指标定量化，但数字指标仍具有不同类型，主要包括以下三类。

其一，统计数据：是指准确的统计数字，比如GDP、外债指数等，不同统计数据单位不一样，数量级和范围也有差异。

其二，打分数字：基于专家评分法的得分，如事件风险指数、教育政策指数等，不同数据来源打分标准不一样，分数区间有差异。

其三，排名数字：如营商便利指数是排名数字，只有先后次序，无具体差异标准。

（3）标准化

对于以上不同类型、单位、区间、数量级的量化指标，需进行标准化处理后才能综合衡量。综合以上三类数据，本模型基于min-max标准化的方法，进行"修正的min-max标准化"。标准化函数如下：

$$x_i = 1 - \left| \frac{x - x_{\text{指向值}}}{\max - \min} \right|$$

标准化说明如下。

第一，x_i是国家i在某二级指标中的标准化数值，数值越高，此项安全得分越高，风险越低，安全性越高。

第二，$x_{指向值}$是指标的安全数据趋向。某国数据与指向值越接近，得分越高。因此，各个指标需先进行趋向判断，选出适宜的指向值。对于统计数据/打分/排名高的数据，如果其投资安全性越高，则指向值选择最大的数据（打分选择区间分数上限），反之指向值选择最小的数据。比如对于人均GDP，数值越高表明人均生产能力越高，经济发展状况越好，投资安全性越高，则此指标的指向值设为所有国家中人均GDP的最高值。再比如对于换届平稳指数，原打分设定区间是0～4分，分数越高，换届越平稳，那么指向值就选择4（即使有可能所有样本中都没有得4分的）。

第三，x为初始数据，x_i为标准化数据，max为样本数据的最大值，min为样本数据的最小值。对于打分指标，max和min为打分区间的上限和下限。

第四，标准化过程必须遵循以下几个原则：充分理解原有指标含义，尤其是打分指标的来源过程必须清晰；每个指标都需要进行安全趋向判断以使其符合逻辑；标准化必须适应异常值；标准化后需有区分度，但不强求区分度。

第五，标准化后所有指标均落在［0，1］区间，分数越高表明投资安全性越高，投资风险越低。

2. 投资安全理论模型构建

投资安全理论模型的构建是将已有对外投资安全理论和实践的经验进行量化和升华，将其核心内容进行综合集聚，具有重要的承“数据”启“分析”的作用，是综合评估投资安全的基础，是定量计算和定性分析的依据，也是投资安全预测的先导。

对投资安全理论模型的构建，核心思想是指标加权的方式，对指标的赋权是难点。目前各评价体系的赋权方法和数值不统一，难以融合，定量测评难度较高；国际主流的国家风险测度机构，如标准普尔、穆迪等多采用加权平均的方法确定指标的权重，这固然简单方便、易操作，但是难以科学合理地反映不同指标的重要程度。

本研究拟采用主成分分析与熵值法相结合的综合方法来计算各指标的赋权。首先对二级指标进行主成分分析，计算出5个一级指标的总得分；然后采用熵值法对5个一级指标进行权重赋值；最后根据一级指标的总得分及权重计算投资安全的最终分值，即"投资安全指数"，由投资安全指数判断投资安全的高低（分值越高，投资越安全）。

（1）投资安全理论模型构建的核心公式

第i个国家的投资安全指数公式如下：

$$投资安全指数(ISI)_i = X_{i1}Y_1 + X_{i2}Y_2 + \cdots + X_{ij}Y_j + \cdots + X_{in}Y_n$$

其中，X_{ij}是i国的第j个一级指标总得分，Y_j是第j个一级指标的权重，m为国家个数，n为一级指标个数。当前研究中，$i=1\sim m$（$m=50$），$j=1\sim n$（$n=5$）。

（2）一级指标总得分的计算公式

对一级指标总得分的计算，采用主成分分析的方法，核心公式如下：

第i个国家第j个一级指标总得分的计算公式为：

$$一级指标总得分(X_{ij}) = F_{ij1}R_{ij1} + F_{ij2}R_{ij2} + \cdots + F_{ijk}R_{ijk} + \cdots + F_{ijp}R_{ijp}$$

其中，F_{ijk}是i国第j个一级指标第k个主成分的主成分得分，R_{ijk}是对应的主成分百分比，p为一级指标对应的二级指标提取出的主成分数量。当前研究中，$i=1\sim m$（$m=50$），$j=1\sim n$（$n=5$），$k=1\sim p$。

第i个国家第j个一级指标第k个主成分的主成分得分计算公式为：

$$主成分得分(F_{ijk}) = f \times x = [f_{1k} \quad f_{2k}\cdots\cdots \quad f_{ak}] \times \begin{bmatrix} x_{11} & x_{12}\cdots\cdots & x_{1a} \\ x_{21} & x_{22}\cdots\cdots & x_{2a} \\ \cdots\cdots & \cdots\cdots & \cdots\cdots \\ x_{i1} & x_{i2}\cdots\cdots & x_{ia} \end{bmatrix}$$

其中，f为主成分得分系数，x为标准化后的二级指标数据值，a为一级指标对应的二级指标数量值。$f_{1k}\sim f_{ak}$表示主成分k中a个二级指标的得分系数，$x_{11}\sim x_{ia}$表示第i个国家的a个二级指标标准化后的数据值。当前研究中，$i=1\sim m$（$m=50$），$j=1\sim n$（$n=5$），$k=1\sim p$。

（3）一级指标权重的计算公式

对一级指标权重的赋值，采用熵值法进行计算。熵值主要用于度量不确定性。数据的信息量越大，则表示不确定性越小，熵值也就越小。反之，数据的信息量越小，则表示不确定性越大，熵值也就越大。根据熵的特性，一般可以通过计算熵值大小来判断一个事件的随机性和无序程度，也可以用熵值大小来判断某个指标的离散程度，指标的离散程度越大，该指标对综合评价的影响（权重）越大，其熵值越小。

如前，m 为国家个数，n 为一级指标个数，X_{ij}是第 i 国的第 j 个一级指标总得分，Y_j是第 j 个一级指标权重。所有国家维度的一级指标构成初始矩阵 $X = |X_{ij}|_{m \times n}$，将其标准化处理后矩阵为 $X' = |X'_{ij}|_{m \times n}$。

用熵值法计算一级指标权重的步骤如下：

①计算指标值的比重。

$$W_{ij} = X'_{ij} / \sum_{j=1}^{n} X'_{ij}$$

②计算信息熵。

$$e_i = -k \sum_{j=1}^{n} (W_{ij} \times ln\ W_{ij})$$

式中，令 $k = 1/ln\ n$，有 $e_i \in [0,\ 1]$

③计算信息熵冗余度。

$$d_i = 1 - e_i$$

④计算指标权重。

$$Y_j = d_j / \sum_{i=1}^{n} d_i$$

3. 一级指标总得分计算

一级指标总得分的计算，主要通过对其对应的二级指标进行主成分分析（Principal Components Analysis，PCA）。主成分分析是指对一系列具有较强相关性的指标数据，通过线性组合将各个指标数据降维集中于少数几个因子上，而这些因子包含了原数据 80% 以上的数据信息且不具有相关性，也被命名为主成分。主成分分析的方法能够有效地简化数据集，减少数据分析中的变量选择，用新的少数主成分代替全部变量。

对于主成分的选取应该尽量多地包含原始数据的信息，通常用主成分的方差衡量主成分包含原数据信息的多少，方差越大，信息量越充足。因此一般在主成分分析前，首先进行 KMO 检验和巴特利特球形检验。若拒绝原假设（各变量间相互独立），则说明可以做因子分析；若不拒绝原假设，则说明这些变量可能独立提供一些信息，不适合做因子分析。

以 2018 年一级指标金融安全为例，主成分分析过程如下。

（1）检验相关性

应用 SPSS21. 0 计量软件，对 2018 年金融安全指标体系的 7 个二级指标进行 KMO 检验，如表 13 所示，其 KMO 值为 0. 527。同时，其巴特利特球形检验统计量的观测值为 109. 342，相对应的概率 P 值接近 0，这就拒绝了各变量间相互独立的原假设。因此，这些变量可以进行后续的主成分分析。

表 13　KMO 和巴特利特球形检验

取样足够度的 Kaiser - Meyer - Olkin 度量		0. 527
巴特利特的球形检验	近似卡方	109. 342
	df	21
	Sig.	0. 000

资料来源：SPSS 计算输出。

（2）提取主成分 F

应用 SPSS21. 0 计量软件，对 2018 年金融安全指标体系的 7 个二级指标进行降维，按照特征根大于 1 和最大方差法，抽取累计方差 70% 以上的主成分，将各个主成分命名为 Fm。结果表明，2018 年一级指标金融安全中，有 3 个公因子变量的特征根大于 1，且累计方差大于 70%，将这个主成分分别命名为 F1、F2、F3，如表 14 所示。

表 14　解释的总方差

成分	初始特征值			提取平方和载入			旋转平方和载入		
	合计	方差的占比（%）	累积占比（%）	合计	方差的占比（%）	累积占比（%）	合计	方差的占比（%）	累积占比（%）
1	2. 454	35. 063	35. 063	2. 454	35. 063	35. 063	2. 033	29. 042	29. 042
2	1. 415	20. 217	55. 280	1. 415	20. 217	55. 280	1. 720	24. 577	53. 620
3	1. 257	17. 958	73. 238	1. 257	17. 958	73. 238	1. 373	19. 618	73. 238
4	0. 938	13. 400	86. 637						
5	0. 458	6. 541	93. 178						
6	0. 328	4. 683	97. 861						
7	0. 150	2. 139	100. 000						

提取方法：主成分分析。
资料来源：SPSS 计算输出。

（3）计算主成分得分系数

应用 SPSS21. 0 计量软件，对 2018 年金融安全指标体系的 7 个二级指标进行对应的 3 个主成分的得分系数计算，旋转方法为最大方差法。计算结果如表 15 所示。

表 15　主成分得分系数矩阵

指标	成分		
	1	2	3
公共债务指数	0. 798	-0. 406	-0. 263
外债指数	0. 772	-0. 445	-0. 306
外债出口指数	0. 638	-0. 193	0. 528
外债外汇指数	0. 259	0. 446	-0. 030
财政平衡指数	0. 480	0. 696	0. 217
经常账户余额指数	0. 705	0. 529	-0. 156
银行贷存指数	0. 143	-0. 228	0. 862

提取方法：主成分分析。
资料来源：SPSS 计算输出。

(4) 计算主成分得分 F_{ijk}

根据模型设计，第 i 个国家第 j 个一级指标第 k 个主成分的主成分得分计算公式为：

$$主成分得分(F_{ijk}) = f \times x = [f_{1k} \quad f_{2k} \cdots\cdots \quad f_{ak}] \times \begin{bmatrix} x_{11} & x_{12} \cdots\cdots & x_{1a} \\ x_{21} & x_{22} \cdots\cdots & x_{2a} \\ \cdots\cdots & \cdots\cdots & \cdots\cdots \\ x_{i1} & x_{i2} \cdots\cdots & x_{ia} \end{bmatrix}$$

其中，f 为主成分得分系数，x 为标准化后的二级指标数据值，a 为一级指标对应的二级指标数量值。$f_{1k} \sim f_{ak}$表示主成分 k 中 a 个二级指标的得分系数，$x_{11} \sim x_{ia}$表示第 i 个国家的 a 个二级指标标准化后的数据值。当前研究中，$i = 1 \sim m$ ($m = 50$)，$j = 1 \sim n$ ($n = 5$)，$k = 1 \sim p$。

对 2018 年金融安全指标体系的 7 个二级指标进行对应的主成分得分计算，将原 9 个二级指标降维至 3 个主成分指标，得到各国的主成分得分矩阵，如表 16 所示。

表 16　2018 年各国金融安全主成分得分矩阵

国家	主成分 1 得分	主成分 2 得分	主成分 3 得分	国家	主成分 1 得分	主成分 2 得分	主成分 3 得分
阿尔巴尼亚	-0.26	-0.62	0.63	孟加拉国	1.38	-0.82	-0.80
阿拉伯联合酋长国	-0.33	0.50	0.42	缅甸	0.87	-0.56	0.31
阿塞拜疆	-0.09	1.46	1.42	摩尔多瓦	0.46	-0.85	0.11
埃及	0.30	-1.38	0.68	尼泊尔	0.85	-0.50	0.28
爱沙尼亚	-0.22	0.55	0.31	塞尔维亚	-0.41	-0.11	0.58
巴基斯坦	0.95	-1.25	-0.73	塞浦路斯	-0.13	-0.31	0.29
巴林	0.10	-1.29	0.13	沙特阿拉伯	0.04	0.28	0.08
白俄罗斯	-0.29	0.33	-0.79	斯里兰卡	-0.09	-0.72	-0.67
波兰	-0.25	0.40	0.35	斯洛伐克	-0.26	0.27	0.37
俄罗斯	1.16	0.83	-0.33	斯洛文尼亚	-0.24	0.95	0.31
菲律宾	1.31	-0.39	-0.66	泰国	1.36	0.21	-0.94
哈萨克斯坦	-0.02	0.27	0.63	土耳其	0.53	-0.78	0.61

续表

国家	主成分1得分	主成分2得分	主成分3得分	国家	主成分1得分	主成分2得分	主成分3得分
黑山	-2.54	-1.04	1.19	土库曼斯坦	1.65	0.01	0.36
柬埔寨	-0.28	-0.74	0.49	乌克兰	-0.59	-0.61	1.55
捷克	-0.10	0.75	-0.62	乌兹别克斯坦	0.23	0.92	0.45
卡塔尔	-0.01	1.84	-1.44	希腊	-0.32	0.46	0.41
科威特	-0.20	2.61	-0.69	新加坡	-0.19	1.92	0.14
克罗地亚	-0.24	0.65	0.33	匈牙利	0.17	0.44	-1.57
拉脱维亚	-0.24	0.37	0.34	也门	0.63	-0.53	0.15
黎巴嫩	-2.76	-1.97	-4.60	伊拉克	-0.38	2.28	0.35
立陶宛	-0.26	0.66	0.35	以色列	0.10	0.39	-0.92
罗马尼亚	0.62	-0.78	0.65	印度	1.51	-1.18	0.28
马尔代夫	-0.44	-2.12	1.89	印度尼西亚	0.60	-0.53	-0.13
马来西亚	0.21	0.39	-1.46	约旦	-0.72	-0.28	-0.17
蒙古国	-3.98	0.03	0.95	越南	0.78	-0.39	-0.88

（5）计算主成分权重 R

主成分权重通过对各主成分提取方差归一化处理所得，如表 14 所示，主成分权重为旋转后的方差百分比。2018 年金融安全指标的 3 个主成分权重依次为 29.042%、24.577%、19.618%，分别命名为 R1、R2、R3。

（6）计算一级指标总得分

根据模型设计，第 i 个国家第 j 个一级指标总得分的计算公式为：

$$一级指标总得分(X_{ij}) = F_{ij1}R_{ij1} + F_{ij2}R_{ij2} + \cdots + F_{ijk}R_{ijk} + \cdots + F_{ijp}R_{ijp}$$

其中，F_{ijk}是 i 国第 j 个一级指标第 k 个主成分的主成分得分，R_{ijk}是对应的主成分百分比，p 为一级指标对应的二级指标提取出的主成分数量。当前研究中，$i=1\sim m$（$m=50$），$j=1\sim n$（$n=5$），$k=1\sim p$。

如表 17 所示，对 2018 年金融安全指标体系进行总得分计算，得到各国的金融安全总得分。再将此得分按标准化公式进行标准化后，得到各国金融安全的百分制得分，方便比较。

表 17　2018 年各国金融安全总得分

国家	金融安全	百分制	国家	金融安全	百分制	国家	金融安全	百分制
阿尔巴尼亚	-0.11	74	克罗地亚	0.15	84	斯洛文尼亚	0.22	86
阿拉伯联合酋长国	0.11	82	拉脱维亚	0.09	81	泰国	0.26	88
阿塞拜疆	0.61	100	黎巴嫩	-2.19	0	土耳其	0.08	81
埃及	-0.12	74	立陶宛	0.15	84	土库曼斯坦	0.55	98
爱沙尼亚	0.13	83	罗马尼亚	0.12	82	乌克兰	-0.02	78
巴基斯坦	-0.17	72	马尔代夫	-0.28	68	乌兹别克斯坦	0.38	92
巴林	-0.26	69	马来西亚	-0.13	74	希腊	0.10	82
白俄罗斯	-0.16	73	蒙古国	-0.96	44	新加坡	0.44	94
波兰	0.09	82	孟加拉国	0.04	80	匈牙利	-0.15	73
俄罗斯	0.47	95	缅甸	0.17	84	也门	0.08	81
菲律宾	0.16	84	摩尔多瓦	-0.05	76	伊拉克	0.52	97
哈萨克斯坦	0.18	85	尼泊尔	0.18	85	以色列	-0.06	76
黑山	-0.76	51	塞尔维亚	-0.03	77	印度	0.20	85
柬埔寨	-0.17	72	塞浦路斯	-0.06	76	印度尼西亚	0.02	79
捷克	0.03	79	沙特阿拉伯	0.10	82	约旦	-0.31	67
卡塔尔	0.16	84	斯里兰卡	-0.33	66	越南	-0.04	77
科威特	0.45	94	斯洛伐克	0.06	81			

依照此方法，对 2018 年经济、金融、政治、社会、对华关系五个一级指标分别进行总得分计算，结果如下（见表 18）。

表 18　2018 年各国投资安全一级指标总得分（百分制）

国家	经济安全	金融安全	政治安全	社会安全	对华关系安全
阿尔巴尼亚	68	74	48	53	37
阿拉伯联合酋长国	72	82	66	69	24
阿塞拜疆	51	100	32	42	24
埃及	60	74	34	35	62
爱沙尼亚	68	83	74	98	30
巴基斯坦	51	72	48	20	61
巴林	40	69	42	43	25
白俄罗斯	43	73	24	56	38
波兰	69	82	71	85	79
俄罗斯	52	95	3	53	62

续表

国家	经济安全	金融安全	政治安全	社会安全	对华关系安全
菲律宾	74	84	39	53	60
哈萨克斯坦	67	85	34	49	38
黑山	61	51	71	69	0
柬埔寨	74	72	24	19	42
捷克	70	79	76	100	27
卡塔尔	69	84	54	60	21
科威特	68	94	47	46	49
克罗地亚	54	84	47	80	30
拉脱维亚	64	81	55	86	21
黎巴嫩	52	0	15	36	23
立陶宛	67	84	69	99	32
罗马尼亚	66	82	37	75	63
马尔代夫	67	68	57	45	9
马来西亚	69	74	35	57	79
蒙古国	61	44	55	57	59
孟加拉国	68	80	71	28	30
缅甸	52	84	62	13	34
摩尔多瓦	67	76	24	55	34
尼泊尔	60	85	3	33	38
塞尔维亚	59	77	57	74	20
塞浦路斯	52	76	65	53	36
沙特阿拉伯	58	82	67	31	36
斯里兰卡	48	66	63	49	53
斯洛伐克	72	81	82	78	26
斯洛文尼亚	76	86	71	98	33
泰国	66	88	50	51	100
土耳其	54	81	43	46	60
土库曼斯坦	55	98	23	33	30
乌克兰	32	78	15	49	58
乌兹别克斯坦	57	92	23	40	35
希腊	45	82	49	51	44
新加坡	100	94	100	84	81
匈牙利	49	73	73	69	63
也门	0	81	0	0	25
伊拉克	47	97	15	9	24

续表

国家	经济安全	金融安全	政治安全	社会安全	对华关系安全
以色列	60	76	24	53	44
印度	80	85	67	53	76
印度尼西亚	73	79	58	44	82
约旦	64	67	55	48	10
越南	68	77	37	44	70

4. 一级指标权重计算

根据投资安全理论模型中对指标权重的计算方法，本研究运用 MATLAB 数据处理软件计算熵值。值得注意的是，经济安全、金融安全、政治安全、社会安全、对华关系安全这 5 个一级指标在每年的权重是不一样的。2018 年 5 个一级指标权重的计算结果如表 19 所示。

表 19　2018 年一级指标权重

经济安全	金融安全	政治安全	社会安全	对华关系安全
8. 65%	6. 58%	30. 89%	23. 75%	30. 13%

从这一结果可以看出，对国家安全贡献从大到小依次是政治安全、对华关系安全、社会安全、经济安全和金融安全。由此可以看出，对华关系安全是影响中国对“一带一路”共建国家投资的重要因素。值得注意的是，东道国的经济安全和金融安全反而对投资决策的影响最小，这与中国企业“走出去”的动机是基本一致的，也是我国后发优势的机遇。比如中国许多资源寻求型的对外投资项目往往倾向于那些经济状况相对落后的非洲国家。

5. 投资安全指数计算

根据投资安全理论模型，第 i 个国家的投资安全指数公式如下：

$$\text{投资安全指数(ISI)}_i = X_{i1}Y_1 + X_{i2}Y_2 + \cdots + X_{ij}Y_j + \cdots + X_{in}Y_n$$

其中，X_{ij}是 i 国的第 j 个一级指标总得分，Y_j是第 j 个一级指标的权重，m 为国家个数，n 为一级指标个数。当前研究中，$i=1\sim m$（$m=50$），$j=$

1～n（n=5）。

基于之前的计算，2018 年各国的投资安全指数计算结果如下（见表 20）。

表 20　2018 年“一带一路”50 个共建国家投资安全指数

区域	国家	国家英文名	投资安全指数	排名
东北亚	俄罗斯	Russian Federation	44	35
东北亚	蒙古国	Mongolia	57	14
东南亚	菲律宾	Philippines	55	17
东南亚	柬埔寨	Cambodia	36	45
东南亚	马来西亚	Malaysia	60	13
东南亚	缅甸	Myanmar	43	36
东南亚	泰国	Thailand	70	3
东南亚	新加坡	Singapore	91	1
东南亚	印度尼西亚	Indonesia	65	10
东南亚	越南	Vietnam	54	19
独联体其他国家	阿塞拜疆	Azerbaijan	39	43
独联体其他国家	白俄罗斯	Belarus	41	41
独联体其他国家	摩尔多瓦	Moldova	42	38
独联体其他国家	乌克兰	Ukraine	42	37
南亚	巴基斯坦	Pakistan	48	31
南亚	马尔代夫	Maldives	42	39
南亚	孟加拉国	Bangladesh	49	29
南亚	尼泊尔	Nepal	31	47
南亚	斯里兰卡	Sri Lanka	56	15
南亚	印度	India	70	4
西亚北非	阿拉伯联合酋长国	United Arab Emirates	56	16
西亚北非	埃及	Egypt，Arab Rep.	48	30
西亚北非	巴林	Bahrain	39	42
西亚北非	卡塔尔	Qatar	49	28
西亚北非	科威特	Kuwait	53	23
西亚北非	黎巴嫩	Lebanon	25	48
西亚北非	塞浦路斯	Cyprus	54	20
西亚北非	沙特阿拉伯	Saudi Arabia	50	26
西亚北非	土耳其	Turkey	53	22

续表

区域	国家	国家英文名	投资安全指数	排名
西亚北非	希腊	Greece	50	25
西亚北非	也门	Yemen	13	50
西亚北非	伊拉克	Iraq	25	49
西亚北非	以色列	Israel	44	34
西亚北非	约旦	Jordan	42	40
中东欧	阿尔巴尼亚	Albania	50	27
中东欧	爱沙尼亚	Estonia	67	8
中东欧	波兰	Poland	78	2
中东欧	黑山	Montenegro	47	32
中东欧	捷克	Czech Republic	67	7
中东欧	克罗地亚	Croatia	54	21
中东欧	拉脱维亚	Latvia	55	18
中东欧	立陶宛	Lithuania	66	9
中东欧	罗马尼亚	Romania	60	12
中东欧	塞尔维亚	Serbia	52	24
中东欧	斯洛伐克	Slovak Republic	64	11
中东欧	斯洛文尼亚	Slovenia	68	5
中东欧	匈牙利	Hungary	68	6
中亚	哈萨克斯坦	Kazakhstan	45	33
中亚	土库曼斯坦	Turkmenistan	35	46
中亚	乌兹别克斯坦	Uzbekistan	39	44

总体来看，“一带一路”样本国家的投资安全指数参差不齐，依然是新加坡指数最高；其次是波兰、泰国、印度处于上游水平；然后是7个中东欧国家（斯洛文尼亚、匈牙利、捷克、爱沙尼亚、立陶宛、斯洛伐克、罗马尼亚）和2个东南亚国家（印度尼西亚、马来西亚）处于中上水平；蒙古国、斯里兰卡、阿拉伯联合酋长国、菲律宾、拉脱维亚、越南、塞浦路斯、克罗地亚、土耳其、科威特、塞尔维亚、希腊、沙特阿拉伯、阿尔巴尼亚、卡塔尔、孟加拉国、埃及、巴基斯坦、黑山、哈萨克斯坦、以色列、俄罗斯、缅甸、乌克兰、摩尔多瓦、马尔代夫、约旦、白俄罗斯处于中等安全水平；巴林、阿塞拜疆、乌兹别克斯坦、柬埔寨、土库曼斯坦、尼泊尔、黎巴嫩、伊拉克处于较低安全水平；也门共和国处于极低安全水平。

四　中国对“一带一路”共建国家投资安全格局分析

“一带一路”投资安全模型能够丰富和完善发展中国家的对外直接投资理论，用“一带一路”建设案例检视现有对外直接投资理论，发现新的关键变量，修正或重建相关理论；能够量化评估“一带一路”共建国家的投资安全环境，通过海量数据和抽象指数分析，对“一带一路”共建国家的投资安全进行量化评价；能够预警“一带一路”共建国家投资安全态势，突破现状分析，对投资安全态势进行预测和提醒。

投资安全指数能够为投资主体提供科学的参考标准。投资安全指数及各二级指标能够量化“一带一路”共建国家的投资安全状况，使投资主体在对比、评判安全因素时有更加科学的参考标准，为科学决策和有针对性地提出国别投资政策提供依据。东道国投资安全是影响中国对外投资的重要因素，本项目不仅有助于应对中国企业对外投资安全，为风险管理提供新思路，而且可以有效助力提升中国对外直接投资质量和绩效。

（一）投资安全评级

根据投资安全指数的高低，本文把投资安全及其一级指标安全分为5个等级，由高到低分别为A级、B级、C级、D级、E级。投资安全指数越高，表明其投资安全性越高，风险越低（见表21）。

表21　投资安全等级划分

安全等级	安全性描述	投资安全指数区间
A	安全性极高	70～100
B	安全性较高	60～69.9
C	安全性适中	40～59.9
D	安全性较低	20～39.9
E	安全性极低	0～19.9

根据表20的2018年投资安全指数计算结果，对2018年各国投资安全等级评定如表22所示。其中评级为C的国家数量最多，达28个，评级E的国家数量最少，仅也门1个。评级A的国家有4个，为新加坡、波兰、泰国、印度。评级B的国家有9个，主要集中在中东欧区域。评级D的国家有8个，主要集中在西亚北非区域。

表22　2018年“一带一路”共建国家投资安全等级

安全等级	国家数量	国家列表
A	4	新加坡、波兰、泰国、印度
B	9	斯洛文尼亚、匈牙利、爱沙尼亚、捷克、立陶宛、印度尼西亚、斯洛伐克、罗马尼亚、马来西亚
C	28	蒙古国、斯里兰卡、阿拉伯联合酋长国、菲律宾、拉脱维亚、越南、塞浦路斯、克罗地亚、土耳其、科威特、塞尔维亚、希腊、沙特阿拉伯、阿尔巴尼亚、卡塔尔、孟加拉国、埃及、巴基斯坦、黑山、哈萨克斯坦、以色列、俄罗斯、缅甸、乌克兰、摩尔多瓦、马尔代夫、约旦、白俄罗斯
D	8	巴林、阿塞拜疆、乌兹别克斯坦、柬埔寨、土库曼斯坦、尼泊尔、黎巴嫩、伊拉克
E	1	也门

（二）投资安全与投资流量的空间关联分析

1. 投资安全空间格局

从区域来看，中东欧普遍得分水平相对较高，中亚、独联体其他国家、西亚北非国家普遍得分水平相对较低，其他区域则呈现参差不齐的状况。从平均得分来看，各区域平均得分最高的是中东欧，其次是东南亚，再次是东北亚、南亚、西亚北非、独联体其他国家，最低的是中亚。

在各一级指标领域的评分中，从表23可以看到，经济安全较低的区域集中在独联体其他国家、西亚北非，金融安全较低的区域集中在东北亚，政治安全较低的区域集中在独联体其他国家、中亚、东北亚，社会安全较低的领域集中在南亚、中亚、西亚北非，对华关系安全较低的领域集中在中亚、西亚北非、中东欧。由于风险的邻近传播属性，各领域的安全存在较显著的集聚性和区域差异性。

表 23　2018 年各区域投资安全一级指标总得分（百分制）

区域	投资安全指数	经济安全	金融安全	政治安全	社会安全	对华关系安全
东北亚	51	57	70	29	55	61
东南亚	59	72	81	51	46	68
独联体其他国家	41	48	82	24	51	38
南亚	49	62	76	51	38	45
西亚北非	43	53	75	41	41	35
中东欧	61	65	78	64	82	35
中亚	40	59	92	26	40	34

深入具体国别来看，从表 18 可以看到，经济安全的得分中，最高的依次是新加坡、印度、斯洛文尼亚，最低的是也门、乌克兰、巴林。金融安全的得分中，最高的依次是阿塞拜疆、土库曼斯坦、伊拉克，最低的是黎巴嫩、蒙古国、黑山。政治安全的得分中，最高的依次是新加坡、斯洛伐克、捷克，最低的是也门、尼泊尔、俄罗斯。社会安全的得分中，最高的依次是捷克、立陶宛、爱沙尼亚、斯洛文尼亚，最低的是也门、伊拉克、缅甸。对华关系安全的得分中，最高的依次是泰国、印度尼西亚、新加坡，最低的是黑山、马尔代夫、约旦。其中，新加坡在 3 个一级指标排名中列前 3 名，而也门则在 3 个一级指标中列最后 1 名。

从实际得分中还可以看到，政治安全较低的区域和国家，往往伴随着较高的其他风险。如独联体其他国家，腐败、不稳定、治理能力低下等政治安全因素，导致发展水平低、政府债务高、通货膨胀、开放度低等经济、金融安全受到影响，由此又引发失业率、内战、恐怖袭击等政治、社会综合影响。

2. 投资安全与投资量的关联性分析

从我国当前对“一带一路”共建国家的投资存量结合投资安全指数来看，新加坡是所有国家中投资安全指数最高、投资存量最大的国家。

新加坡以外的共建“一带一路”国家，如图 5 所示，俄罗斯、印度尼西亚的投资存量均较大，超过 120 亿美元，但俄罗斯的投资安全指数相对较低。泰国、印度是投资安全指数和投资存量均相对较高的国家。马来西亚、哈萨克斯坦、阿拉伯联合酋长国、越南、以色列、缅甸、巴基斯坦等国，是投资安全指数和投资存量均位列中等的国家，发展潜力大，也需重点关注其投资安全。以波兰为代表的中东欧国家，投资安全指数高，但投资存量相对较少，是“一带一路”建设中可以重点开拓的区域。柬埔寨、乌兹别克斯坦投资存量较高，但安全指数偏低，在投资决策时需要重点警惕。

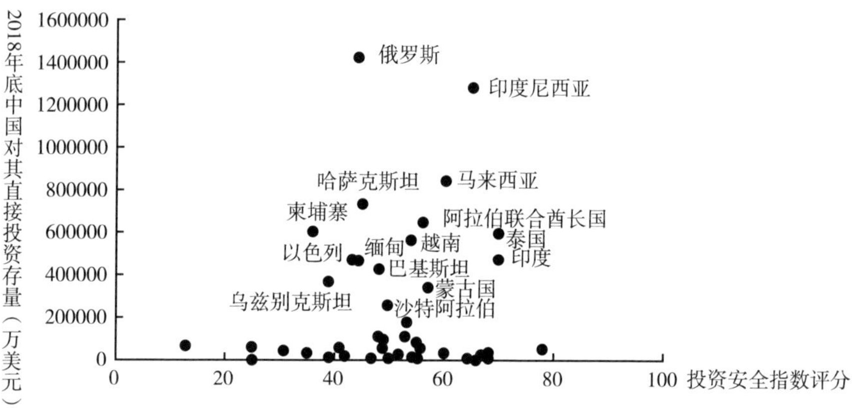

图 5 “一带一路”共建国家 2018 年投资安全指数与投资存量关联性（不含新加坡）

（三）投资安全区域和国家分析

1. 东北亚区域分析

本研究对东北亚区域的研究样本包括俄罗斯、蒙古国 2 个国家，投资安全指数分数依次是 44、57，评级均为 C，如表 24 所示。

表 24 2018 年东北亚投资安全指数评分及排名

国家	投资安全指数			经济安全			金融安全			政治安全			社会安全			对华关系安全		
	分数	评级	排名	分数	评级	排名	分数	评级	排名	分数	评级	排名	分数	评级	排名	分数	评级	排名
俄罗斯	44	C	35	52	C	38	95	A	4	3	E	48	53	C	20	62	B	10
蒙古国	57	C	14	61	B	26	44	C	49	55	C	20	57	C	17	59	C	15

俄罗斯的政治安全评分非常低，在所有国家中排名倒数第3，究其原因，苏联解体带来的巨大灾难一直影响着国际机构对原苏联国家的政治风险评分，以EIU为例，EIU Country Risk Model数据库中，对俄罗斯的政治风险各项评级均为4分（最低档）。不过这不影响俄罗斯、蒙古国在“一带一路”建设中具有的重要地位，中蒙俄经济走廊是连接亚欧的一条重要路线，蒙古国是最早支持“一带一路”倡议的国家之一，其对华关系安全评分一直较高。此外，俄罗斯、蒙古国的经济变动相对剧烈、犯罪率较高等，也影响了其经济、社会安全的评分。

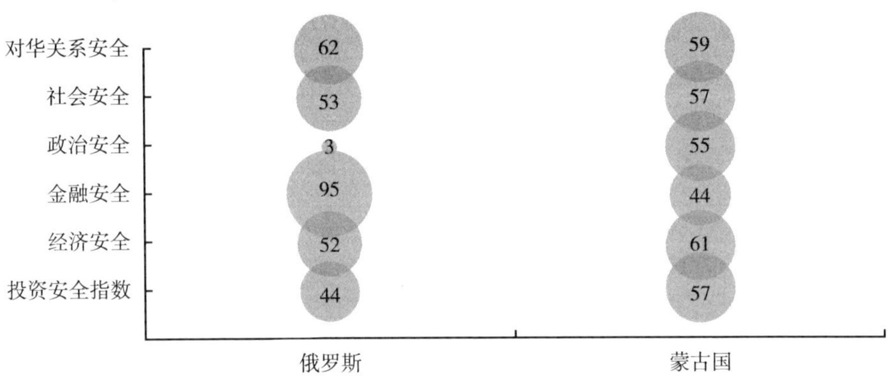

图6 2018年东北亚投资安全指数评分气泡

2. 东南亚区域分析

本研究对东南亚区域的研究样本包括菲律宾、柬埔寨、马来西亚、缅甸、泰国、新加坡、印度尼西亚、越南8个国家。投资安全指数分数跨度较大，新加坡以91分居所有研究中第一，泰国以70分居第三，评级均为A，但柬埔寨则相对较低，以36分居倒数第6名，评级D。马来西亚、印度尼西亚评级为B，菲律宾、缅甸评级为C，处于中等偏上水平，如表25所示。

东南亚区域的经济、金融风险相对较低，所有国家的金融评级都是A，除了缅甸的经济评级是C，其他国家的经济评级均为A、B。但其政治、社会安全评级相对较低，除了新加坡政治、社会安全均是A外，其他国家多为C及以下。以缅甸为例，其石油和天然气资源、矿产资源、农林资源、渔

表 25　2018 年东南亚投资安全指数评分及排名

国家	投资安全指数			经济安全			金融安全			政治安全			社会安全			对华关系安全		
	分数	评级	排名	分数	评级	排名	分数	评级	排名	分数	评级	排名	分数	评级	排名	分数	评级	排名
菲律宾	55	C	17	74	A	5	84	A	15	39	D	32	53	C	21	60	B	13
柬埔寨	36	D	45	74	A	4	72	A	42	24	D	39	19	E	47	42	C	21
马来西亚	60	B	13	69	B	10	74	A	39	35	D	35	57	C	16	79	A	5
缅甸	43	C	36	52	C	39	84	A	13	62	B	16	13	E	48	34	D	29
泰国	70	A	3	66	B	23	88	A	8	50	C	24	51	C	27	100	A	1
新加坡	91	A	1	100	A	1	94	A	6	100	A	1	84	A	7	81	A	3
印度尼西亚	65	B	10	73	A	6	79	A	30	58	C	17	44	C	35	82	A	2
越南	54	C	19	68	B	13	77	A	33	37	D	33	44	C	36	70	A	7

业资源、旅游资源等十分丰富，中国一直是其最大贸易国；但国内政治变动较为频繁，国家治理能力相对较弱，昂山素季 2015 年大选获胜，虽然使其政权趋于稳固，但局部地区仍然处于动荡状态，腐败控制、公民参与、军事武装力量等严重影响社会安全，对经济发展和投资环境影响均较大。

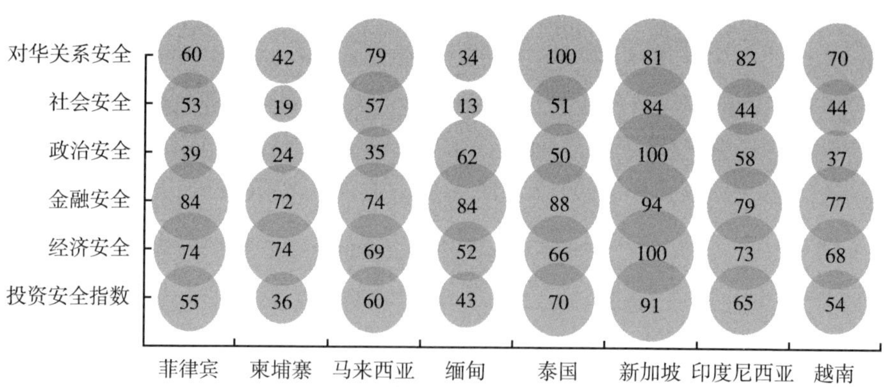

图 7　2018 年东南亚投资安全指数评分气泡

3. 南亚区域分析

本研究对南亚区域的研究样本包括巴基斯坦、马尔代夫、孟加拉国、尼泊尔、斯里兰卡、印度 6 个国家。投资安全指数分数跨度也比较大，印度以

70 分居第四（评级为 A），尼泊尔以 31 分居倒数第四（评级为 D），其他国家的评级均为 C，投资安全处于中等水平，如表 26 所示。

表 26　2018 年南亚投资安全指数评分及排名

国家	投资安全指数			经济安全			金融安全			政治安全			社会安全			对华关系安全		
	分数	评级	排名	分数	评级	排名	分数	评级	排名	分数	评级	排名	分数	评级	排名	分数	评级	排名
巴基斯坦	48	C	31	51	C	41	72	A	43	48	C	27	20	D	46	61	B	12
马尔代夫	42	C	39	67	B	21	68	B	45	57	C	18	45	C	34	9	E	49
孟加拉国	49	C	29	68	B	16	80	A	28	71	A	9	28	D	45	30	D	33
尼泊尔	31	D	47	60	B	29	85	A	12	3	E	49	33	D	42	38	D	22
斯里兰卡	56	C	15	48	C	44	66	B	47	63	B	15	49	C	28	53	C	17
印度	70	A	4	80	A	2	85	A	10	67	B	12	53	C	22	76	A	6

南亚国家在各领域的评级跨度也较大，经济、金融评级相对处于中上水平，仅巴基斯坦和斯里兰卡的经济评级为 C，其他各国的经济、金融评级均为 A 或 B。政治安全除尼泊尔评级 E 外，其他国家评级处于较高水平。社会安全所有南亚国家均相对较低，评级均为 C 或 D，是所有区域中社会安全较低的区域之一，巴基斯坦、印度的恐怖袭击发生频率也很高。对华关系评级中，印度、巴基斯坦评级相对较高，马尔代夫评级较低（评级 E）。①

以巴基斯坦为例，其经济、政治、社会评价均处于中等水平，对华关系评级相对较高，整体评级处于中等水平。巴基斯坦近些年不断发生恐怖袭击，教派斗争和地区族群矛盾日益突出，国内政治和地缘政治风险一直较大。但中国视巴基斯坦为全天候的“铁杆朋友”，“一带一路”建设中也非

① 就在本书即将付印出版之际，中印发生了边界冲突，对中印关系是否产生重大影响，对中国在印度的投资安全是否产生影响，有待进一步观察。——编者注

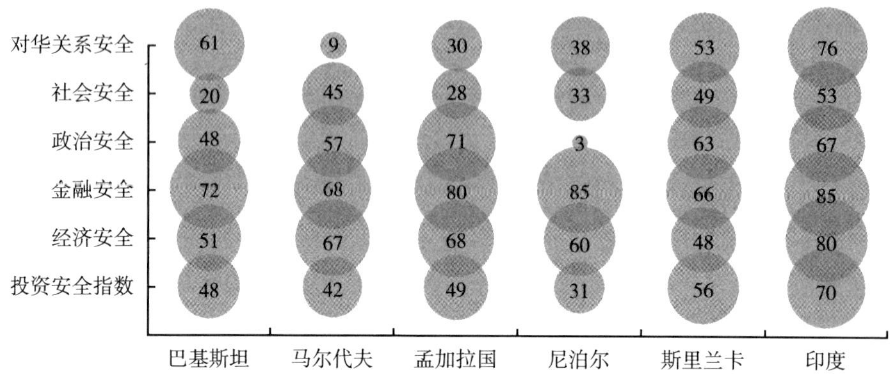

图 8　2018 年南亚投资安全指数评分气泡

常重视中巴经济走廊的建设。

尼泊尔的政治安全得分较低，居所有国家倒数第二（评级 E），社会和对华关系安全评级也均为 D。具体来说，其国内政局错综复杂，长期处于不稳定状态，并且受到周围大国国际关系的影响，是世界最贫穷的国家之一，对其投资也需要克服法律、金融、配套环境较差等安全影响。

4. 中亚区域分析

本研究对中亚区域的研究样本包括哈萨克斯坦、土库曼斯坦、乌兹别克斯坦 3 个国家。这 3 个国家整体评分水平相对较低，哈萨克斯坦评级 C，其他两个国家评级 D。除了金融安全评级相对较高外，经济、政治、社会、对华关系安全等基本处于 C、D 评级，如表 27 所示。

表 27　2018 年中亚投资安全指数评分及排名

国家	投资安全指数			经济安全			金融安全			政治安全			社会安全			对华关系安全		
	分数	评级	排名	分数	评级	排名	分数	评级	排名	分数	评级	排名	分数	评级	排名	分数	评级	排名
哈萨克斯坦	45	C	33	67	B	19	85	A	11	34	D	37	49	C	30	38	D	23
土库曼斯坦	35	D	46	55	C	34	98	A	2	23	D	43	33	D	43	30	D	36
乌兹别克斯坦	39	D	44	57	C	33	92	A	7	23	D	43	40	C	39	35	D	28

中亚区域位于欧亚大陆结合部，是东西方文明交流合作的重要通道，其自然资源蕴藏丰富，是世界地缘政治的核心区，这些都决定了它在“一带一路”建设中必将扮演重要角色。但由于特殊的历史和地理等因素，中亚与中国在领土划分、水资源分配、历史叙事的书写等问题上的纠纷，使官方、民间交流较少，中亚民众对现实中国的了解很不够。中亚国家间关系正逐步回暖，但仍需有一个过程，短时间内还难以做到亲密无间。土库曼斯坦、乌兹别克斯坦等国家在政府腐败、法治程度、公民参与等安全影响因素上分数均较低，中亚区域属于政治风险等级最高的区域之一。中亚国家的政局变化、国际格局的调整与演变、各国经济发展形势的趋向等因素，同样可能对“一带一路”在中亚地区的建设产生影响。

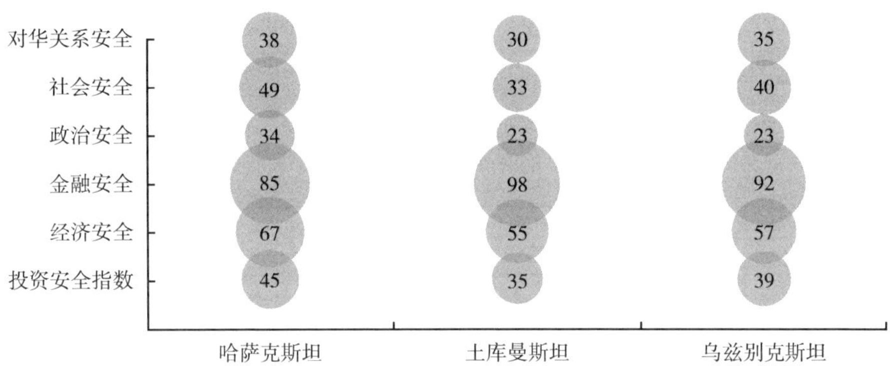

图 9　2018 年中亚投资安全指数评分气泡

5. 西亚北非区域分析

本研究对西亚北非区域的研究样本包括阿拉伯联合酋长国、埃及、巴林、卡塔尔、科威特、黎巴嫩、塞浦路斯、沙特阿拉伯、土耳其、希腊、也门、伊拉克、以色列、约旦 14 个国家。虽然国家众多，但其投资安全指数整体较低，所有国家都处于中等及偏下水平。在所有研究样本的后 10 名中，西亚北非区域占了 4 名，也门以 13 分的评分位于倒数第一，也是唯一的评级 E 的国家，如表 28 所示。政治安全、社会安全是影响西亚北非投资安全的核心因素，除了阿拉伯联合酋长国处于双 B 评级，塞浦路斯、沙特阿拉伯政治安全评级 B，卡塔尔社会安全评级 B 以外，其他国家的政治、社会评级均为 C、D、E 评级。对华关系安全除了埃及和土耳其为 B 评级外，其他国家也整体处于中等及偏下的水平。

表 28　2018 年西亚北非投资安全指数评分及排名

国家	投资安全指数			经济安全			金融安全			政治安全			社会安全			对华关系安全		
	分数	评级	排名	分数	评级	排名	分数	评级	排名	分数	评级	排名	分数	评级	排名	分数	评级	排名
阿拉伯联合酋长国	56	C	16	72	A	8	82	A	20	66	B	13	69	B	13	24	D	41
埃及	48	C	30	60	B	30	74	A	38	34	D	36	35	D	41	62	B	11
巴林	39	D	42	40	C	48	69	B	44	42	C	31	43	C	37	25	D	39
卡塔尔	49	C	28	69	B	12	84	A	14	54	C	23	60	B	15	21	D	45
科威特	53	C	23	68	B	15	94	A	5	47	C	29	46	C	33	49	C	18
黎巴嫩	25	D	48	52	C	37	0	E	50	15	E	45	36	D	40	23	D	44
塞浦路斯	54	C	20	52	C	40	76	A	36	65	B	14	53	C	24	36	D	26
沙特阿拉伯	50	C	26	58	C	32	82	A	22	67	B	11	31	D	44	36	D	27
土耳其	53	C	22	54	C	35	81	A	25	43	C	30	46	C	32	60	B	14
希腊	50	C	25	45	C	46	82	A	21	49	C	25	51	C	26	44	C	20
也门	13	E	50	0	E	50	81	A	26	0	E	50	0	E	50	25	D	40
伊拉克	25	D	49	47	C	45	97	A	3	15	E	47	9	E	49	24	D	42
以色列	44	C	34	60	B	28	76	A	35	24	D	41	53	C	25	44	C	19
约旦	42	C	40	64	B	25	67	B	46	55	C	20	48	C	31	10	E	48

以伊拉克为例，其政治安全评分较低主要是严重的政府腐败、政治不稳定、政府治理能力低下导致的，政治安全也影响其法制水平、社会问题、环境政策、教育政策等，导致了更低的社会安全水平。黎巴嫩较低的政治安全水平则严重影响了其经济、金融安全水平，使其政府债务、财政收支平衡、通货膨胀率等方面安全水平很低，其金融安全排名是所有研究样本中最低的。埃及 2011 年以来的政局动荡使国家经济陷入困境，贸易开放度和财政实力薄弱在一定程度上影响了其经济安全水平，但其拥有苏伊士运河这一航

运要道，地跨亚非两洲，区位优势明显，有望发展成为重要的运输物流中心，是“一带一路”上的重要节点，也是“一带一路”建设最成功的区域之一。

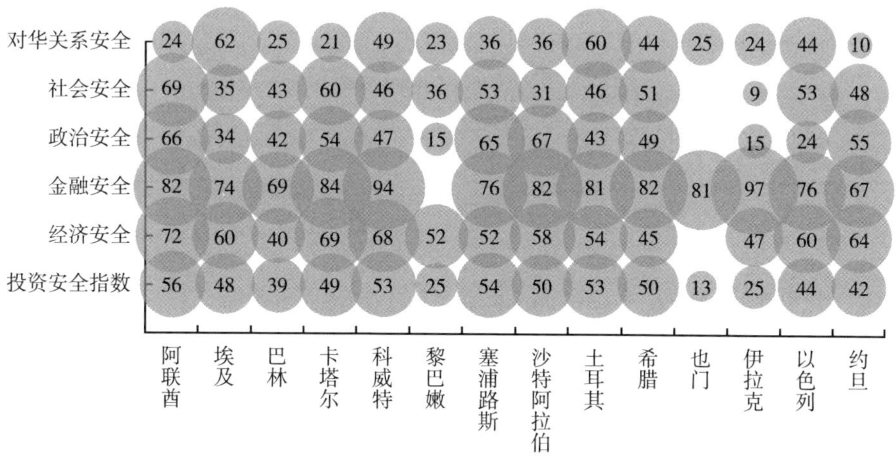

图 10　2018 年西亚北非投资安全指数评分气泡

6. 独联体其他国家区域分析

本研究中，独联体其他国家是指除了俄罗斯和中亚国家的、曾经加入过独联体的其他国家，其研究样本包括阿塞拜疆、白俄罗斯、摩尔多瓦、乌克兰 4 个国家。这 4 个国家的投资安全指数均处于中等及偏下水平，阿塞拜疆评级为 D，其他 3 个国家评级为 C（见表 29）。在所有研究样本的后 10 名中，独联体其他国家占了 2 名。这 4 个国家的政治、社会、对华关系安全评级均较低，乌克兰的政治安全评价低至 E。

这 4 个国家的投资安全水平偏低的核心影响因素依然是政治安全。以乌克兰为例，乌克兰地处欧洲东部，南濒黑海，位于东西、南北的交叉点，区位优势明显，其长期深陷政治局势危机，看似是中央政府同地方民间武装之间的冲突，实则是欧洲、美国和俄罗斯的对峙，是其地缘政治利益的博弈。较低的政治安全水平使其社会经济发展也相对滞后，财政负债严重，通货膨胀率居高不下，能源危机难以缓解。尽管如此，“一带一路”建设还是给乌克兰的发展带来了机遇，农业领域的优势互补、IT 产业的一枝独秀、中欧班列过境、中国至黑海集装箱班轮的开通等，均是乌克兰参与“一带一路”建设发展的红利。

表 29　独联体其他国家投资安全指数评分及排名

国家	投资安全指数			经济安全			金融安全			政治安全			社会安全			对华关系安全		
	分数	评级	排名	分数	评级	排名	分数	评级	排名	分数	评级	排名	分数	评级	排名	分数	评级	排名
阿塞拜疆	39	D	43	51	C	42	100	A	1	32	D	38	42	C	38	24	D	43
白俄罗斯	41	C	41	43	C	47	73	A	41	24	D	39	56	C	18	38	D	24
摩尔多瓦	42	C	38	67	B	18	76	A	34	24	D	41	55	C	19	34	D	30
乌克兰	42	C	37	32	D	49	78	A	31	15	E	46	49	C	29	58	C	16

资料来源：笔者计算。

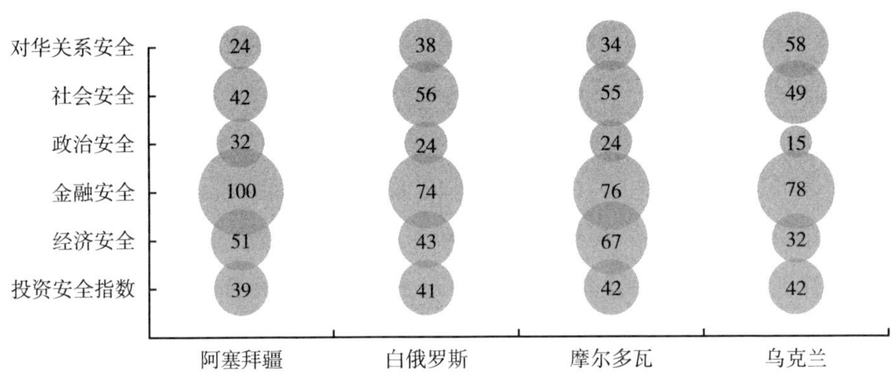

图 11　2018 年独联体其他国家投资安全指数评分气泡

7. 中东欧区域分析

本研究对中东欧区域的研究样本包括阿尔巴尼亚、爱沙尼亚、波兰、黑山、捷克、克罗地亚、拉脱维亚、立陶宛、罗马尼亚、塞尔维亚、斯洛伐克、斯洛文尼亚、匈牙利 13 个国家。和西亚北非区域不同的是，国家众多的中东欧区域，其投资安全指数整体较高，评级中有 1 个 A、7 个 B、5 个 C，全都处于中等及偏上水平。在所有研究样本的前 10 名中，中东欧区域占了 6 名，分别是波兰（第 2 名）、斯洛文尼亚（第 5 名）、匈牙利（第 6

名）、捷克（第7名）、爱沙尼亚（第8名）、立陶宛（第9名）。可以说中东欧地区是所有区域中评分最高的区域，尤其是其经济、金融、政治、社会安全水平均较高，如表30所示。

表30 2018年中东欧投资安全指数评分及排名

国家	投资安全指数			经济安全			金融安全			政治安全			社会安全			对华关系安全		
	分数	评级	排名	分数	评级	排名	分数	评级	排名	分数	评级	排名	分数	评级	排名	分数	评级	排名
阿尔巴尼亚	50	C	27	68	B	17	74	A	37	48	C	26	53	C	23	37	D	25
爱沙尼亚	67	B	8	68	B	14	83	A	18	74	A	4	98	A	3	30	D	35
波兰	78	A	2	69	B	11	82	A	23	71	A	7	85	A	6	79	A	4
黑山	47	C	32	61	B	27	51	C	48	71	A	8	69	B	14	0	E	50
捷克	67	B	7	70	A	9	79	A	29	76	A	3	100	A	1	27	D	37
克罗地亚	54	C	21	54	C	36	84	A	16	47	C	28	80	A	8	30	D	34
拉脱维亚	55	C	18	64	B	24	81	A	24	55	C	22	86	A	5	21	D	46
立陶宛	66	B	9	67	B	20	84	A	17	69	B	10	99	A	2	32	D	32
罗马尼亚	60	B	12	66	B	22	82	A	19	37	D	33	75	A	10	63	B	9
塞尔维亚	52	C	24	59	C	31	77	A	32	57	C	18	74	A	11	20	D	47
斯洛伐克	64	B	11	72	A	7	81	A	27	82	A	2	78	A	9	26	D	38
斯洛文尼亚	68	B	5	76	A	3	86	A	9	71	A	6	98	A	4	33	D	31
匈牙利	68	B	6	49	C	43	73	A	40	73	A	5	69	B	12	63	B	8

中东欧区域各国普遍经历了相对成功的政治转型，其制度相对规范，政治治理水平较高，稳定推行结构性改革，失业率低、居民收入增长，带来了相对较高的经济和社会安全水平。以波兰为例，其劳动力优势明显，工业基础和技术实力较好，基础设施建设力度大，金融稳健性较高。2008年的国际金融危机使世界多国金融体系陷于崩溃边缘，但波兰凭借长期较为

保守的财政和货币政策，以及雄厚的银行储备、充裕的资金流动、较少的外币债务，其金融体系依然稳健，没有受到严重冲击。相比较而言，中东欧区域的对华关系安全有待进一步提高，如黑山是所有研究样本中对华关系评分最低的国家，评级为 E。除了波兰评级 A，罗马尼亚、匈牙利评级 B 以外，其他 9 个国家的对华关系评级均为 D，有很大的提升空间。

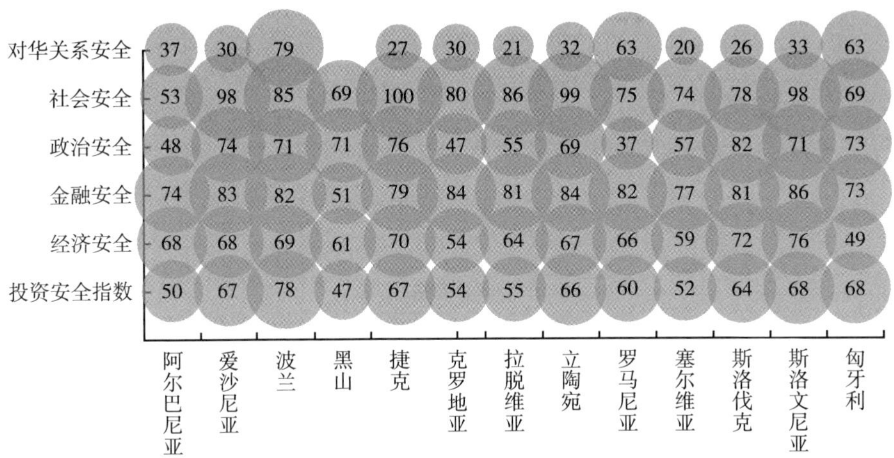

图 12　2018 年中东欧投资安全指数评分气泡

五　提升中国对“一带一路”共建国家投资安全水平的建议

由上，中国对“一带一路”共建国家的投资安全，受到经济、金融、政治、社会、对华关系等诸多影响，建议从以下几方面提升投资安全水平。

（一）提高顶层设计，战略性挖掘重要的支点，加强机制保障

政府要综合协调政治、经济、军事等战略，对具有较高战略价值的区域、通道、城市、港口等进行挖掘，进行海外支点布局。建议从外贸总额占比、外资来源、援助和贷款来源等方面评估对华依赖程度。结合区位分析，

遴选与中国不存在结构性对抗且愿意与中国合作的国家和地区，挖掘战略地位突出、贸易不可替代的重要支点。统筹各个部门，在合作机制、政策支持等方面给予保障。充分借助智库力量，积极探索国际合作机制，加大财税金融支持力度，凝聚“走出去”的中国合力，减轻国际市场开拓的阻力和不确定性。

（二）建立多领域的合作和对话机制，注重对国际舆论的跟踪与公关

政治安全是“一带一路”建设合作取得成功的关键，为了充分提升政治安全，建议在政府层面率先寻求高层接触和部门协商，以达成政府层面的协议。建立多领域的合作和对话机制，加强与项目所在地政府官员、社区民众、非政府组织及媒体等多个行为体的沟通，找出主要问题，沟通协商解决，缓和高社会风险。

舆论既是国家形象的重要组成部分，也是软实力的重要因素，需要通过媒体进行引导，并利用公共关系的思维和策略去引导国际舆论，注重国际口碑。密切关注对象国政治局势和民意变化，对于民众普遍关心的土地赔偿、就业、环境破坏、贪腐问题等，提前做好环境和社会评估，并提出应急预案。因地制宜，根据不同国家的国情和法律等妥善处理。自上而下地“充分沟通”，真正做到“民心相通”。

（三）强化经济主导先行，弱化政治、军事导向

虽然在顶层设计时要综合考虑政治、军事战略布局，但在实际开发建设过程中，应当尽量弱化政治、军事导向，以此能够减少甚至免除诸多对象国、利益国的行政干预压力，也能够最大限度地增加商业利益。政府的核心作用在于顶层设计，而非对市场的直接干预，应当尊重开放的市场经济规律，给予参与建设的企业更多运营自主权，减少海外行政壁垒。

市场主体在开发建设前，应当充分评估拟投资项目的营商环境、市场潜力、竞争形势、国别价值及主体自身能力，以降低经济、金融风险。此外，

还应与当地海关、财政部门、银行系统、产业园区等建立紧密的联系，开展从选址、勘探规划、资金筹集到对外谈判、开工建设、招商引资等一系列活动。

（四）充分发掘共赢驱动力，积极参与不稳定因素的治理

基于“一带一路”的倡议理念和市场经济规律，“一带一路”建设的可持续性在于双方的“共建、共享、共赢”，由此保障各方参建项目的积极性。建设进程中，充分发掘各环节的共赢驱动力，寻找一种切实有效的合作共赢建设模式，与对象国协同共享发展成果。政府间、政府企业间需要构建有效的命运共同体，建立合资公司，签订具有较强保障性的委托开发协议，争取对象国政府和企业参与项目的规划以及人力和政策的配合，通过对象国在资产管理中的参股等，激发双方合作潜力，以市场规则实现建设的可持续。同时需要注意的是，由于中国企业承担了大部分的开发建设任务，投入巨大，须保持主导运营权，为实现自身盈利提供保障和可能。

（五）统筹提升产业协同联动，重大项目作为支点带动“雁行出海”

产业协同联动具有强大的生命力，更能适应市场经济体制。建议在政府统筹下，根据已有的重大项目基础和市场状况进行顶层规划，以全产业链为轴线，引导关联的异质性产业集聚，为市场主体提供公共服务支撑，尤其是网络化异质公共产品的供给，便利资金融通、政策咨询、效率管理等，逐步构建全链条商贸体系，减少市场自发性对企业和产业发展造成的不确定与效率损失。注重要素和规模流转，由外生动力转为内生动力，降低对外依赖，提升生存能力。

建议鼓励市场主体以重大项目为支点，以“雁行”模式组团出海。以重大项目建设核心环节的企业为“领头雁”，进行支点建设和国际市场开拓，其他“子雁”乘风而行并对“领头雁”企业形成支撑。“雁行出海”具有资产雄厚、技术先进、经验丰富等优势，对于跨国经营的多重风险有一

定的抵抗能力，有利于提高中国企业“走出去”的成功率。

此外，政府还应建立健全竞争机制和良性互动的政策导向，鼓励和支持国内企业围绕相关产业链（如基建产业链、投资产业链、园区产业链）核心环节率先组建全产业链生态体系，形成抱团出海、集群式“走出去”的协同形态，避免业务关联主题出现恶性、无序竞争的现象。

专 题 篇

Special Subject

B.2

构建“路园带结合”模式，防范“一带一路”长期投资风险

李延均*

摘 要： “一带一路”高质量可持续发展的关键问题之一是防范资金规模巨大、周期长的基础设施建设投资风险。在总结“一带一路”六年多来取得超预期成绩的基础上，针对“一带一路”长期投资领域存在的深层次问题，本文提出了通过构建“路园带结合”模式，防范“一带一路”长期投资风险的建议，分析了构建该模式防范长期投资风险的基本机理，并基于基础设施先行资本与企业社会资本均衡决定总产出的原理，分析了构建“路园带结合”模式的三种基本路径。

* 李延均，上海立信会计金融学院财税与公共管理学院教授，研究方向为政府间国际经济合作、公共政策与公共服务。

关键词：长期投资风险　投资回报　用者付费　路园带结合

一　引言

“一带一路”作为面向全球的宏大的国际经济合作倡议，在中国政府的强力推动和率先投资带动下，六年多来已经在世界很多地方实施，也吸引了很多国家的参与。中国政府为推进“一带一路”已经分别于 2017 年 5 月和 2019 年 4 月在北京举办了两届“一带一路”国际合作高峰论坛，赢得了包括联合国在内的国际组织和国际社会的认同。从目前的总体情况看，“一带一路”取得了超出预期的成绩。但是，还必须看到，“一带一路”是在世界进入大变局的新形势下国际经济合作范式的创新，其面临的诸多高度不确定性因素和风险挑战是空前的，作为倡议国，中国必须从长期发展的需要和预判来考虑问题，特别是防范长期投资风险问题。为此，本文根据对“一带一路”长期投资中存在的一些深层次问题的分析，提出了一个主要针对“丝绸之路经济带”国际互联互通合作长远发展和长期投资的“路园带结合”的模式框架，以期实现“一带一路”建设与“一带一路”经贸合作的有机结合、政府与市场的有机结合，防范“一带一路”长期投资的风险，实现“一带一路”高质量的可持续发展。

二　当前“一带一路”长期投资存在的主要问题

根据商务部 2019 年 4 月对外公布的数据，我国企业 2013 ~ 2018 年对“一带一路”共建国家直接投资超过 900 亿美元，年均增长 5.2%。在共建国家新签对外承包工程合同额超过 6000 亿美元，年均增长 11.9%。中国企业在“一带一路”共建国家建设了一批境外经贸合作区，累计投资超过 300 亿美元，成为当地经济增长、产业集聚的重要平台，带动东道国就业近 30 万人，与“一带一路”共建国家货物贸易总额超过 6 万亿美元，年均增长

4%，高于同期中国对外贸易增速，占我国货物贸易总额的比重达到27.4%。此外，一批铁路、公路、港口等重大基础设施项目建成，如马尔代夫的中马友谊大桥通车、亚吉铁路开通运营，瓜达尔港具备完全作业能力，受到当地人民的普遍欢迎。能源、资源合作、制造业领域大项目顺利推进，部分已经竣工投产。截至2019年11月，中国已与137个国家和30个国际组织签署了197份共建“一带一路”合作文件。

从上述数据中可以看到，6年多来“一带一路”建设推进速度之快、经贸合作涉及领域之广、签署合作文件之多、取得成绩之巨大，都确实大大超出预期。在当前国际形势发生巨大变化的新形势下，“一带一路”的推进一方面正面临新的国际形势与挑战，另一方面也让我们看到“一带一路”对中国和世界的重要意义在不断上升。这些都要求我们在成绩面前既要坚定信心，又要在面对新的形势和挑战时保持冷静，更应该从长远角度谋划“一带一路”的未来，而从长期投资来看，以下几方面的问题值得关注和思考。

（一）“一带一路”的若干核心概念亟待梳理和界定

“一带一路”是中国提出的国际经济合作倡议，相关的话语权自然首先来自中国，如何言说“一带一路”就必然遇到绕不开的概念使用和理论解释问题，而概念的使用是长期的问题，要能经得起时间和实践的检验，因而必须在普遍接受的过程中逐渐明确其内涵，才不至于引起国际交流中语义上大的歧义。然而，目前在这方面理论研究滞后于实际行动的问题非常突出。6年多来，在有关“一带一路”的若干关键概念上，确实存在语焉不详和人言人殊的问题。以下仅就与本客体相关的几个概念进行粗浅分析。

1. “一带一路”建设与“一带一路”经贸合作混淆

根据“一带一路”倡议，“一带一路”建设概念是一个有特定含义的概念，它是指为实现“一带一路”共建国家的经贸合作而在基础设施领域进行的建设，这些基础设置既包括硬件基础设施，如道路、港口、机场、管网等，也包括软件基础设施，如经贸规则、法律法规、操作程序、标准体系等实现对接和统一。2015 年中国政府发布的《推动共建丝绸之路经济带和 21 世纪海上丝绸之路的愿景与行动》，将这两方面的基础设施建设表述为以“五通”为代表的互联互通。由于基础设施具有共同使用的特点，正是在这个意义上，才有了“一带一路”是国际公共产品的说法，并被普遍认同。而“一带一路”建设的内涵和范围就在于提供国际公共产品。因此，“一带一路”建设的主导者是政府，建设的目标是为国际经贸合作搭建合作平台。而参与“一带一路”的企业则属于市场领域经贸合作的范围。就中国企业而言，通过“一带一路”“走出去”并不是为了提供国际公共产品，而是为了通过向市场提供私人产品获得利润，因此，企业“走出去”不属于“一带一路”建设。至于企业承包“一带一路”基础设施建设工程，则属于公共产品的“生产”而非“提供”。但是，目前，我们在很多场合把一切参与“一带一路”的合作都称为“一带一路”建设，这不利于政府与企业作为不同参与主体及其职能的区分。在实践中，上述两个概念的混淆，势必容易误将企业的市场投资和经营活动当成“一带一路”建设，从而模糊了“一带一路”建设必须具有政府主导的规划而不是自发的市场行为的属性，将“一带一路”建设淹没在企业的市场经营行为中，而企业的经贸合作是不能代替“一带一路”建设的，更大的问题是会导致“一带一路”建设脱离原本的以基础设施互联互通为国际合作基础的初衷和本源，使任何国际经贸合作都被装到“一带一路”的筐里，以至于最终找不到为了实现互联互通的丝绸之路。

2. 直接将国内规划中的“沿线国家”说成现实中的“沿线国家”

“一带一路”沿线国家概念是指中国在国内规划的以中国为起点、经亚欧大陆最后到达欧洲沿海国家的交通线所经过的那些国家。根据中国规划中的线路，需要经过的沿途国家有 65 个，因此，这些国家就被称为沿线国家。这些沿线国家虽然没有官方给出的正式名单，但媒体的版本基本相同，说明这些沿线国家是被官方认可的。目前，无论是官方文本还是媒体传播和学界的研究，“一带一路”沿线国家的概念已经被普遍使用，特别是已经成为数据统计的国别范围的依据。然而，在大家习以为常地使用这一概念的时候，一个十分重要的事实却被忽视了：这些被列入沿线的国家并不一定都认同这一定位，并且因为没有共同的协议，贯穿如此众多国家的交通线能否实现连接显然涉及多边合作，因而是一个非常大的问题，并非我们单方面的规划就能够实现的。所以，沿线国家的概念在使用上实际上有两个不同的内涵：一个是存在于中国规划中并在世界地图上被明确圈出来的沿线国家，另一个是要通过国际多边合作才能最终实现的沿线国家。

（二）基础设施建设存在与“一带一路”线路图不一致

一个实际问题是在推进过程中，基础设施建设难以实现与规划的“一带一路”线路图的一致。所以，在 2019 年 4 月第二届“一带一路”国际合作高峰论坛上，习近平主席在主旨演讲中再次强调“共建‘一带一路’，关键是互联互通”，而“基础设施是互联互通的基石”。对于这个问题，还需要进一步从以下几方面分析。一是需要考虑已经存在的存量交通线的利用，典型的如已经存在的欧亚大陆桥，目前的中欧班列就是利用了既有的新欧亚大陆桥（如中国连云港至荷兰鹿特丹）的铁路线，在这方面，国内在规划“一带一路”的线路时实际考虑了已有的线路。二是需要新规划设计的线路。这部分作为增量对于推进“一带一路”互联互通有重大意义，而这需要相关国家达成一致，共同行动。三是在目前共建国家尚未就新建交通线路和互联互通基础设施形成多边协议和集体行动的阶段，一些局部的基础设施建设已经启动，目前就中国参与的交通基础设施而言，就有蒙内铁路、中老铁路、雅万高铁、匈塞铁路、中蒙铁路、亚吉铁路、瓜达尔港、汉班托塔港、比雷埃夫斯港、哈利法港等，这些局部的交通基础设施建设是否在规划的线路之内？显然，有些不在“一带一路”线路规划中，或者只能作为规划线路的国内线路或两国之间连接的支线。那么，这个问题对于“一带一路”长远发展会带来怎样的影响？这个影响就是：最初设想的路线图规划难以落实，贯穿欧亚的“一带一路”有可能被碎片化，而以交通基础设施为主的互联互通的经贸合作网络和丝绸之路经济带也难以形成，更难以最终实现五大洲基础设施的互联互通。

（三）基础设施投资需要解决长期回报问题

基础设施特别是铁路、港口、机场、高速公路、输油管道等，其投资规模巨大，投资周期长，而其作为公共产品并不是无偿提供使用和服务，而是需要用者付费，因此属于可收费物品。其投资必须以未来收益作为回报，这个回报所依赖的就是建成投入使用后要有与设计规模相当的市场物流、人流和信息流为保障。如果物流、人流和信息流达不到投资回报甚至保本的规模，就会带来投资损失，但是，这种风险和损失需要投入运营后一段时间才能显现和得到评估。对于“一带一路”建设而言，这是一个非常值得关注的问题。目前已经有一些项目出现这类问题的苗头，正是这一问题的出现，才给西方（特别是美国）指责“一带一路”是“债务陷阱”提供了口实。

（四）园区建设规划难以依托沿路规划导致布局缺少长远考虑

“一带一路”园区是在我国国内园区建设和海外园区建设积累经验的基础上，在“一带一路”推进过程中由中国政府和企业主导、与所在国政府和企业合作推动兴建的，包括加工区、工业园、科技产业园、经贸合作区等。前瞻产业研究院发布的报告显示，在商务部、外交部和国家测绘局联合发布的“一带一路”六大经济走廊所经过的65个国家和地区中，目前共有45个已经建设和发展的中国海外园区。在分布上，中国海外园区在亚洲形成了东南－西北依次减少、圈层拓展的空间分布结构，东南亚成为中国海外园区最大分布圈层的同时，沿西北依次向南亚、中亚、西亚地区拓展。大多数园区位于“一带一路”区域，而且具有“大分散、小集中”的空间分布特征。目前，中国“一带一路”海外园区主要集中在制造业、能矿资源和农产品加工型领域，其中某些海外园区已经成为我国与共建国家合作的主要方式和重要名片。

在肯定“一带一路”园区建设取得成绩的同时，必须看到存在的问题。从国际比较看，中国在“一带一路”的海外园区分布在众多国家，这些国家存在较大的政治、文化、宗教和社会差异，因而具有高风险性。而从园区建设的实践看，以中国企业推动的园区建设是为了“集体出海、抱团取暖”，受国内园区建设“速度至上”习惯的影响，存在一定的急躁和盲目性，因此缺乏长远的战略性和系统性规划，又因为其中很多园区是在“一带一路”倡议提出前就建成并运营了多年，在空间布局上与“一带一路”规划的区域和主线路并不一致，也导致有些园区建设建成后绩效不佳。根据《“一带一路”倡议下中国海外园区建设与发展报告（2018）》，中塔工业园、中老磨憨－磨丁经济合作区、格鲁吉亚华凌自由工业园、中哈边境合作中心、中缅边境经济合作区等由于抗风险能力、环境建设、发展路径和模式不明确等原因，建成后的绩效不佳。①

导致上述问题的原因固然是多方面的，但从“一带一路”整体布局来看，由于园区建设缺少所在国明确参与“一带一路”规划特别是基础设施建设规划的依托，在空间布局上也就难以找到与基于“一带一路”未来发展的最佳定位。

三　“路园带结合”模式防范长期投资风险的机理

（一）“路园带结合”模式的基本内涵

防范“一带一路”长期投资的风险是“一带一路”可持续发展的内在要求，而长期投资风险主要存在于规模巨大的基础设施投资和大项目投资领域，这两大领域主要指本文所指的与“一带一路”共建国家相关的“道路”和“园区”建设，从经济增长的结构看，道路和园区建设属于经济结构的点线系统，其基本功能就在于聚集和连通，一旦形成就会在空间上长期存在，而经济结构点线的聚集与连通功能是为市场经济主体从事生产经营活动

① 曾刚、赵海、胡浩：《“一带一路”倡议下中国海外园区建设与发展报告（2018）》，中国社会科学出版社，2018。

提供外部条件，而市场经济主体即企业经济活动所形成的领域和范围，也会围绕道路和园区展开和形成具有产业关联特色的经济带。因此，所谓的“路园带结合”模式就是三者有机结合所形成的某一特定区域的经济结构要素互动下的经济增长模式，结合“一带一路”国际经济合作的特点，“一带一路”区域发展的“路园带结合”模式的内涵可以表述为：在共建国家实现将“一带一路”建设所形成的经济合作的外部条件与“一带一路”国际市场主体开展经贸合作的需求结合起来所形成的区域经济合作的基本结构与互动模式，是最终形成丝绸之经济带的主要路径。

（二）“路园带结合”模式的空间经济学依据

空间经济学是在德国冯·屠能（Von Thunen）于1826年出版的《孤立国》中创立的农业区位理论基础上发展起来的，是20世纪经济学最新发展的重要领域，具有在区位论的基础上多门学科交叉的特征，其研究的独特性在于从空间视角探讨经济现象背后的经济规律，重点研究生产要素的空间布局和经济活动的空间区位。对于“一带一路”涉及的学科而言，空间经济学无疑是一个非常重要的学科视角，但遗憾的是，在目前“一带一路”研究中，空间经济学的参与还比较少。

本文提出的“一带一路”区域发展的“路园带结合”模式，从空间经济学的基本理论分析，就是将“一带一路”倡议下那些可能参与的国内国际生产要素和经济要素，通过确定最优的区位，即基础设施建设的线路区位和园区建设的最优选址区位，与企业开展经贸合作，以实现在“一带一路”共建国家的空间内生产要素和市场要素的最优配置。其涉及的空间包括地理自然空间、资源禀赋分布空间、国别管辖权空间与制度公共产品覆盖空间等。其涉及的主要经济决策因素包括运输成本、能源和原材料产地供给成本、土地资源成本、气候条件成本、环境成本、人力资源及其融合流动成本、国别交易制度成本等。这些要素的所有者和决策主体分别由政府、企业和劳动者构成，它们的空间存在共同构成了不同区域“路园带结合”模式的具体空间分布。

（三）“路园带结合”模式防范“一带一路”长期投资风险的基本机理

根据上述分析，“一带一路”长期投资风险可以界定为，“一带一路”作为关乎长期国际经济合作的倡议，必须具有长久的生命力和可持续发展的能力和远景，从经济合作看，投资是驱动其长期发展的最终与持续动力，而持续的投资回报则是投资的最终与持续动力，二者可以在宏观和微观两个层面驱动“一带一路”的可持续发展，所谓“一带一路”的长期投资风险即是指在全部投资中那些投资规模巨大、主要提供国际经济合作外部条件、需要以长期回报作为投资收益来源的投资，在长期难以形成最基本的回报所需的持续的市场需求规模所导致的投资风险。可见，从风险来源看，长期投资的风险就在于投资回报率达不到预期和来源难以为继。

如何防范“一带一路”长期投资的风险？需要从增加投资回报率的确定性上寻找答案。“路园带结合”模式的基本运作机理就是通过协调三者之间的关系与互动来增加投资回报的确定性，其基本机理如图 1 所示。

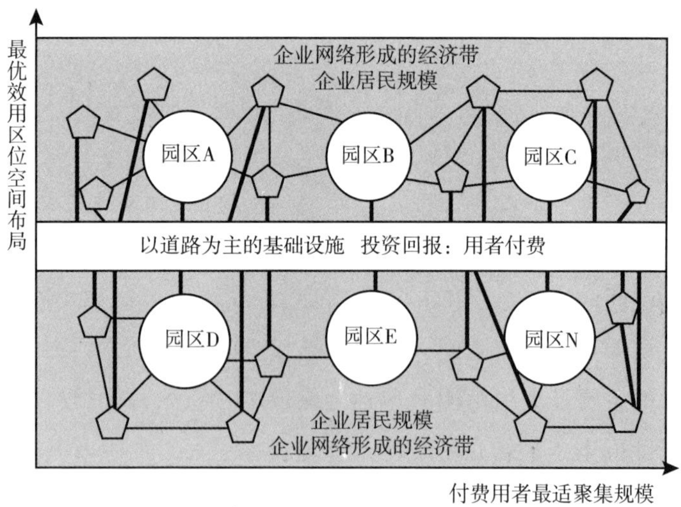

图 1　一带一路“路园带”互动机理示意

在图1中，以道路为主的基础设施建设投资是“一带一路”建设的重点，是互联互通的主要内容。其建设由政府主导，投资规模巨大，投资时间长，具有宏观规划性和长期性，虽然在使用上具有公共产品共同消费和公用特征，但不属于由税收提供的免费公共产品和公共服务，而是采取企业投资或PPP模式，因此，其投资要求盈利，盈利回报依赖于用者付费，而用者所使用的产品和服务体现为客流量、货物流量、信息使用量、用电量等。用者主体为企业和围绕企业生产活动形成的居民人群。而在企业生产经营活动方式中出现的园区（加工区、工业园、科技产业园、经贸合作区等），就其功能而言属于生产服务行业，即由政府和生产服务企业联合提供生产服务，其享受服务的对象必须具备园区成员身份，因此，具有营利性俱乐部产品性质，其投资回报也来自园区成员的用者付费。而园区成员能否长久使用园区设施和持续在园区从事生产经营则取决于其所生产的产品和服务在市场中能否盈利。这样，在一个经济区域内就形成了政府主导的基础设施投资回报依赖于用者付费、用者对基础设施的使用依赖于其生产经营活动的需要。在这一过程中，园区的出现有利于聚集生产企业，同时形成向周边辐射的生产服务网络，这些园区和关联企业最终形成区域经济带，即图中的阴影部分。经济带的出现和聚集扩大了基础设施用者的规模，从而保证了基础设施和园区长期投资的回报，即图中的黑色粗线。

在上述供求关系中，能否达到作为外部条件供给的基础设施与园区建设长期投资回报率所要求的付费用者规模的关键因素是聚居效应的辐射能力。而决定聚集效应的辐射能力的一个非常重要的空间因素就是基础设施建设与园区建设的区位选择。其基本机理是：最优效用区位空间布局→付费用者最适聚集规模→形成长期投资所需的投资回报率→实现长期投资稳定的收益现金流。

四　构建“路园带结合”模式的基本路径

上述理论分析的“路园带结合”模式及其防范长期投资风险的机理的

形成依赖于政府间国际合作与企业间国际合作的匹配，在推进“一带一路”的过程中，就是要实现“一带一路”先行社会资本与民间资本的均衡，实现“一带一路”建设与“一带一路”企业投资的均衡，实现政府机制与市场机制的有机结合。根据社会先行资本、民间资本与总产出的关系原理，在具体实践中有以下三种基本结合路径。

（一）基础设施投资先行的结合路径

基础设施先行一般是在经济开发区域必须采取的投资顺序。通常是政府根据本国或本地经济发展战略，按照对某一待开发区域的规划，政府必须先行对基础设施进行投资，建立开发区，然后吸引民间资本进入开发区域，这就是通常说的“筑巢引凤”。由于是政府主导的以道路为主的基础设施建设先行投资，然后才能带动民间资本进入，所以，在构建“路园带结合”模式过程中，基本路径是按路－园－带的顺序推进，即政府主导按照政府的战略规划先行布局基础设施，对经济开发所需的路、水、电、气、通信、公共服务设施等进行建设。在基础设施基本可以投入运行后，政府还需要规划相关的园区建设，通过政府与市场多种合作模式进行园区建设。与此同时，政府的招商引资活动必须随之展开，随着民间资本的不断进入，基础设施和开发区设施开始投入使用，并逐渐形成投资回报的现金流，而伴随着“路”和“园”的聚集和辐射效应不断释放，各种相关的生产与生活行业开始涌现，区域经济带也开始逐渐形成，一个“路－园－带”良性循环的区域开发模式逐渐进入成熟阶段，前期的巨额长期投资有了稳定的投资回报率保证。

这一模式从开始启动到初步进入良性循环的周期很长，通常需要 10 年到 15 年，其成功的关键在于必须对开发规划进行充分的前期论证，同时制订出应对不测的备选方案，政府在这一模式中承担的风险也比较大。在我国改革开放过程中，也出现过“开发区开而不发”的现象，主要原因是缺乏充分的前期论证和制订备选方案，并存在“拍脑袋决策”和事后“拍屁股走人”问题。

基础设施投资先行应是“一带一路”建设的基本路径。这主要是由于“一带一路”共建国家多为经济发展相对落后的国家，多处于需要经济开发的阶段，因此，对基础设施投资有巨大需求，而这正是中国提出“一带一路”建设倡议的基本考虑。但是，“一带一路”基础设施先行投资有两点不同于国内。一是国内基础设施的规划主体是本国政府，即便地方政府之间有竞争，在中央政府主导下也比较容易协调。而“一带一路”因国家较小且众多，基础设施要实现互联互通才能发挥最大效益，因此，决策主体涉及多国政府，只有多国政府达成一致才能实现互联互通。二是国内人口众多，市场规模巨大，基础设施建设投资回报所需的物流、人流等很容易达到，而“一带一路”国家中，众多小国人口较少，有的国家仅有几百万人口，基础设施难以有相应的付费用者规模。因此，在“一带一路”推行基础设施先行投资的“路园带结合”模式的路径，首先必须至少在某一区域内就共同需要的基础设施建设项目进行多国之间的协商，以便达成互联互通的协议。在此基础上，中国企业如要参与工程承包，必须进行工程投入使用后的市场可行性的充分可行性论证，而不能仅满足于拿到工程项目，否则，建成后就会遇到债务问题，在这方面已有的经验教训值得引以为戒。同时，要将园区建设与基础设施建设进行统筹规划，以便形成最优的区位选择，以充分发挥园区在连接基础设施和推动经济带形成方面发挥聚集和辐射效应。

（二）企业投资先行的结合路径

在经济已经有一定发展、企业投资在某一区域已经形成一定规模的情况下，区域内企业进一步发展受到基础设施不足或落后的制约，已经成为经济增长的瓶颈，因此，需要基础设施投资跟进，或者在增量上投资扩建，或者改造陈旧的基础设施。这种情况可以发生在经济起飞准备阶段和经济起飞阶段。中国在改革开放前期的基础设施建设在总体上即处于这一阶段。就构建“路园带结合”模式而言，由于企业发展已经初具规模，甚至有一定的园区存在，经济带也可能基本形成或者开始形成，基础设施投资的改善和加速作用已经大于拉动作用，因此，三者结合的重点不是如何形成三者的联动，而是通过“补短板”实现社会总产出的最大化，实现“路园带”的优化组合。

在企业投资先行基础上的“一带一路”建设，主要存在于经济比较活跃的区域，也是园区建设比较集中的区域，目前主要集中于东南亚地区。据统计，该地区中国的海外园区数量占到了“一带一路”园区数量的75%，因此，园区在确定基础设施投资需求和推动经济带形成过程中的聚集和辐射作用更加明显。为此，在路径选择上要考虑既有的企业特别是园区的空间布局，同时更加注重相邻国家间基础设施的互联互通，如中国于2014年提出的澜－湄次区域合作，主要目的就是要实现该区域内中国、柬埔寨、老挝、缅甸、泰国、越南六个国家之间的互联互通和基础设施建设特别是水利基础设施的统筹规划。

（三）基础设施与企业投资并行的结合路径

在基础设施投资与企业投资基本处于均衡状态下，如果总体经济出现新的增长点，会同时形成对基础设施投资与企业投资的需求和拉动，此时就会出现基础设施投资与企业投资的并行，在突破原有均衡的基础上，二者同时出现新的增长，并在新的水平上实现更高层次的均衡。在这一过程中，如果企业投资是在园区内新增加的投资，或者是通过新建园区投资，或者在园区外受园区聚集和辐射效应的影响出现新的企业群，都会扩大原有经济带边界，或者形成新的经济带，从而为新增加的基础设施和园区设施提供追加的用者付费的规模，形成追加的投资回报能力，进而保证了新追加长期投资的安全。

在“一带一路”建设中，中欧班列的开行是在原有基础设施即欧亚大陆桥上运行的，其开通有可能成为沿路国家和地区新的经济增长点，从而带动沿路国家延伸的道路等基础设施的需求，也会带动沿路国家企业寻找新的投资机会。而在这一过程中，园区建设会在中欧班列和市场扩大的带动下展开布局，在园区聚集和辐射效应下，中欧班列沿线国家将有可能形成中欧班列经济带。当然，其实现需要一个长期的过程，并且，必须通过沿线国家政府间合作解决目前中欧班列互联互通方面存在的软硬件障碍，同时，通过培育次区域经济带市场，实现政府机制与市场机制的互动与融合，确保长期投资的回报率，才能实现中欧班列的持续开行和更好发展，使其成为“一带一路”上连接欧亚大陆的主动脉。

参考文献

[1] 张宏伟：《国家发展战略与企业外来者劣势》，《内蒙古财经大学学报》2019 年第 6 期，第 48～51 页。

[2] 李文良：《新时代中国国家安全治理模式转型研究》，《社会科学文摘》2019 年第 8 期，第 5～7 页。

[3] 潘云鹤等：《中国制造业“一带一路”国际合作的机遇与挑战研究》，《中国工程科学》2019 年第 4 期，第 7～13 页。

[4] 张智：《西部发力“一带一路”：今年前 5 月实际使用外资是中部的 5 倍》，《中国外资》2019 年第 15 期，第 56～57 页。

[5] 王文、杨凡欣：《“一带一路”与中国对外投资的绿色化进程》，《中国人民大学学报》2019 年第 4 期，第 10～22 页。

[6] 李文良：《新时代中国国家安全治理模式转型研究》，《国际安全研究》2019 年第 3 期，第 45～69、157～158 页。

[7] 吴维海、吴秋寒：《推动我国企业更好参与“一带一路”建设》，《中国中小企业》2019 年第 5 期，第 78～80 页。

B.3

“一带一路”倡议、OFDI与营商环境

——基于2013年“一带一路”倡议政策的拟自然实验

徐正丽　吴　俊　蔡　翔　甘晓丽*

摘　要： 中国企业对外直接投资（OFDI）不仅要考虑目标国的营商环境，还需考虑投资的经济效益，如何在保证企业参与对外直接投资过程中既实现投资项目安全又能融入全球价值链是推进“一带一路”建设的重要内容。本文将2013年“一带一路”倡议政策视为一项拟自然实验，利用双重差分法分析“一带一路”倡议政策对中国企业对外直接投资的促进效应及该效应在“一带一路”共建国家的差异，并用因子分析法得到的营商环境得分指标进一步分析“一带一路”共建国家营商环境对承接中国OFDI的影响。研究结果表明，“一带一路”倡议政策出台显著地促进了中国企业对“一带一路”共建国家的对外直接投资且促进效应不具备持续性，营商环境越好越有利于吸引中国OFDI。本文的研究为评估“一带一路”政策效应提供了经验证据，建议通过双方或多方的努力完善营商环境；为精准实施“一带一路”倡议、推进中国企业参与全球价值链分工和扩大对外开放

* 徐正丽，桂林电子科技大学中国－东盟信息港数字经济研究院讲师，研究方向为“一带一路”共建国家（地区）投资与安全；吴俊，桂林电子科技大学中国－东盟信息港数字经济研究院讲师，研究方向为“一带一路”共建国家（地区）投资与安全、离岸金融；蔡翔，桂林电子科技大学商学院教授，研究方向为环境规则与对外直接投资；甘晓丽，桂林电子科技大学中国－东盟信息港数字经济研究院副教授，研究方向为“一带一路”共建国家（地区）投资与安全、家庭金融。

提供参考。

关键词： “一带一路”倡议　OFDI　营商环境

一　引言

尽管早在1979年中国企业已获得相关政策允许其进行国际化经营，但在资金缺乏的年代，获得对外直接投资的企业主要集中在少数中央直属的大型外贸企业且投资规模较小。[①] 在改革开放初期，由于中国发展经济亟须引进外资，而中国企业的对外直接投资的发展仍处于试探性摸索阶段。随着中国经济的发展，中国对外直接投资经历了五个阶段，且每个阶段中国对外直接投资规模逐年增加。[②] 尤其是以“入世”为契机，中国企业全面地参与到全球价值链生产过程中，再一次促进了中国企业对外投资。[③] 至此，中国对外直接投资迎来了快速发展期，中国政府鼓励企业“走出去”的政策直接带来了中国对外直接投资的井喷式爆发。[④] 2003～2018年，我国对外

① 1979年国务院颁布15项改革措施，允许出国办企业，中国企业国际化经营由此兴起。此时企业发展的重点是从如何按政府指令生产转向按市场需求变动状况进行生产和经营。在对外开放方面，企业重点是扩大进出口和利用外资。对外直接投资尚处于自发状态，仅部分与贸易相关的企业得到进行对外直接投资的批准。截至1983年，全国有76家非贸易企业获准在海外投资，投资金额有5000万美元，投资主体是少数中央直属大型外贸企业。参见《中国企业国际化历程》，https：//baijiahao. baidu. com/s？ id = 1620115633601512189&wfr = spider&for = pc。

② 高鹏飞等：《新中国70年对外直接投资：发展历程、理论逻辑与政策体系》，《财经理论与实践》2019年第9期，第2～10页；杨波、柯佳明：《新中国70年对外投资发展历程回顾与展望》，《世界经济研究》2019年第9期，第3～15页；郭凌威等：《改革开放四十年中国对外直接投资回顾与展望》，《亚太经济》2018年第4期，第111～121页。

③ 陈琳等：《全球生产链嵌入位置如何影响中国企业的对外直接投资?》，《财经研究》2019年第10期，第86～99页。

④ 黄益平：《对外直接投资的“中国故事”》，《国际经济评论》2013年第1期，第20～33页；Wang，C. Q.，Hong，J. J.，Kafouros，M.，et al.，“What Drives Outward FDI of Chinese Firms? Testing the Explanatory Power of Three Theoretical Frameworks，” *International Business Review*，2012，21（3）：425－438。

直接投资流量从 28.5 亿美元增加到 1430.4 亿美元，其中 2013 ~ 2015 年“一带一路”共建国家承接中国对外直接投资流量分别为 126.85 亿美元、134.8 亿美元和 188.16 亿美元，分别占当年中国对外直接投资流量的 11.76%、10.95% 和 12.92%。[①] 2013 ~ 2015 年，中国对外直接投资增速分别为 22.8%、14.16% 和 18.3%，而同期中国对“一带一路”共建国家对外直接投资增速分别为 -3.9%、6.3% 和 39.58%。在中国对外直接投资增速下降的背景下，中国对“一带一路”共建国家的直接投资增速反而上升。

2013 年后，中国对“一带一路”共建国家的直接投资为何增长如此迅速？一种观点认为，2013 年中国正式提出“一带一路”倡议，政策的刺激导致中国对外直接投资增速明显增加。[②] 吕越等人根据 2005 ~ 2016 年《全球企业绿地投资数据库》，运用双重差分法检验了“一带一路”倡议实施显著地促进了中国对外绿地投资的增长，但对于高政治风险经济体的投资不存在促进效应。[③] 另一种观点认为，围绕“一带一路”倡议，中国同“一带一路”共建国家及其他组织推出了一系列优惠政策鼓励中国企业对外投资。[④] 中国企业面临比较严重的融资约束问题，融资约束限制了中国企业对外直接投资能力。[⑤] 在“一带一路”倡议下，由于中国企业参与“一带一路”建

① 2019 年 9 月 12 日，商务部、国家统计局和国家外汇管理局联合发布《2018 年度中国对外直接投资统计公报》，http：//www.gov.cn/xinwen/2019 -09/13/conten t_ 5429649.htm。

② 杨波、柯佳明：《新中国 70 年对外投资发展历程回顾与展望》，《世界经济研究》2019 年第 9 期，第 3 ~ 15 页。

③ 吕越等：《“一带一路”倡议的对外投资促进效应——基于 2005 ~ 2016 年中国企业绿地投资的双重差分检验》，《经济研究》2019 年第 9 期，第 187 ~ 201 页。

④ 2017 年 5 月 14 日，习近平同志在《携手推进“一带一路”建设——在“一带一路”国际合作高峰论坛开幕式上的演讲》中提到，中国同“一带一路”建设参与国和组织开展了多种形式的金融合作，如亚洲基础设施投资银行、“丝路基金”、中国同中东欧“16 + 1”金融控股公司形式为“一带一路”建设提供金融合作服务，http：//www.xinhuanet.com//politics/2017 -05/14/c_ 1120969677.htm。

⑤ 刘莉亚等：《融资约束会影响中国企业对外直接投资吗？——基于微观视角的理论和实证分析》，《金融研究》2015 年第 8 期，第 124 ~ 140 页。

设的境外投融资和贸易结算需求与“一带一路”建设内容存在耦合[1]，相关优惠政策促进了中国企业对“一带一路”共建国家的直接投资。史恩义、吴彦榕在对中国各省市产能利用率进行测试以及构建计量模型分析OFDI与化解产能过剩关系的过程中，也得出金融支持促进中国企业对外直接投资的结论。[2]

也有观点认为，中国企业对外直接投资是融入全球价值链的需要[3]，进口嵌入位置处在上游的企业可以更稳定地在全球范围内获取资源，出口嵌入位置处在下游的企业可更好地接近全球市场[4]，企业主动融入全球价值链有助于推动中国企业对外直接投资。中国企业对“一带一路”投资既符合中国与“一带一路”共建国家具有的进口嵌入和出口嵌入的天然优势，也带动了中国企业对“一带一路”共建国家的直接投资。

“一带一路”共建国家间的制度、经济及文化差异较大，中国企业对外直接存在明显的区位选择偏好，即偏向于市场规模大（人均GDP增速较快）和经济制度（商业自由度、投资自由度和货币自由度）好的国家。[5] 方慧、赵甜通过测算中国与共建国家在地理、文化、制度、经济和技术5个维度上的国家距离，并选择2003～2015年的相关数据进行检验，发现国家距离对中国企业国际化经营整体呈现抑制作用。[6] 中国企业对外直接投资面临来自东道国的政治、经济、文化、法律等多方面的风险和挑战，需要通过签订和升级双边投资协定、创新境外经贸合作区建设、加强投资环境评估和公共服

---

① 涂远博等：《中国离岸金融建设与“一带一路”的协同关系及战略对接》，《经济学家》2018年第7期。

② 史恩义、吴彦榕：《OFDI化解过剩产能的机理及效应研究》，《现代经济探讨》2017年第10期，第46～53页。

③ 何帆：《中国对外投资的特征与风险》，《国际经济评论》2013年第1期，第34～50页。

④ 陈琳等：《全球生产链嵌入位置如何影响中国企业的对外直接投资?》，《财经研究》2019年第10期，第86～99页。

⑤ 贺娅萍、徐康宁：《“一带一路”沿线国家的经济制度对中国OFDI的影响研究》，《国际贸易问题》2018年第1期，第92～100页。

⑥ 方慧、赵甜：《中国企业对“一带一路”国家国际化经营方式研究——基于国家距离视角的考察》，《管理世界》2017年第7期，第17～22页。

务平台建设等措施化解风险。①

已有关于“一带一路”倡议政策与OFDI关系的研究成果是本文研究的基础，但已有的研究对“一带一路”倡议政策与OFDI的异质性分析还不够全面。与已有文献相比，本文的创新之处在于以下几个方面。首先，本文的营商环境指标选用Worldwide Governance Indicators数据库中Doing Business数据，得出营商环境越好的国家（地区）越有利于吸引中国OFDI的结论。其次，已有的文献应用世界银行Worldwide Governance Indicators数据库中反映目标国经营环境的6个维度指标，分析中国企业对“一带一路”共建国家（地区）的投资抉择，但现实中企业对外直接投资需要综合地看6个维度指标，故本文借鉴因子分析法重新构建了营商环境得分指标。其研究结果表明，中国企业对外直接投资的增加与目标国营商环境有关。目标国营商环境得分越高，越有利于承接中国企业的对外直接投资。再次，目标国营商环境所在区域也会影响承接中国企业的对外直接投资，亚洲地区承接中国企业对外直接投资的效应好于欧洲和非洲，在亚洲内部，东南亚地区承接中国企业对外直接投资效应好于中亚、西亚地区。最后，通过对政策的评估，我们发现“一带一路”倡议政策对不同国家（地区）的促进效应持续性存在差异，尤其是对非洲的刺激效应不明显。故本文系统地检验了“一带一路”倡议政策、OFDI与营商环境的关系，研究结论为“一带一路”倡议政策评估提供了经验证据，并弥补了现有文献对2013年“一带一路”倡议政策效果评估研究的不足。因此，本文建议通过双方或多方的努力，完善营商环境，为精准实施“一带一路”倡议、推进中国企业参与全球价值链分工和扩大对外开放提供参考。

二 制度背景与研究假说

2013年9月和10月，习近平主席在出访哈萨克斯坦和印度尼西亚时，

① 张述存：《“一带一路”战略下优化中国对外直接投资布局的思路与对策》，《管理世界》2017年第4期，第1~9页。

分别提出了“丝绸之路经济带”和“海上丝绸之路”，故形成了“一带一路”倡议。[①] 一般来说，“一带一路”倡议背景具有国际与国内因素双重背景。国际因素层面，全球金融危机后，以美国为代表的世界主要发达经济体掀起了TPP和TTIP等区域贸易安排浪潮，而广大发展中国家（或新兴经济体）被排除在外。广大的发展中国家经济的发展亟须融入全球经济或区域经济合作体系中，习近平主席提出的“一带一路”倡议以中国扩大对外开放为契机，在发展中国经济的同时，搭建了中国与广大发展中国家在区域合作领域的平台。[②] 此外，通过“一带一路”建设，形成中国与“一带一路”共建国家（地区）相互依赖的利益纽带，为提升我国在全球事务中的话语权和主导权创造条件，开创了全球治理的新模式。从国内因素看，中国OFDI的快速增长，使OFDI与FDI流量基本相当，中国从资本净流入模式转为资本净输出国的模式。为积极参与全球价值链的分工与扩大对外开放，“一带一路”倡议将深化中国与广大发展中国家在产业链层面的深度融合，与“一带一路”共建国家（地区）的合作有助于推进国际产能合作，实现国内产业结构升级。

“一带一路”建设是中国在全方位开拓对外开放新格局、深入融入世界经济体系的背景下提出的倡议。“一带一路”倡议出台并没有立即增加中国对“一带一路”共建国家（地区）的直接投资额，2013年中国对“一带一路”共建国家的直接投资增速为-3.9%。2014年中国对“一带一路”共建国家（地区）直接投资增速仅为6.3%，中国企业对“一带一路”共建国家（地区）直接投资增速慢。为更进一步鼓励中国企业加大对“一带一路”

---

① 2013年9月，习近平主席在对哈萨克斯坦进行国事访问时，于纳扎尔巴耶夫大学发表演讲，首次提出“丝绸之路经济带”的概念，他强调“为了使各国经济联系更加紧密、相互合作更加深入、发展空间更加广阔，我们可以用创新的合作模式，共同建设‘丝绸之路经济带’，以点带面，从线到片，逐步形成区域大合作”。同年10月，习近平主席在印度尼西亚国会发表演讲时，又进一步提出“中国愿同东盟国家加强海上合作，使用好中国政府设立的中国-东盟海上合作基金，发展好海洋合作伙伴关系，共同建设21世纪‘海上丝绸之路’”，由此形成了“一带一路”倡议。

② 商务历史网发布了“一带一路”专题研究，其中就有关于“一带一路”倡议实施的背景，http：//history. mofcom. gov. cn/? special = ztyja1。

共建国家的直接投资额，2015 年 3 月 28 日，国家发改委、外交部、商务部联合发布了《推动共建丝绸之路经济带和 21 世纪海上丝绸之路的愿景与行动》。2015 年扩大的“一带一路”政策效果明显，同年中国企业对“一带一路”共建国家的直接投资增速达到 39.58%。鉴于以上事实，故提出以下假说。

假说 1：“一带一路”倡议政策会增加中国企业对“一带一路”共建国家的直接投资。

中国企业对“一带一路”共建国家的投资额占中国 OFDI 总量的比重较小。2013～2015 年，“一带一路”共建国家（地区）承接中国对外直接投资流量分别为 126.85 亿美元、134.8 亿美元和 188.16 亿美元，分别占当年中国对外直接投资流量的 11.76%、10.95% 和 12.92%。为更好地评价“一带一路”倡议政策对中国企业在“一带一路”共建国家（地区）的直接投资，本文引入中国企业对“一带一路”共建国家（地区）直接投资新增量指标，其计算为年末的流量减去年初的流量。

假说 2：“一带一路”倡议政策会增加中国企业对营商环境好的“一带一路”共建国家（地区）的直接投资。

假说 3：在“一带一路”倡议政策下，“一带一路”共建国家（地区）营商环境所在的区域不同也会影响中国 OFDI 的变化。

三　模型、数据与变量说明

（一）模型设定

我们将中国企业对外直接投资的目标国分为两组，其中“一带一路”共建国家作为处理组，非“一带一路”共建国家作为控制组，将 2013 年“一带一路”倡导政策视为一项自然实验，采取双重差分法检验“一带一路”政策激励的对外投资效益及其具体机制。故考虑以下模型：

$$Iofdi_{it} = \beta_1 Ind_i \times Post_t + \beta_2 X_{it} + \eta_i + \eta_t + \eta_{it} + \varepsilon_{it} \quad (1)$$

其中，i、t 分别表示国家和年份。被解释变量为新增对外直接投资的对数 $Iofdi_{it}$，$Iofdi_{it}$ 表示中国企业在 t 年对 i 国的新增对外直接投资额。Ind_i 是处理组虚拟变量，表示中国企业对外投资的目标国是不是“一带一路”共建国家，如属于“一带一路”共建国家则取1，否则为0。$Post_t$ 为政策实施年份的虚拟变量，由于“一带一路”倡议在2013年提出，故2013年之前为0，2013年当年及以后为1。X_{it} 为控制变量，包括目标国GDP占世界GDP总量的比重（*gdp*）、目标国投资占东道国GDP比重（*invest*）、目标国总储蓄占GDP比重（*save*）、目标国货物进口量的变化（*trade*）、目标国总人口（*pop*）等指标。我们还进一步控制了国家的固定效应（η_i）、年份固定效应（η_t）和国家×年份交互效应（η_{it}），从而纳入了不可观测的其他宏观固定效应，并控制了不同国家的相关政策混杂影响。

根据假说1，β_1 预期符号为正，表明在“一带一路”政策激励下，政策会促进中国企业增加对“一带一路”共建国家的对外直接投资量。

（二）数据来源与处理

本文研究样本为2003～2015年中国企业对外直接投资情况，数据来源于2003～2016年《中国统计年鉴》、世界银行 *World Development Index* 和 *Worldwide Governance Indicators* 数据库的合并数据。为保证分析的可靠性，本文对样本数据做如下处理：由于《中国统计年鉴》中的中国企业对外直接投资的目标国（或地区）与世界银行公布的国家（或地区）存在不完全重合，故以《中国统计年鉴》公布的中国企业对外直接投资的目标国（或地区）为参照，在世界银行公布的国家（或地区）数据中删除中国企业未对外直接投资的国家（或地区）。

（三）变量说明

1. “一带一路”共建国家样本的界定

本文参照陈万灵、何传添的划分，将“一带一路”共建国家（地区）分为海上丝绸之路国家（地区）和陆上丝绸之路国家（地区）。海上丝绸之路国家（地区）包括：巴林、孟加拉国、文莱、柬埔寨、埃及、印度、印度尼西亚、伊朗、伊拉克、科威特、老挝、马来西亚、缅甸、阿曼、巴基斯坦、菲律宾、沙特阿拉伯、新加坡、斯里兰卡、泰国、阿联酋、越南、也门、马尔代夫、卡塔尔（共25国）；陆上丝绸之路国家（地区）包括：土耳其、叙利亚、约旦、黎巴嫩、以色列、希腊、塞浦路斯、尼泊尔、阿富汗、哈萨克斯坦、乌兹别克斯坦、土库曼斯坦、塔吉克斯坦、吉尔吉斯斯坦、乌克兰、白俄罗斯、格鲁吉亚、阿塞拜疆、亚美尼亚、摩尔多瓦、波兰、立陶宛、爱沙尼亚、拉脱维亚、捷克、斯洛伐克、匈牙利、斯洛文尼亚、克罗地亚、波黑、黑山、塞尔维亚、阿尔巴尼亚、罗马尼亚、保加利亚、马其顿、不丹、巴勒斯坦（共38国）。[①] 故按以上划分，“一带一路”贯穿亚欧非，共建国家达到63个，其中东盟11国、西亚18国、南亚8国、中亚5国，非洲1国。[②]

样本处理：首先，由于中国对亚美尼亚、摩尔多瓦、爱沙尼亚、斯洛文尼亚、黑山、不丹6国的直接投资数据缺失，故将6国剔除出样本；其次，由于中东恐怖主义活动尚未平息及因叙利亚、伊朗等问题爆发的小规模战争持续不断，故将阿富汗、伊朗、叙利亚、伊拉克、以色列从样本中剔除。

2. 被解释变量为中国企业新增对外直接投资额的对数（$lofdi_{it}$）

中国企业新增OFDI为当年中国企业OFDI减去上年中国企业OFDI，反

① 陈万灵、何传添：《海上丝绸之路的各方博弈及其经贸地位》，《改革》2014年第3期，第17～22页。

② 对“一带一路”共建国家的认定，不同学者和机构有些许差异。本文依据陈万灵、何传添《海上丝绸之路的各方博弈及其经贸地位》对海上丝绸之路航线及其沿线国家的界定选取国家样本。——编者注

映中国企业OFDI的变化情况，用来刻画政策对OFDI的影响。一般来说，好的激励政策会促进中国企业增加对外直接投资。除此之外，目标国（或地区）营商环境越好，越有利于吸引中国OFDI。目标国（或地区）经营环境改善，表现为经济形势变好、营商环境（如政策、法律等）变得更友好，都会促进中国企业对外直接投资额增加。为刻画中国企业对外直接投资的变化原因和影响机制，本文被解释变量选取了中国企业对外直接投资变化量的对数（$Iofdi_{it}$）。

3. 解释变量方面

解释变量包括目标国GDP占世界GDP总量的比重（*gdp*）、目标国投资占东道国GDP比重（*invest*）、目标国总储蓄占GDP比重（*save*）、目标国货物进口量的变化（*trade*）、目标国总人口（*pop*）、是否与中国签订双边贸易协定（*fta*）、目标国营商环境（*business*）等指标。其中，目标国GDP占世界总量的比重（*gdp*）是基于PPP（*purchasing-power-parity*）的计算方法；目标国总人口（*pop*）单位为百万人；目标国营商环境（*business*）数据来源于世界银行 *Worldwide Governance Indicators* 数据库中的 *Doing Business*，该指标用来衡量企业在当地创业的综合得分情况。

表1是主要变量的统计描述，从中可以看出，当期中国企业对外直接投资变化量的对数最小值和最大值分别为0和16.39，说明不同的目标国之间承接的中国企业对外投资存在较大差异，表明目标国的经营环境可能影响了中国企业对外直接投资的进程；目标国GDP占世界GDP总量的比重最小值和最大值分别为0和36.19，表明目标国经济在全球经济中的差异较大；目标国总投资占东道国GDP比重的最小值和最大值分别为0.57和77.16，表明不同目标国之间投资差异较大；目标国总储蓄占GDP比重最小值和最大值分别为-27.68和159.32，表明目标国之间国内储蓄转化为投资的差异较大；目标国货物进口量的变化最小值和最大值分别为-59.56和135.80，表明目标国之间的货物进口变化存在较大差异。目标国营商环境得分最小值和最大值分别为2.21和99.96，表明不同目标国之间营商环境得分差异较大。

表 1　主要变量的统计描述

变量	符号	样本	均值	标准差	最小值	最大值
当期中国企业对外直接投资变化量的对数	*lofdi*	905	7.61	2.41	0	16.39
目标国 GDP 占世界 GDP 总量的比重	*gdp*	2033	0.69	2.52	0	36.19
目标国投资占东道国 GDP 比重	*invest*	1858	23.88	7.877	0.57	77.16
目标国总储蓄占 GDP 比重	*save*	1846	21.90	11.97	-27.68	159.32
目标国货物进口量的变化	*trade*	1892	7.43	15.71	-59.56	135.80
目标国总人口	*pop*	2054	32.73	102.17	0.02	1282.92
目标国营商环境得分	*business*	1736	70.14	19.57	2.21	99.96
是否与中国签订双边投资协定	*fta*	1261	1	0	1	1

注：数据来源为《中国统计年鉴》、世界银行 *World Development Index* 和 *Worldwide Governance Indicators* 数据库的合并数据，样本期间为 2003～2015 年，指标由作者计算而得。

四　实证结果与分析

为评价“一带一路”倡议政策带来的影响，本文将 2013 年“一带一路”倡议政策视为一项拟自然实验，采用计量模型（1）中的双重差分法进行分析。考虑到国家间的异方差问题可能会影响系数估计的显著性，本文在实证分析中把标准误聚类到国家层面。

双重差分法适用的前提是政策推出前处理组与控制组之间存在“共同趋势”，为了初步直观地反映“共同趋势”，本文分开“一带一路”共建国家和非“一带一路”共建国家的样本，在控制国家的固定效应后，将中国企业新增对外直接投资额的对数对年份虚拟变量进行回归，得到相对于 2010 年为基准的中国企业新增对外直接投资额的变化率，再作图比较两者的变化趋势。如图 1 所示，2013 年政策推出前，中国企业新增对外直接投资额的变化率在“一带一路”共建国家和非“一带一路”共建国家的变化趋势基本一致，如 2010～2011 年均呈现上升态势，而 2011～2013 年均呈现小幅波动。但是，在 2013 年“一带一路”倡议政策推出后，“一带一路”

共建国家承接中国企业投资的增量开始加速上升，其中2014年较2013年呈现了显著的上升态势，2014年相对于2013年提升了0.71个百分点。总之，图1显示出政策推出前试点行业与非试点行业的固定资产折旧率具有“共同趋势”，满足双重差分法的前提条件。

（一）基准回归结果

基于以上分析，对模型（1）进行双重差分法检验，结果见表2，列（1）中仅控制了国家和年份固定效应（η_i 和 η_t），我们关注的交互项 $Ind_i \times Post_t$ 的系数显著为正，表明“一带一路”倡议的出台显著地促进了中国企业对“一带一路”共建国家的直接投资，使中国企业对“一带一路”共建国家的直接投资额呈现明显增加，假设1成立。

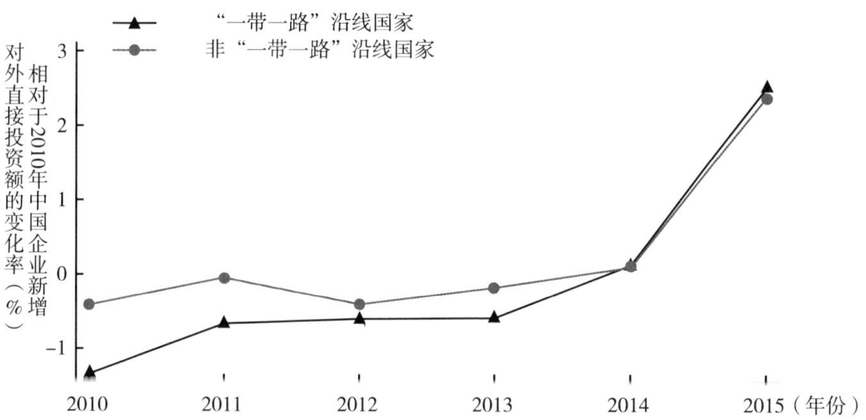

图1　2010～2015年处理组与控制组中国企业新增对外直接投资额的变化趋势

考虑到目标国的经济发展水平、进口情况等国家特征变量也会直接影响中国企业对外直接投资的变化，我们在表2的列（2）中加入目标国GDP占世界GDP总量的比重（*gdp*）、目标国投资占东道国GDP比重（*invest*）、目标国总储蓄占GDP比重（*save*）、目标国货物进口量的增速（*trade*）、目标国总人口（*pop*）等指标，结果显示交互项 $Ind_i \times Post_t$ 系数仍显著为正；考虑到目标国的营商环境可能会影响中国企业对外直接投资变化，我们在表2

列（3）中引入目标国营商环境（*business*），交叉项 $Ind_i \times Post_t$ 系数仍显著为正。

考虑到不同国家经济状况可能会影响“一带一路”倡议政策的实施，对自然实验分组造成非随机的干扰，为验证国家与年份交叉项（η_{it}）对吸引中国企业对外直接投资的变化产生影响，我们在表 2 的列（4）中检验国家与年份交叉项带来的影响，结果显示交叉项 $Ind_i \times Post_t$ 系数显著为正；列（5）则考虑了所有目标国特征变量对吸引中国企业对外直接投资变化影响的非线性，本文采用变量的 4 阶多项式进行回归，结果显示交叉项 $Ind_i \times Post_t$ 系数显著为正。总之，表 2 中（1）~（5）的分析表明，交叉项 $Ind_i \times Post_t$ 系数均显著为正，系数均值约为 0.9，反映出 2013 年“一带一路”政策的出台带来的促进中国企业对外直接投资增加 0.9 个百分点。

表 2　基准回归结果

	(1)	(2)	(3)	(4)	(5)
	Iofdi	*Iofdi*	*Iofdi*	*Iofdi*	*Iofdi*
$Ind_i \times Post_t$	0.48** (0.24)	1.45*** (0.24)	0.68** (0.31)	0.995*** (0.31)	0.91*** (0.33)
gdp		-1.36* (0.76)	0.13 (1.01)	0.89 (1.009)	11.85 (8.29)
invest		0.08*** (0.02)	-0.005 (0.02)	-0.006 (0.01)	-0.29 (0.18)
save		-0.004 (0.015)	0.02** (0.02)	0.023** (0.011)	0.05 (0.05)
trade		-0.012** (0.005)	0.001 (0.005)	0.002 (0.005)	0.008 (0.009)
pop		0.05*** (0.15)	-0.001 (0.05)	0.03 (0.04)	0.14 (0.23)
business			-0.012 (0.01)	-0.005 (0.009)	-0.064 (0.27)
η_i	YES	YES	YES	YES	YES
η_t	YES	NO	YES	YES	YES

续表

	(1)	(2)	(3)	(4)	(5)
	Iofdi	*Iofdi*	*Iofdi*	*Iofdi*	*Iofdi*
η_{it}	NO	NO	NO	YES	YES
国家(地区)数	176	176	176	176	176
N	905	731	626	626	626
R^2	0.70	0.56	0.73	0.73	0.74

注：*、** 和 *** 分别表示 10%、5% 和 1% 的现状水平，括号内为国家层面的聚类标准误；η_i、η_t 和 η_{it} 分别代表国家、年份和国家 × 年份固定效应；列（2）中加入了目标国营商环境得分指标；列（5）为采用所有企业特征变量的 4 阶多项式进行回归，以控制国家特征对投资影响的非线性，此处只列出 4 阶多项式的第一阶，其他进行了省略。

（二）基准回归结果的稳健性

表 2 基准回归模型表明“一带一路”政策的出台显著地促进了中国企业对“一带一路”共建国家的直接投资，但是双重差分法的前提就是处理组和控制组存在事前的“共同趋势”。尽管在基准回归模型中，我们从不同的方面检验是否存在破坏“共同趋势”的政策干扰，但仍然会有其他政策破坏“共同趋势”。

首先，“一带一路”倡议政策出台旨在促进“一带一路”共建国家间的基础设施建设互通、资金融通、贸易畅通。但“一带一路”倡议政策出台之前，中国已与 97 个国家签订了双边投资协定①，与中国签订双边投资协定的国家有可能也是“一带一路”共建国家，两者特征的叠加可能导致处理组与控制组承接中国企业对外直接投资的变化出现差异，因此可能干扰政策的评估。鉴于既具有双边投资协定特征，又有“一带一路”共建国家的特征干扰，我们引入“叠加效应”指标，该指标为是不是“一带一路”共建国家和是否与中国签订双边投资协定的虚拟指标的乘积。在表 2 列（4）的基础上控制“叠加效应”，表 3 列（1）的结果显示控制事前趋势后，

① 中国与 97 个国家签订的双边自由贸易协定数据参见：http：//tfs. mofcom. gov. cn/article/Nocategory/201111/20111107819474. shtml.

$Ind_i \times Post_t$ 交互项系数为0.93，反映出控制“叠加效应”后，“一带一路”倡议政策有助于中国企业对外直接投资增加。

其次，“一带一路”倡议政策的促进效应可能在政策推出前已存在事前趋势特征，该事前趋势可能导致政策推出后处理组和控制组间的促进效应出现差异，故可能导致政策的评估出现偏差。出于稳健性考虑，本文在表3列（1）的基础上引入交互项 $Ind_i \times t$ ，其中 t 为时间，表3列（2）的结果显示控制事前趋势后，交互项 $Ind_i \times Post_t$ 系数由0.93下降至0.84，但系数仍然显著为正，而 $Ind_i \times t$ 却不显著，这反映出“一带一路”共建国家（地区）受政策刺激承接的OFDI增长仍然显著快于非“一带一路”共建国家（地区）。

再次，2013年“一带一路”倡议政策推出的原因在于部分国家之间的基础设施互通、资金融通、贸易互通存在障碍，政策存在一定的针对性，企业可能预测到该政策的推出会改变企业既定的对外直接投资行为，故可能破坏“共同趋势”假设。为了检验预期效应的影响，我们在表3列（1）的基础上进一步加入新交互项 $Ind_i \times Post2011$ 和 $Ind_i \times Post2012$ ，其中 $Post2011$ 为时间是不是2011年以后的虚拟变量，$Ind_i \times Post2012$ 类似。表3列（3）中引入 $Ind_i \times Post2011$ ，列（4）中引入 $Ind_i \times Post2012$ ，列（5）中同时引入这两项，结果显示这两项的系数均不显著，而交互项 $Ind_i \times Post_t$ 系数仍然显著为正，表明预期效应并没有破坏“共同趋势”假设。参考刘啟仁等人的做法，将政策前一年的数据删除，列（6）显示交互项 $Ind_i \times Post_t$ 系数仍然显著为正。[①]

最后，“一带一路”倡议政策的推广可能会破坏“共同趋势”。2015年3月28日，《推动共建丝绸之路经济带和21世纪海上丝绸之路的愿景与行动》的发布将“一带一路”共建国家的合作推到新高度，这种政策可能干扰基础回归的稳健性，参考刘啟仁等人的做法，在表3列（7）中加入新交

① 刘啟仁等:《税收优惠、供给侧改革与企业投资》，《管理世界》2019年第1期，第78~114页。

互项 $Ind_i \times D2015$ 以分离政策的影响，$D2015$ 年是否为 2015 年的虚拟变量（年份为 2015 年为 1，其他为 0），该交互项反映出新政策带来的影响。[①] 结果显示，增加系政策交互项后，表 3 列（7）中 $Ind_i \times Post_t$ 系数仍显著为正，而新交互项 $Ind_i \times D2015$ 系数也显著为正，这也反映出 2015 年的新政策具有显著的促进效应，从而带来继续推进“一带一路”建设的政策启示。图 1 显示，2015 年在国家出台《推动共建丝绸之路经济带和 21 世纪海上丝绸之路的愿景与行动》之际，中国企业对“一带一路”共建国家（地区）和非“一带一路”共建国家（地区）的直接投资变化率均呈现较大变化，反映出新政的促进效应，这与表 3 列（7）中新交互项 $Ind_i \times D2015$ 的结果相呼应。

表 3　基准回归的稳健性检验结果

	(1)	(2)	(3)	(4)	(5)	(6)	(7)	(8)
	Iofdi	*Iofdi*	*Iofdi*	*Iofdi*	*Iofdi*	*Iofdi*	*Iofdi*	*Iofdi*
$Ind_i \times Post_t$	0.93 ** (0.39)	0.84 * (0.47)	0.87 ** (0.40)	1.0 * (0.58)	0.99 * (0.58)	0.93 ** (0.39)	1.05 *** (0.27)	
$Ind_i \times t$		0.02 (0.08)						
$Ind_i \times Post2011$			-0.35 (0.39)		-0.23 (0.55)			
$Ind_i \times Post2012$				-0.43 (0.37)	-0.23 (0.80)			
$Ind_i \times D2015$							1.04 * (0.53)	
$Ind_i \times D2011$								0.37 (0.49)
$Ind_i \times D2012$								-0.097 (0.53)
$Ind_i \times D2013$								1.11 ** (0.48)

① 刘啟仁等：《税收优惠、供给侧改革与企业投资》，《管理世界》2019 年第 1 期，第 78 ~ 114 页。

续表

	(1)	(2)	(3)	(4)	(5)	(6)	(7)	(8)
	Iofdi	*Iofdi*	*Iofdi*	*Iofdi*	*Iofdi*	*Iofdi*	*Iofdi*	*Iofdi*
$Ind_i \times D2014$								0.91* (0.52)
$Ind_i \times D2015$								1.14* (0.59)
叠加效应	YES	YES	YES	YES	YES	YES	NO	YES
控制变量	YES	YES	YES	YES	YES	YES	YES	YES
η_i、η_t、η_{it}	YES	YES	YES	YES	YES	YES	YES	YES
国家(地区)数	181	181	181	181	181	181	181	181
N	417	417	417	417	417	417	626	626
R^2	0.711	0.711	0.71	0.71	0.71	0.711	0.62	0.73

注：*、** 和 *** 分别表示 10%、5% 和 1% 的现状水平，括号内为国家层面的聚类标准误；η_i、η_t 和 η_{it} 分别代表国家、年份和国家×年份固定效应；列（1）引入“叠加效应”指标，该指标为是不是“一带一路”共建国家和是否与中国签订双边自由贸易协定的虚拟指标的乘积；列（7）加入反映 2015 年“一带一路”倡议政策的推广，反映《推动共建丝绸之路经济带和 21 世纪海上丝绸之路的愿景与行动》促进“一带一路”共建国家的合作带来的效果。

最后，为了进一步检验“共同趋势”，本文采用比式（1）更加灵活的计量模型：

$$Iofdt_{it} = \sum_{t=2011}^{2015} \vartheta_1 Ind_i \times Dyear + \vartheta_2 X_{it} + \eta_i + \eta_t + \eta_{it} + \varepsilon_{it} \tag{2}$$

其中，*Dyear* 为相应年份的虚拟变量，例如：*Dyear* 为 2011 年时，变量 *D2011* 为 1，否则为 0，其余年份的虚拟变量取值类似。在式（2）中没有控制 *D2010* 的交互项，表明本文采用 2010 年为基准年份，则系数 ϑ_{2011} 至 ϑ_{2015} 反映了相应年份相对于 2010 年政策促进中国企业对外直接投资效应大小。如果不存在事前趋势差异，则政策前的相应系数 ϑ_{2011} 和 ϑ_{2012} 不显著。表 3 列（8）的结果表明，交互项 $Ind_i \times D2011$ 和 $Ind_i \times D2012$ 系数均不显著，$Ind_i \times D2013$、$Ind_i \times D2014$ 和 $Ind_i \times D2015$ 的系数均显著，表明不存在事前政策的趋势效应，本文双重差分法的事前“共同趋势”条件成立。

五　进一步讨论

本文第四部分检验了2013年“一带一路”倡议政策的出台对中国企业对外直接投资的促进效应及其稳健性分析，然而该政策的执行会引导企业持续增加对“一带一路”共建国家的直接投资吗？中国企业对外直接投资是否考虑到目标国的投资安全？如何衡量目标国的投资安全？目标国营商环境会影响中国企业对外直接区位的选择吗？本文将进一步分析该政策的动态效应和目标国投资安全对中国企业对外直接投资的影响机制。

（一）政策的动态效应分析

一般认为，2013年9月和10月习近平主席提出“一带一路”合作倡议是“一带一路”倡议政策的时间节点，由于企业对外直接投资需要考察目标国投资的可行性，企业可能在2013年来不及增加对外直接投资额，即企业的反应存在时滞效应。另外，由于2013年“一带一路”倡议政策出台时间接近年尾，企业对政策的反应需要时间，如企业对“一带一路”共建国家的投资调查、项目寻找都需要时间，而这些都有可能导致2013年不能产生快速的传导作用。经过对政策的解读，政策实施会对企业对外直接投资产生较大推动作用，而后期促进作用可能会存在不确定性。故本文分别考察2013年后各个年份政策对中国企业对外直接投资变化的促进效应，将基准的计量模型（1）改写为：

$$Iofdi_{it} = \sum_{t=2013}^{2015} \lambda_t Ind_i \times Dyear + \lambda_2 X_{it} + \eta_i + \eta_t + \eta_{it} + \varepsilon_{it} \tag{3}$$

其中，系数λ_t代表t年相对于政策推出前的促进效应，每年的系数大小和显著性反映出政策的动态效应，为考察政策在不同国家间（如目标国投资总额占该国GDP比重、目标国GDP占全球GDP的比重、目标国是否与中国签订双边投资协定、营商环境得分高低）的动态特征。

表4列（1）显示，交互项 $Ind_i \times D2013$ 和 $Ind_i \times D2014$ 系数显著为正且系数 λ_t 逐渐变大，但 $Ind_i \times D2015$ 系数不显著，列（1）结果表明“一带一路”倡议政策的出台促进中国企业对“一带一路”共建国家（地区）的OFDI，但投资的促进效应不具连续性，表现为 $Ind_i \times D2015$ 不显著，故2015年国家发布《推动共建丝绸之路经济带和21世纪海上丝绸之路的愿景与行动》以激励中国企业对外直接投资。另外，表4列（7）中对2015年政策再次推动“一带一路”互通的评估显示，交叉项系数 $Ind_i \times D2015$ 显著为正，表明新政的效果较好。新政推广对中国企业对外直接投资的影响是否存在异质性，本文将从反映目标国异质性层面分析“一带一路”政策的动态效应。

表4列（2）和列（3）比较了目标国投资占该国GDP比重高、低两类样本政策的动态效应。以全样本中目标国投资占该国GDP比重的平均值为划分界限，将目标国投资占该国GDP比重大于平均值的界定为投资占GDP比重高的组，相应将目标国投资占该国GDP比重小于平均值的界定为投资占GDP比重低的组。根据表1的数据，全样本中目标国投资占该国GDP比重的均值为0.69，故投资占比高的组则为目标国投资占GDP比重大于0.69的所有值，为投资占GDP比重高的组，本文将投资占GDP大于0.69的所有样本值计入投资占GDP比重高的组，反之则计入投资占GDP比重低的组。

从表4列（2）和列（3）的结果可以看出，“一带一路”倡议政策的出台对促进中国企业增加对外直接投资的持续性效果不佳。列（2）对于投资占GDP比重高组的分析结果表明，在政策的引导下，政策的出台立即促进了中国企业对外直接投资的增加，表现为交互项 $Ind_i \times D2013$ 系数显著为正，但随后 $Ind_i \times D2014$ 和 $Ind_i \times D2015$ 系数均不显著，即说明政策出台仅起到促进当期中国企业对外直接投资的效应；与列（2）相比，对于投资占GDP比重低的组，政策出台带动中国企业对外直接投资的促进效应具有间歇性，表现为交互项 $Ind_i \times D2013$ 和 $Ind_i \times D2015$ 的系数显著为正，而 $Ind_i \times D2014$ 系数不显著。

表4列（4）和列（5）比较了目标国GDP占全球GDP比重高、低（以下简称GDP占比高、低）两类样本政策的动态效应。GDP占比高低的划分标准是用目标国GDP占全球GDP比重与其均值做比较，如果比值高于均值，则称为GDP占比高的组，反之则称为GDP占比低的组。列（4）和列（5）的结果表明，在“一带一路”倡议政策下，中国企业对两组别的国家（地区）直接投资均增长，表现为交互项$Ind_i \times D2013$系数显著为正，但两组的政策促进效应均不具有持续性。对于GDP占比高的组而言，“一带一路”倡议政策出台有助于带动中国企业对外直接投资的增加，但中间呈现出不持续性特征，表现为交互项$Ind_i \times D2013$和$Ind_i \times D2015$系数显著且增加，但交互项$Ind_i \times D2014$的系数不显著。列（5）结果表明，对于GDP占比低的组而言，“一带一路”倡议政策出台的促进效应具有一定的前期持续性，即交互项$Ind_i \times D2013$和$Ind_i \times D2014$系数显著，但随后$Ind_i \times D2015$系数不显著。列（4）和列（5）的结果显示，政策出台前期，两类国家承接中国企业对外直接投资均呈现增长态势，但随后GDP占比高的国家可承接更多中国的OFDI。

表4列（6）和列（7）引入目标国是不是签订双边投资协定的虚拟变量指标。根据商务部条约法律司2016年12月12日公布了中国与世界主要国家（地区）签订的双边投资协定[①]，本文引入是否签订双边投资协定虚拟变量（fta），如果目标国与中国签订了双边投资协定，则为fta国家（地区），取值为1，反之为非fta国家（地区）。表4列（6）和列（7）比较了fta国家（地区）、非fta国家（地区）两类样本政策的动态效应，其结果表明政策出台立即促进了中国企业对两类国家直接投资的增长，其中非fta国家增长幅度要高于fta国家。列（6）结果表明，对于fta国家（地区），“一带一路”倡议政策的出台对推进中国企业对外直接投资有促进效应，但促

① 与中国签订双边投资协定的国家（地区）可参考商务部条约法律司2016年12月12日公布的数据，具体见http：//tfs. mofcom. gov. cn/article/Nocategory/201111/20111107819474. shtml。

进效果前期逐步增加，表现为交互项$Ind_i \times D2013$ 和$Ind_i \times D2014$ 系数显著且系数逐年增加，但随后$Ind_i \times D2015$ 系数不显著。列（7）结果显示政策的推动中国企业对外直接投资的促进效应不具有持续性，即交互项$Ind_i \times D2013$ 和$Ind_i \times D2015$ 系数显著但系数逐渐下降，而$Ind_i \times D2014$ 系数不显著。以上结果表明，对于与中国签订双边投资协定的国家（地区），“一带一路”倡议政策的出台有助于中国企业对外直接投资的增长，但政策的促进效应不具有可持续性。对于未与中国签订双边投资协定的国家（地区），政策出台带来的中国企业对外直接投资的促进效应下降，且不具有持续性。

列（8）和列（9）引入营商环境指标。营商环境指标来源于世界银行 *Worldwide Governance Indicators* 数据库中的子数据库 *Doing Business*，*Doing Business* 指标的得分高低反映了目标国的营商环境。与前面一样，将目标国营商环境指标得分高低与其均值比较，如果目标国营商环境指标得分高于均值，则划分为营商环境好的组，反之划分为营商环境差的组。列（8）和列（9）结果表明，对于两类营商环境国家（地区）而言，政策的出台均未对推动中国企业对外直接投资有促进效应，即交互项$Ind_i \times D2013$ 系数不显著。对于营商环境好的国家（地区），政策的促进效应在 2015 年效果显著，而$Ind_i \times D2014$ 系数不显著。对于营商环境差的组，政策推动中国企业对外直接投资的促进效应不具有持续性，表现为交互项$Ind_i \times D2014$ 系数显著，但随后交互性$Ind_i \times D2015$ 系数不显著。

总之，表 4 的结果表明，“一带一路”倡议政策的出台立即推动了中国企业的对外直接投资，在政策出台前期促进效应呈现逐年增长的态势，经历了两年的政策推动后，2015 年中国企业对外直接投资受政策的推动效果不明显，表明政策促进效应不明显。从中国企业对外直接投资的目标国特征看，不同目标国承接中国企业对外直接投资的效果不一，但都呈现出政策无持续性的特点。

表 4　政策的动态效应结果

	(1)	(2)	(3)	(4)	(5)	(6)	(7)	(8)	(9)
	Iofdi	*Iofdi*	*Iofdi*	*Iofdi*	*Iofdi*	*Iofdi*	*Iofdi*	*Iofdi*	*Iofdi*
	投资占比高	投资占比高	投资占比低	GDP 占比高	GDP 占比低	fta 国家(地区)	非 fta 国家(地区)	营商环境好	营商环境差
$Ind_i \times D2013$	0.90* (0.49)	0.82* (0.49)	0.86* (0.47)	1.36* (0.67)	0.93* (0.48)	0.9* (0.49)	1.99** (0.77)	0.51 (0.41)	—
$Ind_i \times D2014$	0.96* (0.52)	0.22 (0.48)	0.84 (0.93)	0.84 (0.98)	0.85* (0.48)	0.97* (0.52)	0.44 (1.54)	0.17 (0.47)	1.78* (1.04)
$Ind_i \times D2015$	0.91 (0.64)	0.81 (0.94)	1.52** (0.59)	2.92** (1.07)	0.68 (0.59)	0.91 (0.64)	1.68* (0.85)	1.1** (0.53)	-3.00 (4.33)
叠加效应	YES	NO	NO	YES	YES	YES	NO	YES	YES
控制变量	YES	YES	YES	YES	YES	YES	YES	YES	YES
η_i	YES	YES	YES	YES	YES	YES	YES	YES	YES
η_t	YES	NO	NO	NO	YES	YES	YES	NO	YES
η_{it}	YES	YES	YES	YES	YES	YES	YES	YES	YES
国家(地区)数	181	181	181	181	181	181	181	181	181
N	417	317	309	118	499	417	209	305	112
R^2	0.711	0.72	0.74	0.63	0.73	0.711	0.79	0.69	0.79

注：*、** 和 *** 分别表示 10%、5% 和 1% 的现状水平，括号内为国家层面的聚类标准误；η_i、η_t 和 η_{it} 分别代表企业、年份和省份 × 时间固定效应。样本中，研发费用占营业收入比例中位数为 2%，采用中位数可能会将研发费用低的企业编入研发费用高的企业，故研发费用高于 10% 即为研发费用高，反之为研发费用低。

（二）目标国营商环境的效果分析

表 4 的政策动态效应分析表明政策的促进效应在不同的目标国间存在异质性。中国企业对外直接投资面临来自东道国的政治、经济、文化、法律等多方面的风险和挑战①，企业对外直接投资不是单一地看某个指标。为验证目标国营商环境对承接中国企业对外直接投资的影响，本文重新构建了目标国营商环境指标。重新构建的目标国营商环境指标涵盖了

① 张述存：《"一带一路"战略下优化中国对外直接投资布局的思路与对策》，《管理世界》2017 年第 4 期，第 1～9 页。

Worldwide Governance Indicators 数据库中的控制腐败（*Control of Corruption*）、政府效率（*Government Effectiveness*）、政府稳定和没有暴力/恐怖主义（*Political Stability and Absence of Violence/Terrorism*）、监管质量（*Regulatory Quality*）、法律规定（*Rule of Law*）与话语问责权（*Voice and Accountability*）6 个维度的指标，本文使用因子分析法，通过因子得分重新赋予目标国营商环境得分。①

表 5 比较了 *Doing Business* 数据库中的营商环境指标与因子得分计算的营商环境得分指标的政策促进效应。表 5 结果表明，在营商环境差的国家（地区），政策的出台带来的投资促进效应好于营商环境好的国家（地区），表现为营商环境差的交叉项 $Ind_i \times Post_t$ 系数大于营商环境好的交叉项 $Ind_i \times Post_t$ 系数。对于因子得分计算的营商环境得分而言，营商环境好的国家（地区）政策促进效应好于营商环境差的国家（地区）。

总的来说，表 5 表明营商环境差的国家（地区）投资促进效应较好，表明中国企业家具备冒险精神或者双边投资协定的作用存在。从中国企业家的冒险精神看，表 5 的研究结果与李兵、颜晓晨的研究结论一致，即中国经贸人员更加勤劳勇敢，具有开拓进取、不怕危险的企业家精神，即使在出现大规模恐怖袭击的国家和地区，中国经贸人员也不会中断与“一带一路”共建国家（地区）的对外直接投资，还能因势利导，占领空白市场，促使中国与营商环境差的国家（地区）对外直接投资增加，② 宗芳宇等人的研究也证实了该结论。③ 从双边投资协定弥补东道国营商环境看，在营商环境差的国家（地区），通过双边投资协定弥补东道国营商环境的缺位，有利于中国企业到投资环境差的国家（地区）投资。

---

① 通过因子分析法，利用有效因子中各因子的权重重新计算目标国营商环境得分，由于本文篇幅有限，该部分计算结果省略。

② 李兵、颜晓晨：《中国与“一带一路”沿线国家双边贸易的新比较优势——公共安全视角》，《经济研究》2018 年第 1 期，第 183～196 页。

③ 宗芳宇等：《双边投资协定、制度环境和企业对外直接投资区位选择》，《经济研究》2012 年第 5 期，第 71～82 页。

表 5 两类营商环境下的投资促进效应分析

	营商环境（Doing Business）		因子得分计算的营商环境	
	Iofdi	*Iofdi*	*Iofdi*	*Iofdi*
	营商环境好	营商环境差	营商环境好	营商环境差
$Ind_i \times Post_t$	0.50 * (0.3)	2.21 ** (0.92)	1.24 *** (0.4)	0.84 ** (0.37)
叠加效应	YES	YES	NO	YES
控制变量	YES	YES	YES	YES
η_i	YES	YES	YES	YES
η_t	NO	YES	NO	YES
η_{it}	YES	YES	YES	YES
国家（地区）数	181	181	181	181
N	392	115	320	253
R^2	0.72	0.79	0.60	0.66

注：*、** 和 *** 分别表示 10%、5% 和 1% 的现状水平，括号内为国家层面的聚类标准误；η_i、η_t 和 η_{it} 分别代表国家、年份和国家×年份固定效应。

因子得分计算的营商环境均值为 -1.53e-11，标准差为 0.85，最小值为 -1.707，最大值为 1.859。因子得分法的营商环境好的标准是因子得分大于 0，而得分小于 0 的则计入营商环境差的组。

为描述目标国营商环境得分差异对承接中国企业对外直接投资的影响，本文根据分位数的思想将目标国营商环境得分情况分成了四组。表 6 为政策效应在目标国营商环境差异中的异质性分析结果。表 6 列（1）为重新构建的目标国营商环境得分与政策冲击的影响，其结果表明，日标国营商环境好，有助于承接中国企业的对外直接投资，表现为交互项 $Ind_i \times Post_t$ 系数显著且为正。从 25%、50%、75% 和 100% 四个分位数的不同组别来看，与政策推出前相比，仅 50% 分位的目标国能在政策激励下承接中国企业对外直接投资有较大幅度增加，表现为交互项 $Ind_i \times Post_t$ 系数显著为正且系数超过 2.7，25% 分位、75% 分位和 100% 分位的交互项 $Ind_i \times Post_t$ 系数不显著。四分组的划分可能会遗漏一些重要组别信息，考虑将 50% 分位后的组别样本扩大，即将 50% 分位和 75% 分位合并，50% 分位、75% 分位和 100% 分位合并，重新构建两个组别，则可得到表 6 列（6）和列（7）的分析结果。列（6）和列（7）的分析结果表明，目标国在政策激励下承接中国企业对外直接投资有较大幅度增加，表现为交互项 $Ind_i \times Post_t$ 系数显著为正。

表 6 的分析结果表明，“一带一路”倡议政策的出台推动中国企业对外直接投资的增加与目标国营商环境有关。目标国营商环境得分越高，越有利于承接中国企业的对外直接投资，与假说 2 一致。

表 6　政策效应在目标国营商环境差异中的质性分析结果

	(1)	(2)	(3)	(4)	(5)	(6)	(7)
	Iofdi	*Iofdi*	*Iofdi*	*Iofdi*	*Iofdi*	*Iofdi*	*Iofdi*
		25%	50%	75%	100%	50% | 75%	50% | 75% | 100%
$Ind_i \times Post_t$	0.82 ** (0.40)	-0.59 (1.7)	2.59 ** (1.12)	0.69 (2.1)	-0.97 (8.52)	1.41 ** (0.69)	1.03 *** (0.38)
叠加效应	YES	YES	NO	YES	YES	NO	NO
控制变量	YES	YES	YES	YES	YES	YES	YES
η_i	YES	YES	YES	YES	YES	YES	YES
η_t	YES	YES	YES	YES	YES	YES	YES
η_{it}	YES	YES	NO	YES	YES	YES	YES
国家（地区）数	181	181	181	181	181	181	181
N	417	124	152	111	78	320	441
R^2	0.713	0.84	0.93	0.94	0.98	0.79	0.77

注：*、** 和 *** 分别表示 10%、5% 和 1% 的现状水平，括号内为国家层面的聚类标准误；η_i、η_t 和 η_{it} 分别代表国家、年份和国家 × 年份固定效应。表中 25%、50%、75%、100% 分别表示 25% 分位、50% 分位、75% 分位和 100% 分位组的划分，另外 50% | 75% 表示由 50% 分位和 75% 分位合并的组；50% | 75% | 100% 表示由 50% 分位、75% 分位和 100% 分位合并的组。

（三）目标国营商环境在区域上的差异分析

表 6 分析表明，在“一带一路”倡议政策下，目标国营商环境的差异会影响承接中国企业对外直接投资状况。为进一步分析目标国营商环境的地区差异是否会影响中国企业对外直接投资，本文将目标国所在的区域划分为以下 6 个区域：海上丝绸之路、陆地丝绸之路、东南亚、中西亚、欧

洲、非洲。

表7结果表明，在“一带一路”倡议政策下，目标国营商环境所在的区域不同也会影响承接中国企业对外直接投资状况。列（1）和列（2）分析结果表明，“一带一路”倡议政策的出台更有利于中国企业对海上丝绸之路国家（地区）的对外直接投资，表现为交互项 $Ind_i \times Post_t$ 系数显著为正且海上丝绸之路国家的系数大于陆地丝绸之路国家（地区）。列（5）至列（7）的分析结果表明，“一带一路”倡议政策出台带来的中国对亚洲地区促进效应最大，欧洲次之。在亚洲内部，东南亚样本区域内承接中国企业的对外直接投资效应好于中西亚区域，表现为东南亚区域的交互项 $Ind_i \times Post_t$ 系数显著好于中西亚地区。

表7　目标国营商环境在区域上的差异分析结果

	（1）	（2）	（3）	（4）	（5）	（6）	（7）
	Iofdi	*Iofdi*	*Iofdi*	*Iofdi*	*Iofdi*	*Iofdi*	*Iofdi*
	海上丝绸之路	陆地丝绸之路	东南亚	中西亚	亚洲	欧洲	非洲
$Ind_i \times Post_t$	1.66*** (0.41)	1.007** (0.48)	1.11* (0.58)	1.002* (0.55)	1.76*** (0.32)	1.21** (0.48)	—
叠加效应	NO	NO	YES	NO	YES	YES	YES
控制变量	YES	YES	YES	YES	YES	YES	YES
η_i	YES	YES	YES	YES	YES	YES	YES
η_t	NO	NO	NO	NO	NO	NO	NO
η_{it}	NO	NO	NO	NO	NO	NO	NO
国家（地区）数	181	181	181	181	181	181	181
N	134	103	101	77	163	144	243
R^2	0.47	0.65	0.53	0.58	0.48	0.57	0.64

注：*、**和***分别表示10%、5%和1%的现状水平，括号内为国家层面的聚类标准误；η_i、η_t和η_{it}分别代表国家、年份和国家×年份固定效应。列（2）中陆地丝绸之路国家或地区缺亚美尼亚、摩尔多瓦、爱沙尼亚、斯洛文尼亚、黑山、不丹等国数据，故将6国剔除出样本；列（3）东南亚样本由东亚、南亚和东南亚国家构成；列（4）中西亚样本由中亚和西亚国家构成；列（7）非洲国家样本回归中 $Ind_i \times Post_t$ 的系数项缺失，主要原因是非洲在“一带一路”共建国家中的比例较小，回归中 $Ind_i \times Post_t$ 项存在共线，系统自动删除该指标，故导致 $Ind_i \times Post_t$ 的系数项缺失。

六　结论与政策建议

（一）主要结论

本文以2003～2015年中国企业对外直接投资（OFDI）数据为样本，借鉴双重差分法检验了2013年"一带一路"倡议政策出台对中国企业海外直接投资的效应影响。本文研究发现：2013年"一带一路"倡议政策出台显著地促进了中国企业对"一带一路"共建国家的对外直接投资，其中中国企业对外直接投资效应不仅呈现出国家间营商环境的差异，而且呈现出区域间营商环境的差异。具体表现为以下几个方面。首先，本文的营商环境指标选用 *Worldwide Governance Indicators* 数据库中 *Doing Business* 数据，得出营商环境越好的国家（地区）越有利于吸引中国OFDI的结论。其次，已有的文献应用了世界银行 *Worldwide Governance Indicators* 数据库中反映目标国经营环境的6个维度指标分析中国企业对外"一带一路"共建国家（地区）投资的区位选择，但现实中企业对外直接投资需要综合地看6个维度指标，故本文借鉴因子分析法从6个维度重新构建了营商环境得分指标。其研究结果表明，"一带一路"倡议政策的出台推动中国企业对外直接投资的增加与目标国营商环境有关。目标国营商环境得分越高，越有利于承接中国企业的对外直接投资。再次，目标国营商环境所在区域也会影响承接中国企业的对外直接投资，亚洲地区承接中国企业对外直接投资的效应好于欧洲和非洲，在亚洲内部，东南亚地区承接中国企业对外直接投资效应好于中西亚地区。最后，通过对政策的评估，我们发现"一带一路"倡议政策对不同国家（地区）的促进效应持续性存在差异，尤其是对非洲的刺激效应不明显。故本文系统地检验了"一带一路"倡议政策、OFDI与营商环境的关系，研究结论为"一带一路"政策策评估提供了经验证据，并弥补了现有文献对2013年"一带一路"倡议政策效果评估研究的不足。

通过对政策的评估，我们发现"一带一路"倡议政策对不同国家（地区）的促进效应持续性存在差异，尤其是对非洲的刺激效应不明显。因此，本文认为从顶层设计角度以“一带一路”倡议政策促进中国企业对外直接投资的途径是有必要的，但需要考虑目标国的营商环境，让中国企业对外直接投资安全得到必要的保障。

（二）政策建议

本文提出政策建议如下。

第一，从国家政策层面，构建引导中资企业“走出去”在“一带一路”共建国家（地区）直接投资的长效机制。本文研究表明，“一带一路”倡议政策促进中国企业对外直接投资，但这种投资的促进效应不具有持续性。为持续地推动中资企业对“一带一路”共建国家（地区）的投资，需要构建稳定、有效和持续的政策措施，逐步引导企业“走出去”。

第二，从国家合作层面，在现有“一带一路”倡议、双边直接投资协定的基础上，针对不同国家营商环境的差异，在国家层面制定相关政策保障中资企业海外投资的安全。如通过成立保险公司，为中资企业对外直接投资项目购买保险，避免中资企业海外投资损失的风险。

第三，从企业对外投资方式选择层面看，中资企业对外直接投资可以选择合资控股、合资合作等方式。根据“一带一路”共建国家（地区）营商环境的差异，企业可以适当选用合资控股、合资合作等方式，中资企业通过与目标国企业合资、合作的方式化解一定的风险。

B.4

贸易摩擦背景下自贸区建设与“一带一路”倡议协同发展研究*

张宸妍　孙乾坤　刘冬雪**

摘　要： 2018年以来，中美经贸关系在互征关税和磋商谈判中曲折前行。自贸区建设和“一带一路”倡议是适应复杂的外部环境和应对中美贸易摩擦的重要举措，二者均以市场开放、贸易自由、投资便利为目标，是“推动形成全面开放新格局”的重要组成部分。在此背景下，从微观企业和宏观开放的视角分析了自贸区建设和“一带一路”倡议协同发展的必要性和意义，从数量和质量两个角度梳理了二者的发展状况。影响自贸区建设和“一带一路”倡议协同发展的原因复杂，中美贸易摩擦增加了其中的风险因素。面对协同发展过程中的困难和挑战，应推动更高水平的双向开放、加强“一带一路”贸易投资规则建设、积极参与区域合作、支持WTO改革、打造以我为主的全球价值链。

关键词： 自贸区建设　“一带一路”倡议　协同发展　贸易摩擦　高水平开放

---

* 本文是北京第二外国语学院2019年种子计划科研项目“企业异质性与对外直接投资区位选择——基于‘一带一路’的视角”（项目编号：2111000710）的项目成果。

** 张宸妍，对外经济贸易大学国际经济贸易学院博士研究生，研究方向为国际贸易理论与政策；孙乾坤，博士，北京第二外国语学院经济学院讲师，首都对外文化贸易研究基地研究员，研究方向为国际贸易与对外直接投资；刘冬雪，北京第二外国语学院经济学院硕士研究生，研究方向为国际贸易与对外直接投资。

一　引言

自2001年加入WTO以来，中国加快了融入全球贸易体系的步伐，自贸区建设也取得了一系列进展。2007年美国次贷危机使世界经济陷入“十年”的停滞期，国际格局进入变革的转折点，中国果断将发展自由贸易区上升为国家战略，推动全球经贸格局的进一步变化，逐步成为推动世界经济发展的主导力量之一。中国国家领导人引领发展主流，在2013年提出“一带一路”倡议，为包括“一带一路”共建国家在内的国际经济合作提供了新的发展理念。“一带一路”倡议为自贸区战略的发展提供了巨大的合作潜力，大力推动了中国同“一带一路”经济体商建自贸区的建设进程。借助自贸区的路径和平台，中国与“一带一路”共建国家的贸易往来持续深化，双向投资潜力进一步释放，“一带一路”合作稳步推进。

当前，全球化处于减速转型阶段，基于自由贸易理念的国际经贸格局正在经历重构，以美国为主的保护主义盛行。从美方宣布基于“301调查”对中国出口商品实施高额关税开始，中美贸易在互征关税和磋商谈判中循环往复，贸易摩擦随之不断加剧或有所缓和。近年来，中国经济快速发展，在这竞争压力下，美国试图通过贸易摩擦遏制中国的经济发展和技术进步。在这一激烈博弈的阶段，中国应该积极扩大开放，寻求替代市场，优化国际市场布局，推进贸易多元化战略；积极推动“一带一路”共建国家的经济整合，对接自由贸易区战略，构建面向全球的高标准自贸区网络，形成高水平开放格局。回顾中国自贸区网络和“一带一路”倡议的进程，尽管中国与共建经济体的贸易合作取得了较大进展，但仍存在诸多问题和挑战。如何化解风险与挑战，推动区域联通，协同发展中国自贸区网络和“一带一路”倡议，从中长期应对中美贸易摩擦对中国的潜在影响是目前亟须探讨的重要问题。

二 自贸区建设与“一带一路”倡议协同融合发展的必要性

当前，特朗普正带领美国加快贸易模式的转变，试图以双边协议和地区化协议取代多边协议，通过公平贸易的立场扩大美国在双边协定中的优势。在国际经济格局不断变革的背景下，完善贸易投资体制和政策，积极参与国际经贸规则制定，争取全球经济治理制度性权力，构筑立足周边、辐射“一带一路”、面向全球的自贸区网络，探索多元竞争、共同发展的区域经济合作新路径，对于变革中的中国经济而言，具有深远的意义。

（一）协同发展中国自贸区建设与“一带一路”倡议，有利于中国应对中美贸易摩擦和复杂的国际形势及外部风险

自贸区建设和“一带一路”倡议是适应复杂的外部环境和应对中美贸易摩擦的重要举措。“一带一路”的创新模式绕开美日印等大国的干扰因素、对冲“逆全球化”的可能性，打破现有地区一体化机制的长期胶着状态。[①]“一带一路”是一个庞大的多元化国际合作新机制[②]，而自贸区作为一种贸易自由化制度，能够促进贸易的进一步发展。“一带一路”倡议和自贸区建设的有机结合，通过加强与共建经济体的互联互通水平，共商共建自贸区，最终形成“一带一路”大市场。

2018年3月22日，美方宣布依据“301调查”对从中国进口的商品征收高额关税。从加征关税产品清单来看，中国家电、电机和电气行业、汽车和零部件、塑料橡胶、五金产品、医疗设备、工业机器人、信息技术等行业受到的影响较大，而这些行业基本来自《中国制造2025》。即使在中美经贸

① 高程：《中美竞争与“一带一路”阶段属性和目标》，《世界经济与政治》2019年第4期，第58～78、156～157页。

② 陈伟光、王燕：《共建“一带一路”：基于关系治理与规则治理的分析框架》，《世界经济与政治》2016年第6期，第93～112、158～159页。

谈判过程中，美国也坚持可能会对中国关键领域的产品实施进口限制和关税壁垒的条件，其中就包括《中国制造2025》的内容。受中美贸易摩擦影响，2019年中国主要经济数据出现一定程度回落，出口增速下滑，工业企业利润率负增长，社会消费品零售总额增速降低。中美贸易磋商尚在进行，美国暂停提高2500亿美元商品的关税税率，在农业、知识产权保护、汇率、金融服务等方面取得实质性进展，但距离“取消全部加征关税”的阶段性目标尚有一定距离。中国仍然面临巨大的外部风险和压力，在此背景下应积极推动自贸区建设和“一带一路”倡议协同发展，连接自贸区关键节点，合作对接“一带一路”共建经济体和地区港口，促进自贸区辐射地区与“一带一路”共建形成更加紧密的经贸联系[①]；从而减少中国对美国市场的依赖程度，对冲贸易政策不确定性的影响，妥善应对复杂的国际环境和外部风险。

（二）协同发展中国自贸区建设与实施“一带一路”倡议，有利于促进企业国际竞争力的提高

中国的自贸区网络建设对经济社会发展发挥着较为重要的积极作用。通过自贸区网络的合理布局，对外开放水平得以提升，对外贸易结构得以优化，为中国企业进一步开拓海外市场和“走出去”提供强有力的支撑。“一带一路”倡议与自贸区战略具有相近的功能价值，二者互相促进、共同发展。结合自贸区建设，中国依据地缘优势，在联通“一带一路”的国内关键节点——河南、山西、福建、海南等地设立自由贸易园区，提升物流运输、货物中转的效率，减少与“一带一路”共建国家跨境贸易的时间成本，聚集整合商贸资源，“以点带面”辐射周边区域经济。“一带一路”通过简化审批、园区化经营，将资源开发和基础设施结合、工程承包和建设运营结合，创新企业“走出去”的方式，带动企业“走出去”的积极

---

① 谢谦、刘洪愧：《“一带一路”与自贸试验区融合发展的理论辨析和实践探索》，《学习与探索》2019年第1期，第84~91页。

性，将推动共建地区高标准自贸区网络的构建，实现共建国家的联通和共同发展。

自贸区作为战略支点服务"一带一路"倡议，"一带一路"将自贸区串联成有机网络。[①] "一带一路"倡议提出政策沟通、设施联通、贸易畅通、资金融通、民心相通五大重点合作领域。其中，设施联通作为百业兴旺之基础，既可以解决共建国家设施落后、互不联通的问题，又可以发挥我国在基础设施建设领域的比较优势，降低企业"走出去"成本。自贸区网络的构建促进生产要素的流动，有助于提高"一带一路"互联互通水平，深化共建国家经济合作，提高资源配置效率。在"一带一路"生产网络中，中国立足于"优进"，通过企业"走出去"、国际产能合作、国际工程承包和基础设施建设等形式主导"一带一路"国家价值链。协同发展自贸区网络与实施"一带一路"倡议，将进一步扩大开放，使国内企业充分暴露在国际竞争之下，有助于促使国内企业将压力转化为动力，从而快速提高劳动生产率，提升企业国际竞争力。

（三）协同发展中国自贸区建设与实施"一带一路"倡议，打造以我为主的全球价值链

中国在与发达国家的生产合作中，始终处于"被分工"的地位，随着技术进步，在发达国家主导的价值链中的攀升空间不断收窄。[②] "一带一路"为突破这一"天花板"提供了重要的历史机遇，通过"五通"和"六廊"建设，为共建国家的经贸合作搭建平台。目前，各国对中国市场的依赖度不断上升，释放共建"一带一路"的引领效应，以双边合作项目为基本载体，协同发展自贸区网络的构建，不断健全同共建经济体的合作机制，加快推进经贸合作和人文交流，有助于打造中国引领的"一带一路"价值链。借助

---

① 李猛：《中国自贸区服务与"一带一路"的内在关系及战略对接》，《经济学家》2017 年第 5 期，第 50～57 页。

② 洪俊杰、商辉：《中国开放型经济的"共轭环流论"：理论与证据》，《中国社会科学》2019 年第 1 期，第 42～64、205 页。

中国自贸区网络，制定“一带一路”框架下的经贸规则，合理布局，从广度和深度上实现经贸合作多边化，巩固在“共轭环流”中的枢纽地位，助力我国产业向价值链中高端攀升。①

对外开放可以给一国经济带来静态和动态利益，静态上促进本国资源的配置效率，提高劳动生产率，节约资源，从而促进储蓄；动态上通过开放获取国外先进的技术，促进技术进步和创新。② 把对外开放作为重要目标，发挥自贸区网络节点的支撑作用，驱动“一带一路”倡议实施；而“一带一路”倡议作为载体，通过基础设施互联互通之桥梁，将各个自贸区由点到线、从线到面地联系起来，推动自贸区网络的构建。③ 协同发展中国自贸区网络和“一带一路”倡议，将开放和国内体制改革有效衔接起来，建设高质量的自贸区网络，有利于中国优势行业走向国际市场，对竞争力较差的行业则引入适度竞争，以开放促改革，释放引领效应，推动我国经济转型升级。以“一带一路”理念为引领，基于自贸区建设，消减贸易壁垒，化解制度障碍，深化带路建设辐射程度，实现自贸区建设与“一带一路”倡议的协同发展，打造以我为主的全球价值链。

（四）协同发展中国自贸区网络与“一带一路”倡议，有利于实现全方位对外开放

“一带一路”倡议是中国以发展中大国的姿态融入美国主导的世界秩序，中国通过“一带一路”倡议，与中亚、西亚地区紧密地联系为“命运共同体”和“利益共同体”，进一步深度开展合作，并借此构建中国自贸区网络，拓宽覆盖面，通过为有关国家创造福利增强国际影响力，为中国的开放提供一个新的发展空间。TTIP 和 TISA 推行的高标准自由贸易协

① 吕越等：《中美贸易摩擦对全球价值链重构的影响及中国方案》，《国际贸易》2019 年第 8 期，第 28 ~35 页。

② 姚战琪：《中国对“一带一路”沿线国家 OFDI 逆向技术溢出的影响因素研究》，《北京工商大学学报》（社会科学版）2017 年第 5 期，第 11 ~24 页。

③ 刘翔峰：《“一带一路”倡议下的亚太区域经济合作》，《亚太经济》2018 年第 2 期，第5 ~10、149 页。

定是未来的发展方向，这些新一代国际贸易规则也将对未来的全球贸易体系产生深刻影响。[①] 通过自贸区建设对接更高标准的贸易协定，积极吸收并参与建设国际经贸新规则，为我国参与构建公平合理透明的国际贸易规则体系提供“试验场”，使我国更好地融入全球经济体系和价值体系，从而灵活应对当前国际环境的不确定性。

中国借助“一带一路”和自贸区建设，从以下方向寻找出路：可以自贸区为窗口，推动我国与共建国家的交流和合作，加强文化沟通建设，真正实现民心相通；协同发展自贸区网络和“一带一路”倡议，使共建国家共享自贸区带来的经济红利，提升我国在“一带一路”市场上的影响力。在互利共赢的基础上，倡导自由贸易，立足地理优势，通过辐射效应提高我国在其他地区的话语权，直面国外的调查和质疑，着力构建我国主导的新规则，打开国际经贸合作和规则制定的新局面。结合比较优势和国内改革、发展、创新需求，在合作共赢等理念的指导下，健全同多边贸易规则相适应的体制机制。以“一带一路”为辅助建立自贸区将有助于推广具有中国风格的贸易投资规则，健全开放型经济新体制，保持对外贸易、对外投资居于世界前列，形成全方位开放新格局。

三　自贸区建设与“一带一路”倡议发展现状及历程

（一）中国自贸区建设

与发达经济体相比，中国自贸区建设起步较晚，在总体遵循“审慎稳重、循序渐进”原则的基础上，立足周边，逐步从双边向区域拓展，从小到大寻求升级，不断扩展自贸区网络覆盖面。首先选择和中国地理位置较近且关系密切的东盟等结成自贸伙伴，然后逐步和东南亚、南亚的新加坡、巴

① 洪俊杰等：《新一代贸易投资规则的环境标准对我国的挑战及对策》，《国际贸易》2015 年第 1 期，第 36～40 页。

基斯坦等国家签署自贸协定。[①] 目前，中国在建自由贸易区有38个，涉及52个国家或地区；其中，已经和22个国家和地区签署自由贸易协定18个；正在谈判的自由贸易协定12个，涉及30个国家和地区。而就“一带一路”共建国家来看，截至2019年，中国已经与其中17个国家签署自由贸易协定，正在谈判的自由贸易协定7个，正在研究的自由贸易协定4个（见表1）。

表1 中国与世界其他国家自由贸易协定发展情况（截至2019年）

类型	数量及分布	亚洲	欧洲	美洲	大洋洲
已签协议	18个（其中13个分布于“一带一路”地区）	中国－东盟 中国－东盟（“10+1”）升级 中国－巴基斯坦 中国－巴基斯坦第二阶段 中国－新加坡 中国－新加坡升级 中国－格鲁吉亚 中国－韩国 中国－马尔代夫 中国－毛里求斯	中国－冰岛 中国－瑞士	中国－智利 中国－智利升级 中国－秘鲁 中国－哥斯达黎加	中国－新西兰 中国－澳大利亚
正在谈判	12个（其中7个分布于“一带一路”地区）	《区域全面经济伙伴关系协定》 中国－海合会（6国） 中日韩 中国－斯里兰卡 中国－以色列 中国－韩国自贸协定第二阶段谈判 中国－巴勒斯坦	中国－挪威 中国－摩尔多瓦	中国－巴拿马 中国－秘鲁自贸协定升级谈判	中国－新西兰自贸协定升级谈判

① 袁波等：《对我国当前自贸区建设区域布局的思考与建议》，《国际贸易》2017年第7期，第7~10、28页。

续表

类型	数量及分布	亚洲	欧洲	美洲	大洋洲
正在研究	8个（其中4个分布于“一带一路”地区）	中国－尼泊尔 中国－蒙古国 中国－孟加拉国	中国－瑞士自贸协定升级联合研究	中国－哥伦比亚 中国－加拿大	中国－斐济 中国－巴新

资料来源：根据中国自贸区服务网数据整理。

就我国所缔结的自由贸易协定内容来说，关注重点多放在货物贸易自由化，对新议题有一定的涉及，并向对接更高标准的方向逐步升级。[①] 在我国与“一带一路”共建国家已经签订的13个自贸协定（含自贸协定升级）中，《中国－韩国自由贸易协定》和《中国－哥斯达黎加自由贸易协定》承诺对90%以上的产品实现零关税，其他11个自贸协定所承诺的零关税比例均为95%以上。对于环境标准、知识产权、政府采购、竞争政策、电子商务、电信服务、金融服务、投资保护等新议题，14个自贸协定均包含一个以上（见表2），其中《中国－韩国自由贸易协定》涵盖90%的新议题，首次纳入电子商务新议题，并将电信作为一个独立的章节，是我国目前签订的自贸协定最高标准。和新加坡升级后的自贸协定，增加环境标准、竞争政策、电子商务等新议题，提高了原有议题的开放水平，比如电信服务，原来我国仅允许外国服务提供者在个别城市提供服务，升级后的自贸协定不限制目的城市。《中国－新西兰自由贸易协定》仅包括新议题中的投资保护，电信服务和金融服务也只是中国单方面做出承诺，而正在进行的自贸协定升级谈判将覆盖政府采购、电子商务、竞争政策部分。

① 申现杰、肖金成：《国际区域经济合作新形势与我国“一带一路”合作战略》，《宏观经济研究》2014年第11期，第30～38页。

表2　我国与“一带一路”共建国家自贸协定中的新议题

自贸区	时间	新议题涵盖情况								
		环境标准	知识产权	政府采购	竞争政策	电子商务	电信服务	金融服务	投资保护	跨境基础设施等
中国－新西兰	2008年4月7日	无	独立章节	无	无	无	中国单方面承诺	中国单方面承诺	概述条款	无
中国－智利	2008年4月13日	无	TRIPS	无	无	无	智利单方面承诺	无	无	无
中国－新加坡	2008年10月23日	无	无	无	无	无	GATS附件、服务贸易承诺	GATS附件、服务贸易承诺	无	无
中国－巴基斯坦	2009年2月21日	无	与边境措施有关的特别要求	无	无	无	GATS附件、服务贸易承诺	GATS附件、服务贸易承诺	概述条款	巴方允许以合资公司的形式提供港口、大坝、水电和机场的工程服务
中国－哥斯达黎加	2010年4月8日	无	独立章节	无	概述条款	无	无	无	投资协定	无
中国－东盟	2012年11月29日	无	基于WTO等有关规则	无	无	提及促进电子商务	GATS附件，菲律宾、柬埔寨、马来西亚、新加坡、越南做出具体承诺	GATS附件，菲律宾、柬埔寨、马来西亚、新加坡、越南、老挝、缅甸做出具体承诺	投资协定	无
中国－韩国	2015年6月1日	独立章节	独立章节	无	独立章节	独立章节	独立章节	独立章节	概述条款	无

续表

自贸区	时间	新议题涵盖情况								
		环境标准	知识产权	政府采购	竞争政策	电子商务	电信服务	金融服务	投资保护	跨境基础设施等
中国-东盟（"10+1"）升级	2015年11月22日	无	无	无	无	无	中国、菲律宾、柬埔寨、马来西亚、新加坡、越南、老挝、缅甸、泰国、文莱做出具体承诺	"10+1"均做出具体承诺	无	老挝交通运输基础设施、马来西亚网络基础设施
中国-格鲁吉亚	2017年5月13日	独立章节	独立章节	无	独立章节	在电子商务领域进行合作	服务贸易承诺	服务贸易承诺		双方将提升在交通运输及相关基础设施建设领域的互联互通水平
中国-智利升级	2017年11月11日	无	TRIPS、边境措施	无	无	无	没有变化	无	投资协定	无
中国-马尔代夫	2017年12月8日	无	无	无	无	无	做出具有商业意义的承诺	做出具有商业意义的承诺	高水平投资保护	无
中国-新加坡升级	2018年11月12日	新增	无	无	新增	新增	放松移动话音和数据服务的市场准入限制	未做修改	升级	无
中国-毛里求斯	2019年10月17日	无	无	无	无	无	双方均做出承诺	双方均做出承诺	升级1996年投资保护协定	无
中国-巴基斯坦第二阶段	2019年4月28日	无	无	无	无	无	GATS附件、服务贸易承诺	GATS附件、服务贸易承诺	投资区优惠政策	无

资料来源：根据中国自贸区服务网数据整理。

（二）“一带一路”倡议的推动

2015年，国家发改委、外交部、商务部联合发布了《推动共建丝绸之路经济带和21世纪海上丝绸之路的愿景与行动》，明确提出“投资贸易合作是‘一带一路’建设的重点内容”，在此背景下，“一带一路”倡议有力促进了中国与“一带一路”共建国家的经贸合作，加速中国对自由贸易区的研究，推动了中国自贸区网络的扩展。2013年之前，中国共签署了7个自贸协定，其中6个与“一带一路”共建国家签署；2013年之后，升级已经与“一带一路”共建国家签署的3个自贸协定，并分别和格鲁吉亚、韩国、马尔代夫签署了其他3个自贸协定。自2013年，中国启动了与斯里兰卡、巴基斯坦、摩尔多瓦、巴拿马之间自贸协定的谈判。“一带一路”倡议增强了中国与共建国家的互认意识，根据共建“一带一路”各国的比较优势，在互利合作的基础上，凝聚共建“一带一路”发展中国家的主要力量，塑造命运共同体，在合作共赢中共享机遇，助力中国构筑宽领域、多层次、全方位的自贸区网络格局。

长期以来，中国秉持共商、共建、共享的全球治理观，将自贸区作为中国与共建各国建立涵盖各领域的全方位合作机制的平台，推动区域协同发展。近年来，在“一带一路”倡议的推进中，中国依托自贸区网络的强大推动力，不断拉动区域内贸易增长，促进劳动力的合理高效分工。截至目前，中国已经与125个国家签署了“一带一路”合作文件，与“一带一路”共建国家之间的贸易在中国总贸易中所占比重不断上升。2001年，中国总贸易额为5096.51亿美元，与“一带一路”共建国家的贸易额为1389.09亿美元；2017年，中国总贸易额为41071.64亿美元，与“一带一路”共建国家之间贸易额为15656.88亿美元，在中国总贸易额中占比从2001年的27.26%上升至38.17%（见图1）。但是“一带一路”共建国家多集中在非洲和西亚地区，其中107个国家在中国贸易中的占比不超过0.5%，仅10个国家与中国贸易额在中国总贸易中占比超过1%，中国与“一带一路”共建国家的贸易往来仍有待深化。

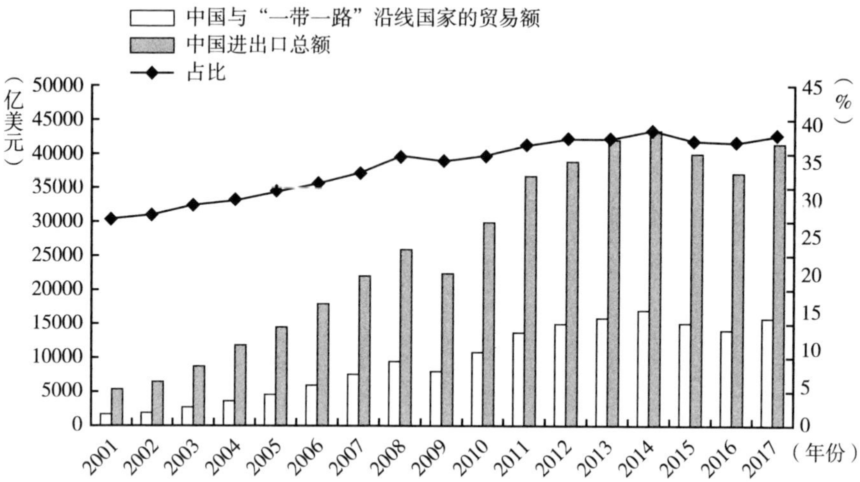

图 1　中国与“一带一路”共建国家贸易情况

资料来源：根据国家统计局数据整理。

（三）自贸区建设和“一带一路”倡议协同发展

中国自由贸易区战略和“一带一路”倡议均以市场开放、贸易便利、投资自由为目标，因此自贸区建设和“一带一路”倡议相辅相成、协同发展。自贸区是推进“一带一路”倡议的路径和平台，在促进国际分工和国际合作、推进市场全球化方面发挥着重要作用，通过基础设施互联互通，深化与共建国家的经济交流合作，促进贸易便利，加强“一带一路”辐射程度。[①] 2015 年 12 月，国务院发布《关于加快实施自由贸易区战略的若干意见》，文件指出“坚持与推进共建‘一带一路’和国家对外战略紧密衔接，坚持把握开放主动和维护国家安全，逐步构筑起立足周边、辐射‘一带一路’、面向全球的高标准自由贸易区网络”的指导思想，并积极同“一带一路”沿线国家商建自由贸易区，“形成涵盖‘一带一路’沿线国家、辐射五

① 韩剑等：《中国与“一带一路”国家自贸区网络体系构建和规则机制研究》，《国际贸易》2017 年第 7 期，第 16～23 页。

大洲重要国家的全球自由贸易区网络”。2019 年 11 月 19 日，《中共中央国务院关于推进贸易高质量发展的指导意见》中进一步指出，“不断扩大自由贸易区网络覆盖范围，加快形成立足周边、辐射‘一带一路’、面向全球的高标准自由贸易区网络。推动与世界重要经济体商建自由贸易区进程，努力提高开放水平，扩大市场准入，提高规则标准”。

自贸区建设强调经贸活动的自由化、便利化、标准化和协调化，以“一带一路”倡议为引领，加速经济要素有序自由流动，调动市场主体参与自贸区建设和“一带一路”倡议的积极性，挖掘“一带一路”自贸区潜力，使中国自贸区网络形成一个有机整体，通过主体要素的自由流动实现协同发展。“一带一路”作为发展理念的象征，是开放型经济发展的新阶段，为自贸区建设提出了新的方向。如何结合“一带一路”国家自身的需求，整合已有自贸协定，平衡发达国家利益和发展中国家接受度，仍是中国在自贸协定谈判中要面临的重要问题。

四　自贸区建设与“一带一路”倡议协同发展面临的困难与挑战

目前中国自贸区战略的实施虽取得了较大成效，但在“一带一路”的布局仍存在较大改善空间，面临的困难和挑战主要有以下几点。

（一）中美贸易摩擦增加了“一带一路”和自贸区融合发展的风险因素

2013 年之前，中国经济高速发展，中国企业以引进外资为主。之后，中国转变经济发展方式，注重高质量发展，中国企业逐渐由“引进来”向“走出去”过渡。在“一带一路”背景下推进自贸区建设有利于实现企业富余产能的转移，同时带动其他共建国家的发展，实现和其他国家的优势互补，实现互利共赢。当前，国际多边贸易体系受到各种力量侵蚀，世界经济面临的风险上升。[1] 美欧等世界主要经济体正在以高标准制定新规则，试图通过加快双边或多边自贸区建设，重构世界经济贸易格局，制约中国发展。美国总统奥巴马曾在 TPP 达成协议后发表声明表示，美国不能让中国等国家书写全球贸易规则。[2] 虽然美国目前已退出 TPP，但中国等新兴大国遭受的经贸壁垒和不利规则日益增多。2018 年以来，美国不断对中国出口商品加征关税，并一再抹黑“一带一路”倡议，阻碍自贸区建设，导致部分共建国家对贸易投资自由化和便利化持谨慎态度，“一带一路”和自贸区融合发展的不确定性增强。

（二）与“一带一路”经济体的自贸协定数量少，且设置和推广议题的能力有待提高

“一带一路”倡议的任务之一是“积极同共建国家共同商建自贸区”，然而目前与“一带一路”共建国家签订的自贸协定仅 13 个，总体数量偏少，且多集中在周边地区，尚未辐射到中亚、中东欧地区。[3] 就已经签订的自由贸易协定而言，其主要内容是“WTO +”贸易政策，大多集中于传统领域，包括工业产品、农业产品、出口税、海关程序、反倾销、反补贴、TBT、SPS、TRIMS、GTAS、TRIPS 等，很少涉及知识产权、电子商务等国际经贸规则中的新议题，暂时没有体现作为当今高标准自由贸易协定主要议题的政府采购和劳工标准。

我国在诸多非传统领域议题方面尚未形成自身独特理念，设置和推广议题的能力不够，一体化水平有更大空间向深层次拓展。比如，目前环境议题仅个别纳入了中国同“一带一路”共建国家的自贸协定，比如《中国－韩国自由贸易协定》《中国－格鲁吉亚自由贸易协定》《中国－新西兰自由贸

① 张广婷：《不确定的世界经济：新变局、新风险、新机遇——2019 年世界经济分析报告》，《世界经济研究》2019 年第 1 期，第 3～17、135 页。

② 陈淑梅：《“一带一路”引领国际自贸区发展之战略思考》，《国际贸易》2015 年第 12 期，第 48～51 页。

③ 袁波等：《对我国当前自贸区建设区域布局的思考与建议》，《国际贸易》2017 年第 7 期，第 7～10、28 页。

易协定升级议定书》，主要内容是确认各方有权确立其环境保护水平，应当履行国际环境条约，要求任何一方不得通过降低环境保护来鼓励贸易或投资，并强调深化环境领域的合作。[①] 关于知识产权议题，大部分自贸协定仍基于 TRIPS 协定的原则，仅《中国－新西兰自由贸易协定》《中国－哥斯达黎加自由贸易协定》《中国－韩国自由贸易协定》《中国－格鲁吉亚自由贸易协定》将知识产权作为独立章节，但前两个自由贸易协定主要包括信息交流和合作能力建设、遗传资源、传统知识等内容，和韩国、格鲁吉亚的自由贸易协定知识产权章节还涵盖版权、商标、专利等。在高标准自贸协定的新议题之外，“一带一路”共建国家处于不同的发展阶段，对自贸协定谈判具有特殊的需求，比如跨境基础设施建设等，但有关内容也只在《中国－巴基斯坦自由贸易协定》和《中国－格鲁吉亚自由贸易协定》中得以简略体现。

（三）基础设施的互联互通建设难度大

“一带一路”共建国家，尤其是中亚、南亚等发展中国家差异较大，地理情况复杂，经济社会发展相对滞后，基础设施建设难度大。中国当前的资本输出以基础设施建设、基础线路、硬件的铺设为主，包括铁路、公路、港口等交通基础设施建设，以及信息传输、卫星通信等通信工程方面的建设。[②] 在参与共建“一带一路”的许多国家或地区，人口稀少，经济发展水平较低，大型基础设施建设的前景还不明朗，导致部分项目的收益在很长时间内都难以弥补投入的成本，对于这一投入多、风险大、周期长、收益少的局面，基本上只有大中型国有企业在国家政策的支持下才可能维持这一经济行为，中小型民企对该地区的进入则难以形成一定规模。互联互通建设难度大导致贸易成本偏高，成为共建国家发展经贸合作的重要瓶颈，影响企业参与自贸区网络建设的积极性。

---

① 韩立余：《自由贸易协定新议题辨析》，《国际法研究》2015 年第 5 期，第 77～91 页。

② 王晓芳等：《“一带一路”倡议下基础设施建设推动国际产能合作的思考——基于新结构经济学视角》，《国际贸易》2018 年第 8 期，第 22～27 页。

（四）企业在投资过程中缺乏制度保障

“一带一路”倡议奉行自愿选择和多样化的原则，因而缺少结构性的制度安排。中国与“一带一路”相关的倡议未与共建国家进行充分交流与协商，很多领域缺乏相应的合作机制，和主要贸易国在制度和软件规则上面还存在一些问题，相关制度标准（如通关、质检、转运等）暂未实现统一，缺少具有法律意义的具体框架和指导原则；信息共享平台建设滞后，民间和企业沟通机制不够完善；通关、质检等效率低下，进出口手续烦琐，贸易投资壁垒较高。国家之间法律法规和制度标准存在较大差异，企业需要花费相当多精力了解和比较不同国家的制度差异，这就造成了企业在投资中缺乏制度保障，海外风险较大。① 而创造有利的外部制度环境，需要制定具有约束力的制度标准，协调成本较高，因此阻碍自贸区网络和“一带一路”倡议向纵深方向推进。

五　自贸区建设与“一带一路”倡议协同发展的相关建议

目前，经贸规则重构正在贸易投资领域展开激烈博弈，借助这一契机，中国可通过“一带一路”重要平台，充分利用全球第一大贸易国的影响力，全面构建自贸区网络，将自身发展惠及友邦。中国已经同125个国家和地区签订了“一带一路”合作文件，仅与其中17个国家签署了自由贸易协定，促进二者协调发展能够更好地推动全球化和区域化的相互促进，减少中国对美国市场的依赖，对冲贸易战可能带来的长期影响。“一带一路”为加强双边和多边体制提供了新平台和新想法，自贸区是促进区域经济一体化的重要制度安排，二者融合发展能够更好地发挥辐射作用，从而为全球经济的健康发展注入新的活力。

① 张国军等：《“一带一路”背景下中国推进自贸区战略的机遇及策略》，《国际经济合作》2016年第10期，第25～30页。

中国应加快落实“一带一路”倡议，构建国家层面的协调机制，制订互补共赢的方案；在自贸协定谈判中发挥主导作用，在多边贸易体制的框架下，设计出对接 WTO 规则的平衡共建国家利益的国际贸易新规则范本，促进投资便利化，逐步在规则构建中发挥引领作用，使国际秩序朝更加公正合理的方向发展。

（一）深化国内改革，打造由我国企业主控的全球价值链

1994 年乌拉圭回合谈判以来，全球贸易体系正经历最大一轮重构，这在给中国带来一定机遇的同时，带来了较大挑战。[①] 从国际经验来看，要推行一个规则体系，自身的改革要走在前面。[②] 中国经济要保持长期稳定可持续发展、在国际经济中增加影响力、掌握主动权，不仅对内要深化改革，解决经济中长期积累的问题，突破发展瓶颈，加快转型升级步伐，稳定全球价值链；对外也要加大开放力度，引进外资和技术，以开放促改革，实现过剩产能输出，等等。加快在“一带一路”共建的自贸区战略布局，依托中国已有的自贸区，增强地区辐射力，拓展制造业和服务业的投资，深化与共建国家的合作与交流，推进高水平自贸区的建设，创造新的出口市场，稳定中国作为“共轭环流”枢纽的地位。

（二）积极参与双边、诸边和多边谈判，支持 WTO 改革，加强“一带一路”贸易投资规则建设

当前，推进中国高标准自贸区战略的实施应着重从更大广度、更高标准、更多话语权（更多参与引领国际规则制定）、更深协调度（与“一带一路”倡议、经济结构转型升级更深度协调起来）的视角出发。具体来讲，可进一步扩大自由贸易协定覆盖的议题范围，借此逐步明确中国在自贸区谈

---

① 唐宜红：《全球贸易与投资政策研究报告——国际贸易与投资新规则的重构》，人民出版社，2017。

② 蔡宏波：《国际贸易摩擦的制度成因》，《北京工商大学学报》（社会科学版）2019 年第 2 期，第 35 ~41 页。

判中的价值理念和规则体系。“一带一路”应建立专门工作机制，加快制定周边与“一带一路”自贸区谈判协定的模板，着力推动和“一带一路”沿线国家自贸区谈判，着手和“一带一路”关键节点国家之间自贸协定的谈判；密切关注 TTIP、TiSA 的进展，做好正在进行的谈判在条款上的衔接。对少数特殊国家采取灵活的减让措施，推进自贸区建设，为构建“一带一路”经济共同体奠定基础。

奉行单边主义的美国，多次挑战 WTO 现有的世界贸易秩序，试图用霸权主义迫使贸易伙伴让步，这反映出 WTO 改革的急迫性。新一轮 WTO 改革是一场应对贸易保护和单边主义的行动。中国应维护以规则为基础的贸易自由化，坚定维护 WTO 确定的自由贸易基本理念，积极支持 WTO 进行必要的改革完善。秉持开放、透明、包容、非歧视等基本原则，尽可能寻找最大公约数，缩小南北差距，最终重树国际社会对 WTO 的信心，维护多边贸易规则的权威性和有效性。

（三）加强区域合作，促进区域间互联互通

“一带一路”倡议是一项庞大的全球治理工程，中国应积极推动与共建经济体之间市场的相互开放，加强区域合作，促进区域治理向包容、共享、共建的方向发展。目前中国正在积极参加 RCEP 谈判、推进中日韩自贸区建设，重点加强与现有经贸潜力较大国家之间的自贸协定谈判。在特朗普政府采取的“美国优先”政策面前，盟友显得微不足道。与之相反，中国始终奉行互利共赢的开放战略，积极推动 RCEP 谈判，让世界见识到一个负责任大国的胸襟。区域合作的核心是互联互通，也是中国在“一带一路”和自贸区建设中应优先发展的领域。在此背景下，应进一步加强区域合作，以基础设施互联互通为中心，在互惠互利基础上拓展合作，加强合作各方在贸易投资方面的联系和经济上的相互依存程度，加强同有关国家的双边贸易对接，促进经贸活动自由化和便利化。加强区域合作，提供产业合作的对接平台，缩小区域内部经济发展差距，逐步使区域合作成员处在高于全球新兴市场和发展中经济体平均增速的中心地位，为世界经济提供新的推动

力。作为区域合作的重要推动者，中国应致力于创造有利于贸易投资发展的区域政策环境，向世界传递出东亚地区维护自由贸易的信号，从而带动更广泛的国家和地区成为积极参与、坚定支持多边贸易体制的重要贡献者。

（四）在多边框架下倡议并逐步推动投资便利化协议

面对国际单边主义和保护主义，进一步开放市场，释放“一带一路”倡议的引领作用，在多边框架下，推广中国价值与原则，倡议并逐步推动投资便利化协议。现有国际投资规则以双边和区域协议为主，碎片化、复杂化、多样化特征明显。发达国家一力推行的高标准投资规则，超过了发展中国家的发展水平，对转型中国家的经济调整施加强大压力。在规则重构的特殊历史时期，中国应抓住参与全球经贸治理的战略机遇，充分利用全球第二大经济体和全球第三大投资国的国际影响力，主动作为，推出具有中国特色的贸易投资便利化协议。在多边框架内推动全球投资治理，深化国际投资改革，以更大的开放促进开放，加快中国自贸区建设，推进高标准自贸区战略，探索对外开放的新路径和新模式。通过推动建立统一的国际投资规则体系，提升在国际治理体系中的话语权，转危为机，在未来的贸易投资发展中占据主动地位，以更好地适应不断变化的国际投资规则框架，实现自贸区建设和“一带一路”倡议协同发展。

B.5

"一带一路"倡议下国内法律服务业开放的规则研究*

李晓郛**

摘　要： "一带一路"倡议的主要风险是法律风险，需要高质量的法律服务。法律服务业开放或者自由化是提高法律服务的重要途径。以TiSA、TPP等为代表的国际新标准，要求谈判国进一步解除对商业存在模式和自然人流动模式的限制，以实现更高阶段的法律服务自由化。国内自贸区的新规则由于在业务范围、市场准入、国民待遇等领域依然没有突破原有GATS承诺表的内容，因此落后于全球新标准，影响了实践效果。当前形势要求在法治原则下，继续开放国内法律服务业，宜借鉴韩、日分阶段开放法律服务市场的经验，以自贸区为平台，对接国际新标准，做好压力度测试，设置缓冲期，保护和发展国内法律服务业。未来自贸区应通过法治引领法律服务业开放，继续探索中外律所合伙制度，取消外籍律师解释和适用中国法律的限制，引入律师"飞进飞出"制度和完善律师责任险等配套立法和措施。

关键词： 法律服务业　"一带一路"倡议　法律服务自由化　法治

---

* 本文为上海市哲学社会科学规划青年课题"国际金融市场中'上海'价格能级提升研究"（项目编号：2019EJB008）项目成果。

** 李晓郛，华东政法大学副教授，法学博士，应用经济学博士后，研究方向为国际经济法。

一 "一带一路"倡议推动法律服务市场开放

参与共建"一带一路"的超过60个国家，制度参差多态，既有英美法系国家，也有大陆法系国家，还有近30个伊斯兰法系国家。国内外总结"一带一路"倡议、金砖国家、上海合作组织等存在的风险，包括政治风险、经济风险、法律风险、文化风险和安全风险，核心是法律风险。因此，一方面，法律服务必不可少；另一方面，法律服务贸易大有可为。①

虽然法律服务（Legal Service）在整个服务贸易总量中所占的份额较小，但是由于法律服务本身与一个国家的政治、经济、文化等密切相关，属于服务贸易中直接触及上层建筑的部分。"一带一路"倡议、中国经济的诸多热点问题，比如人民币国际化，都离不开法律服务。而且，从统计数据来看，法律服务市场价值和规模呈稳定的上升趋势，成为服务贸易不可缺少的组成部分。可以说，法律服务业发展不仅特殊，而且重要。②

提升法律服务质量的一个有效方法是开放市场。2020年是中国加入WTO的第19个年头，现实表明，不管是制造业还是服务业，国内凡是对外开放比较彻底、积极参与全球资源配置的领域，都发展得比较好、竞争力明显提升。③

在本地政府和行业协会有效监管的情况下，境外法律服务（分支机构）在本土化过程中取得更大发展、获利不菲，一方面本地消费者可以享受到高质量的服务，另一方面国内有关机构和人才提升了竞争力，学到了先进经验，对国内法律服务业并无本质危害。而且，"一带一路"倡议的宗旨和目标是互利共赢，相应的，要求沿线国家法律服务市场开

---

① 杨国华：《"一带一路"与国际法治》，《法学杂志》2018年第11期，第1～7页。

② 李本森：《经济全球化背景下的法律服务自由化》，《法学》2004年第1期，第104页。

③ Douglas A. Irwin, "The Truth about Trade: What Critics Get Wrong about the Global Economy," *Foreign Affairs*, 2016, 95 (4): 89－95.

放的同时，国内也可能被要求开放法律服务市场。[①]

“法律服务”是一个范围很广的概念，广义的“法律服务”不仅包括咨询和代理服务，也包括司法行政活动，涉及的人员除了律师之外，还包括法官、检察官、政府法律顾问和公证员等。截至 2018 年 4 月 6 日，在中国知网（CNKI）搜索篇名带有“法律服务”的文章，共有 6107 条结果。虽然法律服务涉及的范围很广，但是国内对法律服务贸易研究的成果较少，比如在上述结果中筛选摘要中含有“贸易”的文章，就只有 47 条检索结果。囿于主题和篇幅，作为本文研究对象的法律服务业开放以服务贸易覆盖的规则为主，涉及司法行政的法律服务不在主要内容之列。中国是经济全球化的受益者，也是 WTO 的重要成员方之一，在讨论法律服务业开放时，本文主要依照《服务贸易总协定》（General Agreement on Trade in Services，GATS）的 4 种服务贸易提供模式和规则展开和分析。[②]

20 世纪末，关于“全球化”的使用讨论异乎寻常地热烈。[③] 在人类历史的长河中，逆全球化（Deglobalization）的事件如果不是更多的话，也与国际一体化的进展是同样多的。[④] 而今，逆全球化浪潮正在深刻影响全球政治经济，但是美欧等发达经济体依旧在推动法律服务业自由化进程，扩大影响力和控制国际“话语权”。[⑤] 如何结合世情和国情进行法律服务业规则设

---

① 冯新舟：《经济全球化新形势与中国的战略选择》，《经济问题》2018 年第 3 期，第 1～6 页。

② 《服务贸易总协定》作为 WTO 一揽子协议中的重要内容，其条款和效力几乎覆盖了全部服务贸易领域，只是剔除“非基于商业基础亦非与一个或者多个服务提供者竞争所提供”的“行使政府权力提供之服务”（GATS 第 1 条）。相应的，涉及司法行政的法律服务也就不在 GATS 的框架内。GATS 第 1 条既包括协定覆盖的范围，也包括 4 种服务贸易提供方式：除了传统的“跨境交付”（模式一）之外，依据“消费者跨越国境接受服务”定义为“境外消费”（模式二），依据“服务提供者作为法人”和“自然人跨越国境提供服务”分别定义为“商业存在”（模式三）和“自然人流动”（模式四）。

③ Paul James，Manfred B. Steger，“A Genealogy of ‘Globalization’：The Career of a Concept，” *Globalizations*，2014，11（4）：419.

④ David J. Bederman，*Globalization and International Law*，Palgrave Macmillan，2008，p. 43.

⑤ 沈伟：《逆全球化背景下的国际金融治理体系和国际经济秩序新近演化——以二十国集团和“一带一路”为代表的新制度主义》，《当代法学》2018 年第 1 期，第 32～49 页。

计，更好地维护国家利益、推动国内服务贸易发展，就成了本文的主要研究目的和研究内容。

二　近年来国际法律服务业持续自由化进程

（一）全球化时代 WTO 对成员方法律服务市场开放的影响有限

由表 1 可知，大多数 WTO 成员方对开放本国法律咨询和代表事务持谨慎态度，虽然在 WTO/GATS 生效之后，成员方之间针对几个具体的服务领域进行了多次/轮谈判，形成若干份法律文件，但是这些都不包括法律服务业。[①]

表 1　WTO 秘书处公布的成员方法律服务市场开放承诺统计（1998 年）

单位：个

法律服务类型	子项	开放的成员方数量
东道国/地区法律	咨询服务	22
	代理服务	20
国际法律	咨询服务	42
	代理服务	20
母国/地区法律	咨询服务	42
	代理服务	20
其他法律服务		6

注：这些统计以 GATS 第 1 条设置的 4 种服务提供模式的一种为基础。World Trade Organization, Legal Service Background Note by the Secretariat, S/C/W/43, 6 July 1998。

由于 WTO/GATS 没有对法律服务开放做出特别规定，相反，WTO/GATS 自身的一些原则、规则被成员方“利用”，限制了法律服务业的进一步开放。例如，GATS 第 2.2 条允许成员方做出与“最惠国待遇”（Most - Favored - Nation Treatment）不符的例外措施（通过附件 2）。

① GATS 补充协议主要包括金融服务、基础电信、信息技术和自然人移动 4 个方面。

“World Trade Statistical Review 2016” 显示，截至2016年5月，WTO成员方自2008年以来采用的2835项贸易限制措施，只有708项（25%）被移出，其中，WTO成员方在2015年实施贸易保护措施624项，是2009年的9倍。[①] 又如，GATS第17条的“国民待遇”（National Treatment）放在“特定承诺”部分，由一般承诺变成具体承诺。有一个数据可以显示法律服务业不是WTO成员方关注的议题——截至2019年2月25日，进入WTO争端解决程序涉及GATS的案件共计29个（1995年至今），无一例与法律服务贸易有关，且这29例案件仅占案件总数（577）的5%。[②]

世界银行于2012年6月发布了一份特殊的政策研究报告：通过收集整理103个国家的数据[③]，主要涵盖电信业、金融业、交通业、零售业和专业服务5个服务部门，重点研究GATS中“跨境交付”（Cross-border Supply）、“商业存在”（Commercial Presence）和“自然人流动”（Presence of Natural Persons）3种模式，构建了一个服务贸易限制数据库（Services Trade Restrictions Database）。[④] 分析这些数据后发现（见表2）：一方面，自然人流动模式的指数远高于跨境交付模式以及商业存在模式的指数；另一方面，专业服务领域的平均指数高达48，远远超过整体服务贸易平均水平（28）。值得注意的是，法律服务业的限制是专业服务领域中最高的（52）。[⑤]

① “World Trade Statistical Review 2016,” https://www.wto.org/english/res_e/statis_e/wts2016_e/wts2016_e.pdf.

② “Disputes by Agreement,” https://www.wto.org/english/tratop_e/dispu_e/dispu_agreements_index_e.htm?id=A8.

③ 数据来源国包括23个非洲国家、8个东亚和太平洋国家、5个南亚国家、8个北非和中东国家、5个海湾阿拉伯国家、18个拉美和加勒比海国家、16个东欧和中亚国家、20个高收入的经合组织国家。

④ 数据库主要以WTO成员方2008年的数据为主（2个国家数据以2009年为主，1个国家数据以2010年为主，3个国家数据以2011年为主），详细信息可参见相关网站：http://iresearch.worldbank.org。

⑤ 鲍晓华、高磊：《中国专业服务贸易：发展现状、国际经验及政策建议》，《外国经济与管理》2014年第9期，第66页。

表 2 Services Trade Restrictions Database 世界和国内服务贸易限制对比

范围	项目(GATS 承诺为基础)	服务贸易平均限制指数			
		跨境交付	商业存在	自然人流动	平均
世界	专业服务	28	40	60	48
	会计服务	23	31	53	38
	审计服务	47	38	59	48
	法律服务	14	43	63	52
	服务贸易平均	30	26	60	28
中国	专业服务	0	70	75	66
	会计服务	0	50	50	40
	审计服务	0	50	75	50
	法律服务	0	83	83	80
	服务贸易平均	39	37	75	37

注：根据 Services Trade Restrictions Database 的说明，0 分为“完全开放”，25 分为“实质开放”，50 分为“存在重要限制”，75 分为“实质封闭”，100 分为“完全封闭”。

（二）法律服务业新规则在 GATS 基础上约束原有的限制

近年来，全球化发展面临着贸易保护主义的不断挑战，“WTO 多哈回合多边贸易谈判的失败，就是对全球化不满情绪日益高涨的又一个表现”。① 国际经济治理机制越发无力，特别是 WTO 决策机制僵硬，严重制约了通过 WTO 谈判制定新国际经贸规则功能，美国逐渐绕过甚至是放弃 WTO 这个国际贸易治理平台，企图重构国际经贸规则。②

新时期全球法律服务业开放新规则呈现如下特点。首先，对于在“WTO 时代”各成员方限制较少的跨境交付模式和境外消费模式，新规则要求继续维持 WTO/GATS 承诺并扩大到不存在任何限制，比如放弃“具备本国居民或者定居”作为跨境支付模式的要求。其次，“松绑”对

① Jude Hays, *Globalization and the New Politics of Embedded Liberalism*, Oxford University Press, 2009, p. 4.

② 刘敬东：《多边体制 VS 区域性体制：国际贸易法治的困境与出路——写在 WTO 成立 20 周年之际》，《国际法研究》2015 年第 5 期，第 92 ~ 93 页。

商业存在模式的限制：一是宽松外方资本/控股比例的限制，二是解除对服务提供者合作伙伴、高级管理人员的国籍要求。新规则在内容上主要集中于律师服务，对于公证服务这种在许多缔约方具有公权力属性的服务不做强制要求，重点要求缔约方开放母国和国际法律服务市场，乃至东道国法律服务市场。最后，新规则扩大对自然人流动模式的适用，设计了“进入和暂时停留”（Entry and Temporary Stay）以及“律师飞进飞出”制度。

以目前服务贸易谈判最引人注目的《服务贸易协定》（Trade in Service Agreement，TiSA）为例，TiSA 来源于 GATS 第 19 条“达到渐进之更高度自由化”的授权，从渊源和文本上都可以找到 TiSA 与 WTO/GATS 之间存在“继承”的法律关系。[①] TiSA 还希望“超越”GATS，其自谈判伊始就确立了目标——要在 GATS 多边化、最优区域化承诺基础上实现“高水平”（High Level of Ambition）。而且，不同于 GATS 谋求服务贸易自由化与国内政策目标平衡的做法[②]，为推动服务贸易自由化，尚在谈判进程的 TiSA 草案对国内规制权进行诸多限制。TiSA 对法律服务业自由化的规定主要出现在核心文本、专业服务附件和自然人流动模式附件中。[③] TiSA 核心本文除了采用《北美自由贸易协定》（North American Free Trade Area）禁止逆转机制（包括棘轮条款和冻结条款）等外，还在国民待遇上采用负面清单——除被列出的部门外，所有服务与服务提供方式都会被要求提供国民待遇，并且这

① 李伍荣、周艳：《〈服务贸易协定〉的发展路向》，《国际经济评论》2014 年第 6 期，第 115 ~ 117 页。

② 从 GATS 序言可以看出，一方面 GATS 推进世界服务贸易自由化进程，但另一方面又尊重各国国内的政策目标，在这两者之间谋求平衡，并在互利和权利义务平衡的原则上分别就各服务行业进行谈判。参见曹建明、贺小勇《世界贸易组织》（第三版），法律出版社，2011。

③ TiSA 与 TPP、TTIP 都强调谈判和制定过程的保密性——不公开进行谈判，文件只保存于谈判方。由于 TiSA 谈判文本尚未全部公开，本文所讨论的 TiSA 文本是在综合欧盟 2013 年发布的议案（Proposal）、2014 年提交的修改议价以及陆续公布的谈判纪要，加上维基解密（WikiLeaks）公开的 TiSA 核心文本草案（2016 年 6 月 21 日）的基础上进行的。相关信息可见“TiSA”，http：//trade. ec. europa. eu/doclib/docs/2014/july/tradoc_ 152687. pdf。

些保留限制必须在一定承诺时期内逐渐减少。①

针对 GATT/WTO 时期多数成员方采用的限制，比如市场准入、跨境提供、当地存在、外国资本限制、跨国合作或参与管理的限制、合作企业要求、经济需求测试、商业命名等，TiSA 专业服务附件均予以“解禁”（见表3）。与《跨太平洋伙伴关系协定》（Trans - Pacific Partnership Agreement，TPP）类似②，TiSA 还特别设计了“律师飞进飞出”制度，与 TiSA 自然人流动模式附件配合：一是 TiSA 中的“自然人”专指临时移动到境外提供服务活动的人士；二是提高签证申领要求和程序的透明度；三是满足欧美青睐中高水平专业人士入境的意愿。

表3　TiSA 专业服务附件有关法律服务业开放的新举措

条款名称	文本内容
范围和定义	专业服务包括法律服务；法律服务分成母国法律服务、东道国法律服务、外国法律服务和国际法律服务
市场准入保障	缔约方任何不符合专业服务领域的市场准入的条款、限制和条件从协定生效之日起停止实施或者被新措施替代
跨境提供	（第1段）不考虑本条第2段，TiSA 要求缔约方对跨境交付模式和境外消费模式不加任何限制；（第2段）根据具体承诺减让表，缔约方不得采取或者维持对专业服务的跨境提供模式的市场准入或者国民待遇限制

① 程诚、李晓郛：《新时期全球金融服务新规则及自贸区的应对——以 TPP 和 TiSA 协定为视角》，《龙岩学院学报》2017 年第 3 期，第 75 ~ 76 页。

② TPP 第 10 章“跨境服务贸易”附件 10 - A“专业服务”要求“缔约方在管理或寻求管理外国律师和跨国法律服务”时，考虑以下 7 种法律服务内容/方式。第一，外国律师可基于在其母国司法管辖区内执业外国法律的权利，在本国执业该外国法。第二，外国律师可准备和出席商业仲裁、调解和斡旋程序。第三，当地有关伦理、行为和纪律的标准以不苛于对本国（东道国）律师施加要求的方式适用于外国律师。第四，对外国律师规定最低居住要求的替代要求，如要求外国律师向客户披露其外国律师身份，或维持专业人员赔偿保险，或向客户披露其不具有该保险。第五，接受下列提供跨国法律服务的模式：（1）以临时的“飞进飞出”为基础；（2）通过使用网络或电信技术；（3）通过设立商业存在；（4）结合“飞进飞出”与（2）和（3）规定的一种或两种模式。第六，外国律师和本国（东道国）律师可在提供完全整合的跨国法律服务中一同工作。第七，外国律师事务所可选择使用其律所名称。本文关于 TPP 文本内容引自商务部国际经济贸易研究院翻译的《跨太平洋伙伴关系协定》，http：//www. caitec. org. cn/article/gzdt/xshd/201512/1453. html。

续表

条款名称	文本内容
当地存在	禁止缔约方要求其他缔约方服务提供者设立或者维持代表处,或任何形式的商业存在,或把有本国居民或者定居作为提供专业服务的跨境支付模式的条件
外国资本限制	禁止缔约方对通过商业存在提供专业服务的实体进行限制,限制外国资本参与的最大比例和设定单个或者总体外资持股比例
跨国合作或参与管理的限制	禁止缔约方限制合作伙伴、高级管理人员或者其他重要人士的国籍,以此约束以商业存在模式提供专业服务的实体
合作企业要求	禁止缔约方把合作企业作为提供专业服务的一项条件
经济需求测试	禁止缔约方采取或者维持将歧视性经济需求测试,包括劳动力市场测试,作为提供专业服务的一项要求
商业命名	在符合法律和法规的情况下,各缔约方同意服务提供者在境内采用自己在其他缔约国境内惯常使用的名字,否则保证对商业命名的要求不会过于严厉
"律师飞进飞出"	A. 如果同意其他缔约方以跨境支付的方式提供外国法律服务,缔约方应当同意以"飞进飞出"为基础的进入和临时停留,不得要求服务提供者设立或者维持代表处,或任何形式的商业存在,或把有本国居民或者定居作为当地执业或者登记的同意或者资质条件 b. 如果同意其他缔约方以跨境支付的方式提供国际法律服务,缔约方应当同意以"飞进飞出"为基础的进入和临时停留,不得要求服务提供者设立或者维持代表处,或任何形式的商业存在,或把有本国居民或者定居作为当地执业或者登记的同意或者资质条件 c. 停留的时间在以 12 个月为周期的总长度里面不能超过 90 天

三　国内法律服务业开放规则与国际新趋势之间存在较大差距

(一)国内法律服务业规则创新集中于沪粤

作为"促进贸易和投资便利化"重要手段的法律服务业,在中国加入WTO以及自由贸易试验区(以下简称"自贸区")建设前期并不是重点,主要创新规则和变化集中于广东省和上海市。这些创新条款和措施,主要以律师为被规制主体，内容集中在 GATS 框架下的商业存在模式。

2014 年 1 月 27 日，司法部下发有关批复①，同年 8 月 4 日，广东省出台法律服务业合伙联营的试行办法（以下简称《广东试行办法》）以及内地法律顾问试点工作实施办法（以下简称《广东实施办法》）。②《广东试行办法》和《广东实施办法》中的措施先从广州南沙、深圳前海、珠海横琴三处的自贸区（片区）实施，然后推广到整个广东省。这些措施对应的是《内地与香港/澳门关于建立更紧密经贸关系的安排》补充协议八关于“密切内地与香港/澳门律师业的合作，探索完善两地律师事务所联营方式”的开放措施。

除此之外，《内地与香港/澳门关于建立更紧密经贸关系的安排》将法律服务市场开放延伸到公证领域：2003 年《〈内地与澳门关于建立更紧密经贸关系的安排〉协议正文》附件四《关于开放服务贸易领域的具体承诺》允许“对经培训合格的澳门律师，授予内地认可的公证人资格”。这也是考虑到澳门地区公证制度的特殊性。

与广东省类似，上海自贸区法律服务业创新的方向也是瞄准“一站式”法律服务。经过司法部批复，2014 年 11 月 18 日，上海市人民政府办公厅转发市司法局制定的有关文件（以下分别简称《法律顾问实施办法》和《联营实施办法》）。③ 法律服务业作为上海自贸区首批 23 项服务业扩大开放的领域之一，变化主要体现在两个方面：一方面，将广东省允许港澳律所和

① 《关于同意在广东省开展内地律师事务所与港澳律师事务所合伙联营试点工作的批复》，http://www.moj.gov.cn/lsgzgzzds/content/2015-04/21/content_6052538.htm?node=278。

② 广东省司法厅《关于香港特别行政区和澳门特别行政区律师事务所与内地律师事务所在广东省实行合伙联营的试行办法（修订）》，http://www.lawyer.gd.cn/html/qitaxinxi/2016/0829/8266.html，广东省司法厅《关于内地律师事务所向香港律师事务所驻粤代表机构派驻内地律师担任内地法律顾问试点工作实施办法》，http://www.gd.gov.cn/govpub/bmguifan/201408/t20140814_201479.htm。

③ 《中国（上海）自由贸易试验区中外律师事务所互派律师担任法律顾问的实施办法》《中国（上海）自由贸易试验区中外律师事务所联营的实施办法》，http://www.china-shftz.gov.cn/PublicInformation.aspx?GID=bf19f82b-52b9-4200-adf9-d93b6a939249&CID=953a259a-1544-4d72-be6a-264677089690&navType=null。

内地律所联营的措施，扩大到自贸区内的外国律所。[①] 另一方面，将内地律所与香港律所之间“互派法律顾问”的模式扩大到中外律所之间。[②] 目前，上海自贸区是内地唯一可以实施中外律所互派法律顾问和联营政策的地区，业务范围较司法部原来的文件有所放宽——“对于涉外法律事务，特别是涉及国际条约、国际惯例适用的法律事务，由各方派驻律师合作办理”。[③] 然而，上海中外律所联营方式不包括广东自贸区的合伙联营方式。

2015 年 8 月 13 日，上海市浦东新区市场监管局公布了一系列市场准入便利化意见，其中包括允许上海自贸区内的律所将其办公场所作为企业住所进行登记。2016 年 1 月 15 日，上海市浦东新区市场监督管理局下发《关于允许上海通力等律师事务所将其办公场所作为企业集中登记地的通知》，配合 2015 年 11 月出台的《浦东新区关于贯彻〈上海市企业住所登记管理办法〉的实施意见》。根据这个文件，上海已经有数家律所获得此项资质。

（二）国内法律服务创新规则实际效果有限

早在 2006 年，上海市律师协会根据调研，形成一份《关于外国律师事务所驻华代表机构严重违规从事法律服务活动的报告》。这份报告指出，大量外国律师事务所驻沪代表处严重违反法律法规，长期非法从事涉及中国法

---

① 根据司法部的《外国律师事务所驻华代表机构管理条例》和《香港、澳门特别行政区律师事务所驻内地代表机构管理办法》，不管是外国律师事务所还是港澳律师事务所，它们与内地律师事务所的合作只能是委托关系，表现为签订单项法律事务委托或者长期法律实务委托。

② 根据《香港法律执业者和澳门执业律师受聘于内地律师事务所担任法律顾问管理办法》，澳门律师可以受聘为内地律师事务所担任法律顾问，而内地律师不允许到澳门所驻内地代表机构担任法律顾问，这是一种“单向”模式。上海市司法局同时规定：“中国香港、澳门特别行政区律师事务所申请参加互派法律顾问试点工作的，参照本办法执行。”

③ 参见《司法部关于修改〈香港、澳门特别行政区律师事务所驻内地代表机构管理办法〉的决定》（2015 年）、《外商投资产业指导目录（2015 年修订）》、《外国律师事务所驻华代表机构管理条例》（2002 年施行）和《司法部关于执行〈外国律师事务所驻华代表机构管理条例〉的规定》（2004 年修订）。

律的事务。[①]《法律顾问实施办法》和《联营实施办法》中的规定能够从一定程度上解决上述报告提到的外国律所聘用“辅助人员”从事涉及中国法律的服务、违规实际参与中国法律事务的业务以及外国律所驻华代表机构及代表间接从事国内诉讼或者仲裁业务，甚至实际控制诉讼的整个业务流程这三类违规现象。若能将《法律顾问实施办法》和《联营实施办法》推广到全国，效果会更好。虽然目前 TiSA 最终文本还未公开，TPP 因为美国的退出而遭受重大挫折，但是两者体现的法律服务自由化趋势不容小觑。

对比之下，以粤沪自贸区为代表的国内法律服务业规则创新整体上落后于国际新规则。就服务提供模式而言，与广东省做法类似，《法律顾问实施办法》和《联营实施办法》对自然人流动模式并未“松绑”，既不允许境外（含港澳）律师以自然人身份提供法律服务，也没有吸收前述 TiSA 和 TPP 文本针对国际社会较为谨慎的律师服务领域设计的“飞进飞出”制度。

就业务范围而言，无论是《广东试行办法》和《广东实施办法》，还是上海自贸区的《法律顾问实施办法》和《联营实施办法》，合作律所的律师业务范围基本相同，中方律师的业务范围大致可分为三类。这些新规的创新点在于中外双方律师（法律顾问）可以合作处理跨境和国际法律事务。然而，与国内律师相比，中方律师/法律顾问不能在合作中提供涉及刑事或者行政事务的诉讼服务，业务范围反而受限。对派驻内地律所（含分所）的外国律师和中国港澳律师而言，仅可就当地法律信息和法律环境等涉外因素提供服务与咨询，与中国律所就同一案件进行分工合作。这些做法并没有突破内地《律师法》《外商投资产业指导目录》以及 GATS 承诺表的范围。

就市场准入而言，法律实体类型方面的限制是 GATT/WTO 时代最常见

① 据悉，这些现象不单发生在上海，在北京等存在外国律师事务所驻华代表机构的区域也发生过，且长期存在。相关情况也可参见向涛《外国律师事务所驻华代表机构及代表的监管问题研究》，《中国律师》2011 年第 3 期，第 65 页。

的市场准入限制，自贸区与之前国内司法部的规范性文件内容相比，没有根本性变化——仍然坚持外国律所设立驻华代表机构的做法就是明显的商业存在模式限制。GATT/WTO 时代商业存在模式另外两个方面的限制依然存在。一是有关派驻人员资质。例如，职业资格、国内法律执业年限（5 年）、职业道德“无污点”（3 年）等。二是有关数量的限制。自贸区没有对《司法部关于执行〈外国律师事务所驻华代表机构管理条例〉的规定》第 10 条“在华最近设立的代表处连续执业满 3 年”的规定做出修改。因此，即便外国律师事务所驻华代表机构有新设代表处的计划或者需求，也要等待 3 年。

就国民待遇而言，自贸区没有突破禁止中外律所合伙或者中外律师合伙的限制，转而以“联营”的方式进行合作。广东自贸区设置的联营律所 49% 的出资限制也与新近区域/双边贸易协定中“禁止限制外国资本参与的最大比例和设定单个或者总体外资持股比例”的倾向不符。《法律顾问实施办法》和《联营实施办法》最大的特色在于通过中外“合作”提供法律服务。然而，TiSA 专业服务附件第 1 部分明确“禁止缔约方把合作企业作为提供专业服务的一项条件”。

此外，《联营实施办法》第 12 条要求中外律所联营“应当共用办公场所、办公设备，实行合署办公，可以共用行政、文秘等辅助人员”。这属于办公形式的创新，表面上符合 TPP 附件 10 – A 的“外国律师和本国（东道国）律师可在提供完全整合的跨国法律服务中一同工作”。然而，由于《联营实施办法》第 2 条明确规定：“联营期间，双方的法律地位、名称和财务各自保持独立，各自独立承担民事责任。”因此，中外律所“联营”虽然是一个（新的）律师事务所对外服务，但是性质上不是《民法通则》第 51 条规定的“法人型联营”，加上具有法人资格且不对合作事务承担连带责任，因此也不是第 52 条“合伙型联营”，本质上类似于第 53 条“合同型联营”。

面临诸多限制的情况下，创新规则效果不佳也就不足为奇了。根据上海市司法局于 2014 年 12 月新闻发布会公布的数据，上海当时有 153 家外国律师事务所驻华代表机构（含港澳地区）。虽然官方认为七成内资律所不符合互派法律担任法律顾问或者联营的要求，但是以超过1300家内资律师事务所（含分所）的规模[①]，在《法律顾问实施办法》和《联营实施办法》公布后4年的时间里，仅成立了5家联营律师事务所。[②] 自贸区外，中外律所合并依旧如火如荼。比如，大成律师事务所与德国DENTONS律师事务所于2015年1月依照国际流行的“瑞士联盟结构”（Swiss Verein Structure）组成联合体，合并形成的新律所拥有超过6500名律师，是当前全球人数最多的律师事务所。[③] “瑞士联盟结构”下的律所关系较为松散，类似《民法通则》第53条规定的“合同型联营”。[④] 又如，安杰律师事务所与香港肯尼狄律师事务所（Kennedys）在2015年初签订了战略合作协议。再如，2015年4月，汉坤律师事务所宣布与意大利Gianni，Origoni，Grippo，Cappelli & Partners（GOP）达成协议联盟。汉坤律师事务所采用与安杰律师事务所近似的方法：外国律所不再开设内地办公室，而是共用中方办公室。浦东新区“允许上海自贸区内的律所将其办公场所作为企业住所进行登记”的做法效果同样不佳，目前并无律所开展相关业务。

---

① 王风梅：《自贸区中外律所互派律师、联营焦点十问》，http://www.acla.org.cn/html/lilunyanjiu/20141210/19093.html。

② 第一家奋迅贝克·麦坚时联营办公室成立于2015年4月，由北京市奋迅律师事务所与美国贝克·麦坚时国际律师事务所合作形成。第二家瀛泰·夏礼文联营办公室于2016年3月对外营业，由上海瀛泰律师事务所与英国夏礼文律师事务所合作形成。第三家联合信实·霍金路伟联营所于2016年9月30日获得上海市司法局批准，申请来自总部位于厦门的福建联合信实律师事务所与霍金路伟国际律师事务所。第四家观韬中茂·亚司特联营所的开业仪式于2018年2月8日在上海金茂大厦举行，由北京观韬中茂律师事务所与澳大利亚亚司特律师事务所（上海自由贸易试验区）合作而成。2018年6月28日，上海昭胜律师事务所与英国年利达国际律师事务所也举行了剪彩仪式，于是上海自由贸易试验区出现了第五家中外联营律师事务所。

③ 2004年，美国贝克·麦坚时律师事务所最先采用瑞士联盟结构进行合作，截至2014年，超过7家大型外国律师事务所采用过瑞士联盟结构，包括Baker & McKenzie、Dentons、DLA Piper、Hogan Lovells、King & Wood Mallesons、Norton Rose Fulbright及Squire Patton Boggs。

④ 大成DENTONS合并采用的瑞士联盟结构规定在《瑞士民法典》第2章第2节“社团法人”下（第60~79条），与德国民法的主要不同之处在于瑞士法下社团的成立并不需要登记，自表示成立意思的章程做成时，社团即可取得独立的法人资格；如果该社团（以自身名义）从事商业营利性活动，则必须在官方的商业登记簿上登记。

四 新时期国内法律服务业开放的具体建构

（一）坚持法治原则和分阶段开放原则

如前所述，在WTO多数成员方谨慎对待法律服务业开放的背景下，参考韩、日法律服务业市场开放的经验，国内可以考虑因地制宜地开放法律服务市场——既不是继续封闭市场，也不是“毕其功于一役”、追求“一步到位”，而是在适当的时候，通过协定选择合适的国家开放法律服务市场，以体现渐进式改革的应有之义。开放创新总的原则应当包括两个方面，一个是法治原则，另一个是分阶段开放原则。

就法律服务业开放而言，《韩美自由贸易协定》谈判时，韩国面临的局面比现时中国更严峻：韩国法律服务市场规模较小，限制程度比中国更大，比如韩国律师执业受到地域限制，中国律师可在内地任一地区自由执业；由于历史和政治的原因，韩国较容易屈服于来自美国的压力。与中国类似，在开放法律服务业之前，韩国政府与本土律师界人士持怀疑态度，担心韩国法律服务市场被更具竞争力和更有经验的英美大型律所占领，优秀的本土法律人才向国际律所聚集，毕竟此类事件在以前法国、德国开放法律服务市场时也发生过。因此，为了在充分享受自由贸易协定红利的同时将开放带来的消极影响降到最低，韩国政府通过吸收近邻日本法律服务业开放的经验①，在坚持法治原则的同时采用“分步走”方式，一方面对接国际高标准、符合国际新趋势，另一方面为本土法律服务提供者设置一个缓

① 日本法律服务市场于1987年首次开放，至2004年走向完全开放——允许外国律师事务所雇用日本律师、允许国内外律师事务所同业。日本企业、银行等“封闭”立场对法律府服务市场的保护给予借鉴意义和经验。因此，日本政府在这17年中采取各种措施保护本国法律服务市场，甚至一些已经进入日本的国际大型律师事务所，如吉布森律师事务所（Gibson，Dunn & Crutcher）不得不退出日本市场。此外，日本律师事务所大型化、专业化发展模式也相应减轻了英美国际律师事务所进驻本土带来的冲击。

冲期。[①]

作为阶段性保护措施之一，韩国于2009年出台《外国法律顾问法》（英译“The Foreign Legal Consultants Law”，一译《韩国外国法咨询师法》），规定外国法律顾问不得与韩国律所进行业务协助、合伙及雇用韩国律师，以减少对本土法律服务市场的冲击。比较上海自贸区法律服务开放规则和《韩美自由贸易协定》内容，上海自贸区和韩国做法比较接近，甚至不考虑律所/律师是否来自与中国签订自由贸易协定的国家。[②] 然而，就内外律所合伙而言，韩国已经规定了保护期的时间，国内尚未有类似举措。

未来，国内既可以进一步深化自由贸易（港）区发展大战略，通过签订自由贸易协定，实现双边或者区域市场开放；也可以制定、修改和实施国内法律法规，对接有利于自己的国际标准，将国际规则、惯例转化为国内依据，自上而下地推动改革，并使创新“有法可依”。[③]

“一带一路”的建设中面临诸多的法律风险[④]，逆全球化浪潮下，国际社会正在形成新的贸易投资规则，自贸区乃至国内开放法律服务业市场、制定开放规则时，在避免法律空白缺失的同时，要高度注重治理体系的透明度建设。透明度原则通常要求提供法律、法规以及管理法律、法规程序的相关信息。[⑤] 具体到法律服务业开放领域，透明度原则可以表现为使用更加明确的法律语言，给予缔约方更明确的回答。例如，上海自贸区在表述法律服务领域开放之宗旨时，使用的语词是“探索”。这种表述固然可以增强立法的

---

① Jeanne Lee John, “KORUS FTA on Foreign Law Firms and Attorneys in South Korea – A Contemporary Analysis on Expansion into East Asia,” *Northwestern Journal of International law & Business*, 2012, 33（1）: 240.

②《美韩自由贸易协定》，http://ustr.gov/Trade_Agreements/Bilateral/Republic_of_Korea_FTA/Final_Text/Section_Index.html.

③ 杜相希：《韩国法律市场：“自由贸易协定”下的“开放”与“防范”较量》，http://www.law-lib.com/lw/lw_view.asp?no=10858。

④ 董学智：《信息化时代下发展中国家经济安全困境与出路——以“金砖国家”的合作为例》，《江苏大学学报》（社会科学版）2017年第5期，第27~33页。

⑤ Panagiotis Delimatsis, *International Trade in Services and Domestic Regulations: Necessity, Transparency, and Regulatory Diversity*, Oxford University Press, 2007, p. 256.

灵活性，但是牺牲了立法的明确性和可预见性。作为主要利益相关方的外国律所/律师关注的是一些具体法律问题，如“能否和中国律所实现合伙/合资”，概念上不是目前粤沪自贸区这种简单的合作；“雇用的中国律师能否代表律所以律师身份出庭”“外国律师能否以律师身份或者外国法律顾问身份参与仲裁案件”等。这些问题直接涉及法律服务业开放的市场准入和国民待遇等的实质变化。①

（二）设计配合“一带一路”倡议的法律服务开放具体规则

就“一带一路”共建国家的法律服务市场而言，多数国家的开放程度还停留在 WTO/GATS 承诺阶段，市场准入和国民待遇存在诸多限制，国内继续推进法律服务业自由化进程，既可以吸引外国投资者，也可以在中外谈判时获得较为有利的筹码。

在法治原则和分阶段开放原则下，未来国内法律服务业开放应朝着逐步放宽对市场准入限制和实现内外同等国民待遇的方向，重点在业务范围、商业存在模式和自然人流动模式等方面放宽限制。②

第一，在部分国内律师事务所逐渐“做大”“做强”、一些领域已经接近英美大型律所水准的情况下，可以进一步探索中外律所合作提供法律服务的途径和方式，一方面实现“强强联合”，另一方面也可以实现国内外律师事务所优秀管理经验、资源的分享和融合。未来宜融合《广东试行办法》与《联营实施办法》的有关规则，通过粤沪自贸区的“先行先试”，将有利经验扩展到全国。广东省突出的是合伙联营，上海市突出的是合作联营，前者突出合伙的“深度”，后者突出合作的“广度”。一方面，可以将《广东试行办法》第 2 章“联营条件”中的要求“移植”到《联营实施办法》中，将对港澳律所联营的要求扩大为对外国律所驻华代表机构联营的要求，

① 张方舟：《论中国法律服务市场开放的新标准——以上海自贸区的实践为视角》，《研究生法学》2016 年第 1 期，第 142 页。

② Mark A. Cohen, “International Law Firms in China: Market Access and Ethical Risk,” *Fordham Law Review*, 2012, 80 (6): 2569.

同时将“合伙联营各方的出资额合计不得少于人民币500万元”修改为“人民币1000万元”。这主要是基于有关法规和外国律所驻华代表机构收入的考量。中外律所合伙/合作之后，在国内形成除个人律所和合资律所之外的第三类律所，在法律上是“特殊”的律所，对这种“新事物”应该有较高的要求和风险防范规则。《律师事务所管理办法》（司法部令2016年第133号）对律师事务所最低资产的最高要求是“人民币1000万元”，虽然此种“特殊”合伙的律所与律所联营性质的“特殊”有区别，但是可以作为参考。

第二，自贸区在对“一带一路”共建国家提供法律服务时，可以推动香港法作为“适用法”（Governing Law）。分析英美法律服务在国际法律服务贸易中享有的比较优势，两个因素发挥着关键作用：一个因素是服务部门的结构，英美提供法律服务主要依赖大中型律所，而不是专业人士，另外一个因素是英国法和美国法在国际商事交易中扮演的重要角色。英美法律制度具有普遍适用性，特别是纽约州法律成为国际商事交易的重要标准之一。为确保国际商业交易和金融交易的法律确定性，当事方常常会选择能够确定协议的他国法律，而不是自身居住地法律，即便选择适用的法律与交易本身无关。[①]“一带一路”存在20多个英美法系国家/地区。香港法源自普通法，采用香港法律为适用法，当事人对处理结果更具有可预测性和信任感。而且香港法律专业人士继承普通法传统，国际化程度很高，有能力协助解决境内外人士实践中的法律问题。

第三，仲裁作为跨国法律纠纷解决机制，已经得到国内外法律界以及当事人的高度认可。然而，按照《外国律师事务所驻华代表机构管理条例》和《司法部关于执行〈外国律师事务所驻华代表机构管理条例〉的规定》的规定，外国律师在中国代理仲裁案件时，不得对中国法律的适用发表代理意见。实务中越来越多的外国律师参与国内进行的仲裁案件/程序，是不容

① World Trade Organization, Legal Service Background Note by the Secretariat, S/C/W/43, 6 July 1998, para. 29.

忽视的现实。建议取消《司法部关于执行〈外国律师事务所驻华代表机构管理条例〉的规定》第34条第2款“在仲裁活动中，以代理人身份对中国法律的适用以及涉及中国法律的事实发表代理意见或评论”的内容，提高外籍律师参与国内仲裁的积极性，进而使中国成为国际上的重要仲裁地。

第四，自贸区建设也包括法律服务市场的开放和自由化，这是法律服务业发展的必然趋势。从这个角度而言，自贸区建设既为国内法律服务市场注入发展的活力和动力，又为国内法律服务提供者进入外国乃至全球法律服务市场创造条件，其对法律服务业的影响和需求会越来越大。[①] 自贸区可以对两类制度进行尝试：一是通过与“一带一路”共建国家签订自由贸易协定，以自贸区为试点，有限地适用律师“飞进飞出”规则，为今后国内自然人流动模式的适用进行压力度测试；二是完善律师责任险制度[②]，将其作为探索中外律所合伙/合作提供法律服务业的重要配套措施。

---

① 盛雷鸣等：《中国（上海）自由贸易试验区建立对法律服务业的影响》，《法学》2013年第11期，第123页。

② 中国理论界和实务界对律师责任险有“律师职业责任保险”与“律师执业责任保险”两种表达方式，美国法上则统一表述为“Lawyers' Professional Liability Insurance”。笔者采用韩长印教授的观点，认为“律师职业责任保险”着眼于具体险种归属，“律师执业责任保险”则凸显该种保险承保的保险事故的性质。本文采用“律师责任险”的表述。此外，中国立法及实务中散见“职业责任保险”“执业责任保险”等不同的表述方式。参见韩长印、郑丹妮《我国律师责任险的现状与出路》，《法学》2014年第12期，第138页。

B.6

人民币与“一带一路”主要共建国家汇率联动关系研究*

——基于离岸人民币视角

栾彦　李康**

摘　要： 作为人民币国际化的重要组成部分，离岸人民币市场的培育和发展对于扩大人民币在“一带一路”共建国家的影响力、促进人民币从周边化走向区域化、最终走向全球化有着重要意义。本文选取香港离岸人民币和在岸人民币以及“一带一路”主要共建国家货币汇率作为研究对象，利用 VAR - BEKK - GARCH - DCC 模型研究离岸和在岸人民币与“一带一路”主要共建国家汇率动态联动关系。研究发现离岸人民币对更多的货币汇率存在显著的均值溢出效应、波动溢出效应，且更容易受到“一带一路”主要共建国家货币汇率的影响。离岸和在岸人民币与其动态相关关系都有很强的持续性，但其动态相关系数波动性较大；说明离岸人民币与“一带一路”共建国家有着较强的动态联动性，但同在岸人民币一样，

* 本文为韩国高教集团（KFAS）的 ISEF 项目，与韩国首尔国立大学经济学院中国问题研究中心合作的“一带一路”战略的机遇、挑战与亚洲金融支持新动力项目，辽宁省高等学校优秀人才支持计划资助项目（Supported by Program for Liaoning Excellent Talents in University，LNET，WJQ2015018），辽宁省财政科研基金项目（项目编号：17C010），辽宁大学博士科研启动基金项目（项目编号：20140714）成果。

** 栾彦，金融学博士，辽宁大学经济学院副教授，辽宁大学金融创新与可持续发展研究中心主任，研究方向为国际金融、金融创新与金融风险防范；李康，中央财经大学金融学院 2017 级金融学专业硕士研究生。

还未形成稳定的动态相关性。因此应进一步推进离岸人民币市场的建设，深化人民币汇率制度改革，加强人民币市场的监管，鼓励人民币跨境使用，完善人民币国际化基础设施。

关键词： “一带一路” 人民币国际化 离岸人民币 汇率联动关系

引 言

“一带一路”建设和人民币国际化是中国对外开放战略的重要组成部分。从2013年“一带一路”首次提出以来，这一倡议给中国和共建各国带来了历史性的发展机遇，也为人民币国际化提供了广阔的平台。“一带一路”建设在促进地区贸易投资合作的同时，也为人民币向“一带一路”共建国家输出创造了条件，随着贸易投资规模的扩大将会衍生出境外人民币交易需求，离岸人民币市场将会随之发展，离岸人民币市场提供金融产品的丰富反过来又会增加境外人民币需求，便利海外贸易投资，推动“一带一路”建设的深入发展。而人民币汇率与共建国家汇率的动态联动性对这一环节有着意义。目前，人民币存在两个市场——在岸人民币市场和离岸人民币市场，自2009年7月中国政府实施人民币跨境结算试点以来，人民币离岸市场迅速发展。根据《2017年人民币国际化报告》，2016年中国境内人民币外汇市场日均交易量为832亿美元，而离岸人民币外汇市场日均交易量为2400亿~2500亿美元。[①]随着离岸人民币外汇市场规模的不断扩大，离岸人民币汇率与在岸人民币和“一带一路”共建国家货币的意义日益显著，离岸人民币汇率与“一带一路”共建国家汇率的关系如何？相对于在岸人民币汇率，离岸人民币汇率

① 数据来源于新华社中国金融信息网（http://rmb.xinhua08.com/a/20160330/1622992.shtml），中国人民银行货币政策司二司副司长周诚君在出席人民币国际化研究中心专题培训时的发言中提到。

对“一带一路”共建国家汇率的影响有何不同？离岸人民币汇率对于推进人民币国际影响力有何意义？本文接下来将就以上问题进行探讨。

一 文献综述

关于离岸人民币的研究之前已经有很多，主要集中在四个方面。一是离岸人民币汇率和在岸人民币汇差方面。朱孟楠和张雪鹿认为境内外风险偏好的不同是汇率差异的重要原因。[①] 严兵等人认为全球风险厌恶情绪上涨和美元升值会加大人民币在两个市场的定价差异及其波动，允许人民币资本跨境流出的措施会明显减少两个市场的定价差距。[②] Michael Funke 和 Chang Shu 运用扩展的 GARCH 模型，发现国际因素、关于人民币国际化的政策、人民币在岸和离岸市场的流动性差异在解释汇差方面有着重要作用，全球风险厌恶情绪会增加离岸和在岸人民币汇差的波动性。二是离岸人民币市场与在岸人民币市场定价权问题。[③] 李婧等人运用 VAR 模型和 DCC－MVGARCH 模型，发现汇改前 CNY 拥有人民币定价权，汇改后人民币定价权归属呈现阶段性特征。[④] 李政等人采用滚动协整迹检验对人民币在岸、离岸市场的联动关系进行分析，认为境内外人民币外汇市场的一体化联系具有较强的时变性，在岸市场从总体上拥有即期定价权，离岸市场掌握远期定价权。[⑤] 三是离岸和在岸人民币即期远期汇率关系。阙澄宇和马斌采用 VAR－GJR－

① 朱孟楠、张雪鹿：《境内外人民币汇率差异的原因研究》，《国际金融研究》2015 年第 5 期，第 87～95 页。

② 严兵等：《人民币离岸与在岸汇率差异及其波动研究》，《世界经济研究》2017 年第 5 期，第 12～27 页。

③ Michael Funke, Chang Shu, "Assessing the CNH – CNY Pricing Differential: Role of Fundamentals, Contagion and Policy," *Journal of International Money and Finance*, 2015, 59: 245 – 262.

④ 李婧、解祥优：《人民币是否已经成为东亚地区的锚货币?》，《四川大学学报》（哲学社会科学版）2016 年第 1 期，第 80～88 页。

⑤ 李政等：《人民币在岸离岸市场联动关系与定价权归属研究》，《世界经济》2017 年第 5 期，第 98～121 页。

MGARCH－BEKK 模型发现无论是在岸与离岸即期汇率、远期汇率之间，还是即期汇率、远期汇率之间，以及即期与远期汇率之间，其波动均表现出一定的非对称效应。[①] 郝毅构建了人民币外汇市场 MVMQ－CAViaR 模型，发现在即期价格上，两个市场间存在双向极端风险溢出，且在岸市场对离岸市场的风险溢出效应更强。在远期价格上，只存在离岸市场对在岸市场显著的单向极端风险溢出。[②] 四是离岸人民币汇率与在岸人民币汇率的关系方面。汤洋和殷凤采用 VAR－DCC－MVGARCH－BEKK 模型，研究发现离岸人民币远期汇率市场对在岸人民币即期和远期汇率市场均值溢出效应明显，反之不成立；在岸人民币即期、远期汇率市场分别和离岸人民币即期汇率市场存在双向均值溢出效应，均表现为在岸汇率大于离岸汇率。[③] 周先平和李标采用 VAR－MVGARCH 模型发现大部分货币的在岸人民币汇率升（贬）值对离岸人民币汇率升（贬）值的影响要远远大于离岸人民币汇率升（贬）值对在岸人民币汇率升（贬）值的影响，没有任何一个货币对境内外即期汇率存在相互的波动率溢出效应。[④] 对于人民币与其他国家汇率的关系研究方面主要集中在在岸人民币。王中昭和杨文通过构建 VAR－DCC－MVGARCH 模型和结构突变模型，发现人民币汇率短期波动对东盟各国形成了一定的区域性辐射能力。中国等外部因素对东盟各国汇率的波动影响平均仅占 6% 左右，各国汇率自身的波动集聚性起主导作用。[⑤] 蔡彤娟和陈丽雪分三个阶段检验了人民币与东亚主要货币汇率之间的动态联动效应及其变化，发现

① 阙澄宇、马斌：《人民币在岸与离岸市场汇率的非对称溢出效应》，《国际金融研究》2015 年第 7 期，第 21～31 页。

② 郝毅等：《境内外人民币外汇市场极端风险溢出研究》，《国际金融研究》2017 年第 9 期，第 76～84 页。

③ 汤洋、殷凤：《人民币国际化进程中在岸与离岸市场汇率的动态关联》，《金融经济学研究》2016 年第 3 期，第 16～25 页。

④ 周先平、李标：《境内外人民币即期汇率的联动关系》，《国际金融研究》2013 年第 5 期，第 4～13 页。

⑤ 王中昭、杨文：《人民币汇率对东盟各国汇率传染及其时变相关有效性研究》，《国际金融研究》2014 年第 11 期，第 56～65 页。

2010 年汇改后人民币与东亚主要货币汇率的联动性及持续性显著增强。[①] 蔡彤娟和林润红发现人民币汇率波动对所选取国家具有显著的均值溢出效应、正的时变相关性、一定的联动持续性，但是这些辐射能力并不强。[②] 可以发现较少的文献研究离岸人民币与“一带一路”共建国家汇率联动性效应，本文采用 VAR－BEKK－GARCH－DCC 模型对离岸和在岸人民币与“一带一路”研究国家汇率的均值溢出效应、波动溢出效应和动态相关性进行探讨，在此基础上，得出在人民币国际化和“一带一路”建设背景下，增强人民币地区影响力，防范风险因素的负面效应，从离岸和在岸人民币市场建设、汇率改革及国内货币政策的角度提出对策建议。

二　模型的设定、数据处理和变量的基本统计性描述

（一）模型设定

1. VAR－GARCH－BEKK

设 A 国的货币汇率收益率为 $y_1 = dlog\ (A)$，B 国的货币收益率为 $y_2 = dlog\ (B)$，Engle 和 Kroner 提出 MV－GARCH－BEKK 模型，BEKK 在保证方差协方差矩阵正定性的同时，有效控制了待估参数的数量。[③] 为控制考察国家汇率收益率及其滞后变量和其他国家汇率收益率的相互影响，本文将均值模型设定为 VAR 模型，形成了 VAR－GARCH－BEKK 模型。

均值方程：$y_{i,t} = \mu + \sum_{l=1}^{p} \alpha_l y_{1,t-1} + \sum_{k=1}^{q} \beta_k y_{2,t-k} + \varepsilon_t$

$$\varepsilon_t \mid l_{t-1} = l_{t-1} \sim N\ (0,\ H_t)$$

---

① 蔡彤娟、陈丽雪：《人民币与东亚国家货币汇率动态联动研究》，《亚太经济》2016 年第 5 期，第 23～29 页。

② 蔡彤娟、林润红：《人民币与“一带一路”主要国家货币汇率动态联动研究》，《国际金融研究》2018 年第 2 期，第 19～28 页。

③ Robert Engle, Kenneth F. Kroner, “Multivariate Simultaneous Generalized ARCH,” *Econometric Theory*, 1995, 11 (1): 122－155.

方差方程：$\varepsilon_t = \sqrt{H_t} \cdot v_t$

$$H_t = CC' + A\varepsilon_{t-1}\varepsilon'_{t-1}A' + BH_{t-1}B'$$

$$H_t = \begin{bmatrix} H_{11,t} & H_{12,t} \\ H_{21,t} & H_{22,t} \end{bmatrix} \qquad C_t = \begin{bmatrix} C_{11,t} & C_{12,t} \\ 0 & C_{22,t} \end{bmatrix}$$

$$A_t = \begin{bmatrix} A_{11,t} & A_{12,t} \\ A_{21,t} & A_{22,t} \end{bmatrix} \qquad B_t = \begin{bmatrix} B_{11,t} & B_{12,t} \\ B_{21,t} & B_{22,t} \end{bmatrix}$$

展开可以得到

$$h_{11,t} = c_{11}^2 + c_{12}^2 + \alpha_{11}^2\varepsilon_{1,t-1}^2 + 2\alpha_{11}\alpha_{12}\varepsilon_{1,t-1} + \alpha_{12}^2\varepsilon_{2,t-1}^2 + \beta_{11}^2 h_{11,t-1} + 2\beta_{11}\beta_{12}h_{12,t-1} + \beta_{12}^2 h_{22,t-1}$$

$$h_{12,t} = h_{21,t} = c_{12}c_{22} + \alpha_{11}\alpha_{21}\varepsilon_{1,t-1}^2 + (\alpha_{11}\alpha_{12} + \alpha_{12}\alpha_{21})\varepsilon_{1,t-1}\varepsilon_{2,t-1} + \alpha_{11}\alpha_{22}\varepsilon_{2,t-1}^2 + \beta_{11}\beta_{21}h_{11,t-1} + (\beta_{11}\beta_{22} + \beta_{12}\beta_{21})h_{12,t-1} + \beta_{12}\beta_{22}h_{22,t-1}$$

$$h_{22,t} = c_{22}^2 + \alpha_{21}^2\varepsilon_{1,t-1}^2 + 2\alpha_{21}\alpha_{22}\varepsilon_{1,t-1} + \alpha_{22}^2\varepsilon_{2,t-1}^2 + \beta_{21}^2 h_{11,t-1} + 2\beta_{21}\beta_{22}h_{12,t-1} + \beta_{22}^2 h_{22,t-1}$$

其中，v_t 是均值为 0 的白噪声向量。H_t 是条件协方差矩阵，$h_{11,t}$和 $h_{22,t}$ 分别为 A 国和 B 国货币汇率收益率的方差，$h_{12,t}$为 A、B 两国货币汇率收益率之间的协方差。A 代表 ARCH 项的系数矩阵，其主对角线代表 ARCH 项波动溢出效应，即波动的聚集性，非主对角线元素表示 A、B 两国货币汇率收益率的 ARCH 项波动溢出效应，即冲击的传导性。B 为 GARCH 项的系数矩阵，其主对角线元素表示 GARCH 型波动溢出效应，即波动的持续性，非主对角线元素表示 A、B 两国货币汇率收益率的 GARCH 型波动溢出效应，即波动的传导性。α_{ij} 表示 j 国货币汇率收益率对 i 国货币汇率收益率的 ARCH 效应，即冲击传导效应，β_{ij}表示 j 国货币汇率收益率对 i 国货币汇率收益率的 GARCH 效应，即波动传导效应。如果 α_{ij}和 β_{ij}同时不为 0 或不显著，说明 j 国货币汇率收益率对 i 国货币汇率收益率没有波动溢出效应。

2. VAR－MVGARCH－DCC

DCC－GARCH 模型与 VAR－GARCH－BEKK 模型基本形式不同，只是

将方差－协方差矩阵定义为

$$H_t = D_t R_t D_t$$

其中 D_t = diag（$\sqrt{h_{11,t}}$，$\sqrt{h_{22,t}}$ 为时变标准差对角矩阵，$R_t = \begin{bmatrix} 1 & \rho_{12,t} \\ \rho_{21,t} & 1 \end{bmatrix}$为动态相关系数矩阵，$\rho_{ij,t}$为动态条件相关系数，$R_t$ 的结构为 $R_t = (Q_t^*)^{-1} Q_t (Q_t^*)^{-1}$，$Q_t = \begin{bmatrix} q_{11,t} & q_{12,t} \\ q_{21,t} & q_{22,t} \end{bmatrix}$，$Q_t^* = \text{diag}(\sqrt{q_{11,t}}, \sqrt{q_{22,t}})$。

Engle 定义多元 GARCH 模型的动态异方差为 $q_{11,t} = \overline{\rho_{ij,t}} + \alpha$（$\varepsilon_{i,t-1}\varepsilon_{j,t-1} - \overline{\rho_{ij}} + \beta$（$\rho_{ij,t-1} - \overline{\rho_{ij}}$），其中$\overline{\rho_{ij}}$是非条件相关系数，$\alpha$ 表示滞后一期的残差乘积对动态相关系数的影响，β 表示前期条件异方差系数，反映了条件异方差持续性特征，其中 $\alpha > 0$，$\beta > 0$，$\alpha + \beta < 1$。①

（二）数据处理与变量说明

1. 数据选取与变量说明

2010 年 7 月 19 日，香港离岸人民币即期交易放开，之后香港离岸人民币市场迅速发展，成为全球最大的离岸人民币市场。为考察在“一带一路”和人民币国家化背景下离岸人民币汇率和在岸人民币汇率对“一带一路”共建国家汇率的影响，本文选取香港离岸人民币汇率作为离岸人民币汇率的代表。根据中国与“一带一路”共建国家贸易额和中国对“一带一路”共建国家直接投资流量存量，综合考虑选取国家经济地理区域分布，本文选取的“一带一路”16 个共建国家以瑞士法郎作为计价货币的汇率数据。另外，为了消除市场交易初期的“虚假起始交易效应”②，本文剔除了 2011 年 6 月

---

① Robert Engle，“Dynamic Conditional Correlation：A Simple Class of Multivariate Generalized Autoregressive Conditional Heteroskedasticity Models，” *Journal of Business & Economic Statistics*，2002，20（3）：339－350.

② David K. Ding，Y. Tse，M. Williams，“The Price Discovery Puzzle in Offshore Yuan Trading：Different Contributions for Different Contracts，” *Econometric Theory*，2014，34（2）：103－123.

27 日之前的汇率数据，所有国家汇率均选取从 2011 年 6 月 27 日到 2018 年 3 月 29 日的日汇率数据。除去因节假日数据缺失和各国货币汇率交易日不匹配的数据，共得到 24704 个日汇率数据。数据来源为哥伦比亚大学官网（http：//fx. sauder. ubc. ca/data. html）、Wind 资讯和 IMF 官网。计量软件为 Winrats 8. 0pro 和 Eviews 9。所选取的货币汇率如表 1 所示。

表 1　货币名称和符号

货币名称	货币符号	残差汇率	货币名称	货币符号	残差汇率
在岸人民币	CNY	RECNY	伊朗里亚尔	IRR	REIRR
离岸人民币	CNH	RECNH	哈萨克斯坦坚戈	KZT	REKZT
捷克克朗	CZK	RECZK	马来西亚林吉特	MYR	REMYR
匈牙利福林	HUF	REHUF	新加坡元	SGD	RESGD
印尼盾	IDR	REIDR	菲律宾比索	PHP	REPHP
以色列谢客尔	ILS	REILS	巴基斯坦卢比	PKR	REPKR
印度卢比	INR	REINR	俄罗斯卢布	RUB	RERUB
泰国泰铢	THB	RETHB	土耳其里拉	TRY	RETRY
越南盾	VND	REVND			

2. 剔除其他主要货币的影响

目前人民币国际化正处于前期阶段，世界主要货币对离岸和在岸人民币汇率以及"一带一路"共建国家汇率仍有一定影响，可能会出现这些国家国内某些政策的变动导致人民币汇率与"一带一路"共建国家汇率同向波动，从而高估人民币汇率的影响，本文利用王倩对 Shu et al. 的货币锚变型式采用如下方式考察美元、欧元、日元、英镑等世界货币汇率对所研究国家汇率的影响①：

$$\Delta\log(C) = \alpha_0 + \alpha_1\Delta\log(U) + \alpha_2\Delta\log(E) + \alpha_3\Delta\log(Y) + + \alpha_4\Delta\log(B)$$

其中 C 表示包括离岸和在岸人民币在内的"一带一路"共建国家货

① 王倩：《东亚经济体汇率的锚货币及汇率制度弹性检验》，《国际金融研究》2011 年第 11 期，第 30 ~ 38 页；Chang Shu，Dong He，Xiaoqiang Cheng，"One Currency，Two Markets：The Renminbi's Growing Influence in Asia - Pacific，" *China Economic Review*，2015，33：163 - 178。

币汇率，U 代表美元汇率，E 代表欧元汇率，Y 代表日元汇率，B 代表英镑汇率，log 表示对货币汇率取自然对数、Δ 对货币汇率的自然对数进行一阶差分。

通过回归分析并进行方差发现，美元汇率对所考察汇率的影响占据绝大部分，欧元、日元、英镑仅可以解释一小部分或回归结果不显著。所以本文采取蔡彤娟、林润红剔除美元汇率的办法对各国汇率数据做对数化处理，并进行一阶差分，用研究中所用到的汇率数据对美元汇率做辅助回归，得到的残差表示该国货币汇率波动独立于美元的部分，并用残差作为给各国货币汇率收益率。[①] 所采用的辅助回归的方程如下：

$$\Delta\log(C) = \beta\Delta\log(U) + \varepsilon$$

其中，C 代表所选取的包括离岸、在岸人民币在内的 17 个汇率，U 表示美元对瑞士法郎的汇率，log 表示对货币汇率取自然对数、Δ 对货币汇率的自然对数进行一阶差分。

（三）变量的基本描述性统计

在将利用美元进行辅助回归的各国残差汇率数据代入模型之前，利用 Eviews 9 进行统计分析，并对数据进行了 ADF 单位根检验和 JB 检验。结果如表 2 所示。

表 2　残差汇率收益率的基本描述性统计

	标准差	偏度	峰度	JB 统计量	P 值	ADF 值	P 值
RECNH	0.004689	-0.10431	85.41821	436437.7	0.000000	-33.5737	0.0000
RECNY	0.001681	0.390532	19.31355	17138.17	0.000000	-6.98538	0.0000
RECZK	0.005816	2.379236	34.62057	65695.84	0.000000	-24.80790	0.0000
REHUF	0.007478	1.137279	19.74926	18356.95	0.000000	-24.0537	0.0000
REIDR	0.005901	-0.54776	11.08926	4281.381	0.000000	-17.4458	0.0000

① 蔡彤娟、林润红：《人民币与“一带一路”主要国家货币汇率动态联动研究》，《国际金融研究》2018 年第 2 期，第 19～28 页。

续表

	标准差	偏度	峰度	JB 统计量	P 值	ADF 值	P 值
REILS	0. 004407	0. 398922	8. 60711	2060. 899	0. 000000	-29. 3412	0. 0000
REINR	0. 005025	0. 360688	9. 988184	3171. 065	0. 000000	-18. 9282	0. 0000
REIRR	0. 003355	0. 302255	9. 5617	2789. 821	0. 000000	-16. 096	0. 0000
REKZT	0. 013169	10. 05804	239. 1995	3610519	0. 000000	-18. 7785	0. 0000
REMYR	0. 004824	-0. 2497	7. 978122	1608. 248	0. 000000	-36. 3924	0. 0000
RESGD	0. 003419	0. 269582	9. 292552	2562. 734	0. 000000	-13. 5366	0. 0000
REPHP	0. 003281	0. 164549	5. 058074	279. 1004	0. 000000	-12. 4253	0. 0000
REPKR	0. 002501	3. 545654	66. 58298	262980. 5	0. 000000	-15. 7321	0. 0000
RERUB	0. 010932	-0. 27459	17. 12441	12837. 18	0. 000000	-5. 86417	0. 0000
RETHB	0. 003006	0. 137584	7. 041998	1054. 565	0. 000000	-21. 1435	0. 0000
RETRY	0. 007216	0. 205586	6. 612695	849. 4252	0. 000000	-37. 7957	0. 0000
REVND	0. 007166	-0. 03511	3. 756897	37. 12522	0. 000000	-20. 2458	0. 0000

表2给出了16个国家共17个汇率收益率的统计数据，其中包括离岸和在岸人民币汇率。从表2中可以看出离岸人民币汇率的标准差大于在岸人民币汇率的标准差，这体现了相对在岸人民币市场，离岸人民币市场在没有中央银行管理的情况下更加自由。除俄罗斯卢布和哈萨克斯坦坚戈外，其余国家货币汇率波动幅度较小。从JB统计量可以看出，在1%的显著性水平上，各残差汇率收益率序列均不符合正态分布，故在后续的BEKK - MVGARCH模型和DCC - MVGARCH中采取t分布假设。从偏度和峰度来看，所有国家残差汇率收益率序列均具有“尖峰厚尾”的特征，变动状态具有GARCH型模型的特征。另外从ADF值上可以看出，所有国家汇率收益率均不存在单位根，为平稳序列，因此接下来可以将数据代入VAR模型进行分析。

（四）ARCH效应检验

在运用BEKK - MVGARCH模型和DCC - GARCH模型前，需要对汇率序列进行ARCH效应检验。本文采用LM检验进行ARCH效应检验。从表3

中可以看出，所有汇率序列的 F 统计量和卡方统计量均在 1% 的显著性水平上拒绝原假设，故存在 ARCH 效应。

表 3　汇率序列的 ARCH－LM 检验

	F 统计量	F 统计量－P 值	卡方统计量	卡方统计量－P 值
RECNH	38. 62505	0. 0000	172. 1525	0. 0000
RECNY	16. 53425	0. 0000	78. 74080	0. 0000
RECZK	7. 038145	0. 0000	34. 53442	0. 0000
REHUF	5. 190570	0. 0001	25. 62004	0. 0001
REIDR	24. 60026	0. 0000	114. 2951	0. 0000
REILS	18. 15393	0. 0000	86. 02221	0. 0000
REINR	105. 0136	0. 0000	392. 4465	0. 0000
REIRR	16. 89309	0. 0000	80. 36031	0. 0000
REKZT	7. 823587	0. 0000	38. 29231	0. 0000
REMYR	26. 29917	0. 0000	121. 5637	0. 0000
REPHP	18. 72565	0. 0000	88. 57506	0. 0000
REPKR	9. 632427	0. 0000	46. 87544	0. 0000
RERUB	108. 1955	0. 0000	401. 2316	0. 0000
RESGD	21. 28601	0. 0000	99. 89829	0. 0000
RETHB	9. 433748	0. 0000	45. 93750	0. 0000
RETRY	6. 387897	0. 0000	31. 40906	0. 0000
REVND	3. 188194	0. 0072	15. 83847	0. 0073

三　均值溢出效应实证分析

在“一带一路”和人民币国际化背景下，在考察离岸、在岸人民币汇率与“一带一路”共建国家汇率动态联动性时，汤洋和殷凤发现在岸和离岸人民币汇率收益率之间存在双向溢出效应。① 考虑到在岸离岸人民币汇率收益率及其滞后期之间的相互影响，本文将在岸和离岸人民币汇率与所考查国家汇率收益率组合构建三元 VAR 模型。

① 汤洋、殷凤：《人民币国际化进程中在岸与离岸市场汇率的动态关联》，《金融经济学研究》2016 年第 3 期，第 16 ~ 25 页。

1. VAR模型最优滞后阶数的选择

在分析在岸、离岸人民币汇率收益率与各汇率收益率均值溢出效应之前，根据LR似然比检验、FPE准则、AIC准则、SC准则、HQ准则确定最优滞后阶数，按照符合标准最多的原则确定最优滞后阶数。结果如表4所示。

表4　VAR模型最优滞后阶数

	最优滞后阶数		最优滞后阶数		最优滞后阶数
REPHP	5	REINR	5	RETRY	5
RETHB	5	REIDR	5	REIRR	7
REVND	9	REPKR	7	REILS	7
REMYR	5	RERUB	5	RECZK	7
RESGD	7	REKZT	8	REHUF	6

2. VAR模型估计结果

根据本文所选取的17个汇率收益率数据，建立VAR模型，得到如下估计结果，表5为在岸和离岸人民币汇率对所选取国家汇率的均值溢出效应。表6为所选取国家货币汇率对在岸和离岸人民币的均值效应。

表5　在岸和离岸人民币汇率对“一带一路”主要共建国家汇率的均值溢出效应

	REPHP	RETHB	REMYR	REINR	REIDR
RECHY(1)	-0.05851	-0.05375	0.073858	0.02663	0.20442**
RECHY(2)	0.093078*	0.097327*	0.242144**	0.09819	0.22701**
RECHY(3)	-0.03641	0.009753	0.175789**	-0.00982	0.065571
RECHY(4)	0.054686	0.07913***	0.05243	-0.10848	0.048489
RECHY(5)	-0.02263	0.025832**	-0.07807	0.011997	0.071364
RECHN(1)	0.06036**	-0.0755***	-0.14093***	-0.07115*	-0.07859*
RECHN(2)	-0.05233*	-0.06105**	-0.05288	-0.0579	-0.07562
RECHN(3)	-0.03866	-0.01663	-0.01993	-0.02676	-0.11706**
RECHN(4)	-0.02917	0.006297	0.032279	-0.0251	-0.06855
RECHN(5)	0.005491	0.000141	0.02026	0.020881	-0.02381

续表

	RERUB	RETRY	REVND	RESGD	REPKR
RECHY(1)	0.067988	0.201703	-0.19478 **	-0.00608	-0.01465
RECHY(2)	0.066158	0.173502	0.212477 **	0.101799 *	0.01541
RECHY(3)	0.006152	-0.02693	0.193144 *	0.022709	-0.00383
RECHY(4)	0.09673	-0.13822	0.124403	0.021074	-0.00855
RECHY(5)	0.184004	0.157664	0.049013	-0.06299	-0.03158
RECHY(6)			0.110856	-0.10628 *	-0.01113
RECHY(7)			0.050855	-0.07398	-0.01525
RECHY(8)			-0.04712		
RECHY(9)			-0.00485		
RECHN(1)	-0.07257	-0.0366	-0.01825	-0.04968 **	-0.00371
RECHN(2)	-0.09914	-0.05165	-0.00857	-0.05436 *	0.020582
RECHN(3)	-0.01841	0.016415	-0.05418	-0.02594	0.024007
RECHN(4)	0.019407	0.052977	0.042165	0.056013	0.013131
RECHN(5)	0.052519	-0.03621	0.096567	0.035588	0.020101
RECHN(6)			0.122306 *	0.09759 ***	0.013563
RECHN(7)			0.10317 *	0.058013 **	0.019185
RECHN(8)			0.071662		
RECHN(9)			-0.00049		
	REKZT	**REIRR**	**REILS**	**RECZK**	**REHUF**
RECHY(1)	-0.04876	0.014434	0.080908	-0.0757	0.013768
RECHY(2)	-0.06763	-0.01943	-0.01537	0.105863	0.060315
RECHY(3)	-0.67863 ***	-0.04326	-0.04448	-0.00689	-0.0594
RECHY(4)	-0.66822 ***	0.011507	0.056737	-0.1247	-0.07193
RECHY(5)	-0.52833 **	0.013583	-0.05733	-0.04859	0.099377
RECHY(6)	-0.80374 ***	-0.05568	-0.09773	-0.2721 ***	-0.1708
RECHY(7)	0.152109	-0.10711 **	-0.09944		
RECHY(8)	0.592226 ***				
RECHN(1)	-0.20603 **	0.0069	0.010688	0.040978	0.01291
RECHN(2)	0.943084 ***	0.011223	-0.04512	-0.05382	-0.08153
RECHN(3)	0.815884 ***	0.004391	-0.02982	0.047422	-0.03218
RECHN(4)	0.753868 ***	0.022755	0.058824	0.12306 **	0.03825
RECHN(5)	0.729843 ***	0.064739 **	0.040091	0.048596	0.029569
RECHN(6)	0.710134 ***	0.07240 ***	0.144287 ***	0.093009	0.052946
RECHN(7)	0.551736 ***	0.011775	0.093223 ***		
RECHN(8)	0.211728 ***				

注：***、**、* 分别表示在 1%、5%、10% 的水平下显著。

表 6 "一带一路"主要共建国家货币汇率对在岸和离岸人民币的均值效应

	RECHY	RECHN		RECHY	RECHN
REPHP(1)	0.007793	0.028917	RETHB(1)	0.033983**	0.062156*
REPHP(2)	-0.02287	0.02828	RETHB(2)	-0.02316	-0.00974
REPHP(3)	0.004834	0.022465	RETHB(3)	-0.00655	0.015775
REPHP(4)	0.000415	-0.01164	RETHB(4)	0.008245	-0.02682
REPHP(5)	0.004159	-0.06008*	RETHB(5)	0.001394	-0.06136*
	RECHY	RECHN		RECHY	RECHN
REMYR(1)	0.033983**	0.062156*	REINR(1)	0.013147	0.030421
REMYR(2)	-0.02316	-0.00974	REINR(2)	-0.00365	0.001651
REMYR(3)	-0.00655	0.015775	REINR(3)	0.006634	-0.00351
REMYR(4)	0.008245	-0.02682	REINR(4)	-0.0056	-0.02151
REMYR(5)	0.001394	-0.06136*	REINR(5)	-0.00056	-0.04334**
	RECHY	RECHN		RECHY	RECHN
REIDR(1)	-0.00531	0.011228	RERUB(1)	0.006154	0.01391
REIDR(2)	-0.01035	-0.01416	RERUB(2)	-0.00405	0.019721**
REIDR(3)	-0.00264	0.002594	RERUB(3)	0.006992*	-0.00145
REIDR(4)	-0.01903**	-0.02341	RERUB(4)	0.000276	-0.0012
REIDR(5)	-0.0049	-0.01444	RERUB(5)	0.005781	-0.0383***
	RECHY	RECHN		RECHY	RECHN
RETRY(1)	0.011956**	0.033337**	REVND(1)	-0.01136	0.026955*
RETRY(2)	-0.00248	-0.02633**	REVND(2)	-0.00442	0.032245*
RETRY(3)	0.002619	-0.00196	REVND(3)	-0.01118	0.027272
RETRY(4)	0.001506	-0.00854	REVND(4)	-0.00618	0.047442**
RETRY(5)	-0.00157	-0.02427	REVND(5)	-0.00785	0.03481
			REVND(6)	-0.0019	0.036226*
			REVND(7)	0.004005	0.041814**
			REVND(8)	-0.00797	0.019809
			REVND(9)	-0.01191	-0.00421
	RECHY	RECHN		RECHY	RECHN
RESGD(1)	0.038091***	0.057243*	REPKR(1)	0.007252	-0.02407
RESGD(2)	-0.01594	0.003661	REPKR(2)	-0.03695	0.016744
RESGD(3)	0.001285	0.014684	REPKR(3)	-0.03505	-0.06004***
RESGD(4)	0.003292	-0.06206**	REPKR(4)	-0.02819	0.002984
RESGD(5)	0.01462	-0.07311**	REPKR(5)	0.02657	-0.01619
RESGD(6)	0.004959	-0.04415	REPKR(6)	0.075131*	-0.03058*
RESGD(7)	-0.01344	-0.07015**	REPKR(7)	0.014976	-0.05019***

续表

	RECHY	RECHN		RECHY	RECHN
REKZT(1)	0.00459	-0.01046	REIRR(1)	-0.08894 ***	-0.8999 ***
REKZT(2)	-0.00171	-0.00138	REIRR(2)	-0.08709 ***	-0.7107 ***
REKZT(3)	0.001029	-0.0276 ***	REIRR(3)	-0.02451	-0.6278 ***
REKZT(4)	-0.00149	-0.01831 **	REIRR(4)	-0.04177	-0.5423 ***
REKZT(5)	0.001593	-0.01683 **	REIRR(5)	-0.02188	-0.4251 ***
REKZT(6)	0.001515	0.00787	REIRR(6)	-0.01984	-0.2890 ***
REKZT(7)	0.001591	-0.01042	REIRR(7)	0.006839	-0.1292 ***
REKZT(8)	-0.00434	-0.01243 *			
	RECHY	RECHN		RECHY	RECHN
REILS(1)	0.021894 **	0.022424	RECZK(1)	0.023308 ***	0.008209
REILS(2)	-0.01577	-0.02521	RECZK(2)	-0.00611	-0.03429 **
REILS(3)	-0.00316	-0.02933	RECZK(3)	-0.00105	0.008941
REILS(4)	-0.00089	-0.02597	RECZK(4)	-0.01578 **	-0.03511 **
REILS(5)	-8.8E-05	-0.04673 **	RECZK(5)	0.009997	-0.01067
REILS(6)	0.005923	-0.00475	RECZK(6)	-0.00566	-0.0236
REILS(7)	-0.01946 **	-0.06555 ***	RECZK(7)	0.000492	-0.0451 ***
	RECHY	RECHN			
REHUF(1)	0.023927 ***	0.025301 **			
REHUF(2)	-0.00699	-0.01581			
REHUF(3)	0.003774	-0.00053			
REHUF(4)	-0.00343	-0.02337 *			
REHUF(5)	0.010749 *	-0.02317 *			
REHUF(6)	-0.00652	-0.0427 ***			

注：***、**、*分别表示在1%、5%、10%的水平下显著。

为了使在岸和离岸人民币汇率与所选取的货币汇率均值溢出关系更加清晰，本文将其相互关系归纳如表7。

表7　离岸和在岸人民币与所选取“一带一路”共建国家汇率均值溢出效应

RECHY→REPHP	RECHY←→RETHB	RECHY←→REMYR
RECHN←→REPHP	RECHN←→RETHB	RECHN←→REMYR
RECHY→REINR	RECHY→REIDR	RECHY←RERUB
RECHN←→REINR	RECHN→REIDR	RECHN←RERUB

续表

RECHY←→RETRY	RECHY→REVND	RECHY←→RESGD
RECHN←→RETRY	RECHN←→REVND	RECHN←→RESGD
RECHY←→REPKR	RECHY→REKZT	RECHY←→REIRR
RECHN←→REPKR	RECHN←→REKZT	RECHN←→REIRR
RECHY←REILS	RECHY←→RECZK	RECHY←REHUF
RECHN←→REILS	RECHN←→RECZK	RECHN←REHUF

注：← →表示均值溢出的方向。

从表 5 到表 7 可以得到以下结论。

一是从均值溢出的方向上看，离岸人民币与大多数国家汇率存在双向均值溢出效应，只有离岸人民币与印尼盾、卢布、福林之间存在单项均值溢出效应。结合在岸人民币发现，离岸和在岸人民币对印尼盾有单向均值溢出效应，而卢布和福林对在岸和离岸人民币存在单向均值溢出效应。在岸人民币与泰铢、林吉特、里拉、新加坡元、巴基斯坦卢比、里亚尔、克朗存在双向均值溢出效应，在岸人民币对比索、印度卢比、印尼盾、越南盾、坚戈存在单向溢出效应，卢布、谢客尔和福林对人民币存在单向溢出效应。

二是从在岸和离岸人民币汇率与“一带一路”主要共建国家双向均值溢出力度来看，尽管离岸和在岸人民币受到大多数所选取国家汇率的影响，但从离岸和在岸人民币对其影响而言，其影响相对小得多，且影响期限较短，考虑到本文仅剔除了美元汇率的影响，所选取货币汇率对离岸和在岸人民币的影响可能是因为某些较小的共同影响因素，如欧元、英镑汇率变动的影响。离岸和在岸人民币与所选取货币汇率的联动关系，主要体现为离岸和在岸人民币汇率对所选取货币汇率的均值溢出效应，且在岸人民币未能对一些货币产生均值溢出效应时，离岸人民币已经可以对其产生均值溢出效应，另外这也与 Chang Shu 等人发现的离岸人民币已经可以对亚洲国家货币产生明显不同于在岸人民币汇率的影响的观点相一致。① 这说明不仅在岸人民币，离岸人民

① Chang Shu, Dong He, Xiaoqiang Cheng, “One Currency, Two Markets: The Renminbi's Growing Influence in Asia - Pacific,” *China Economic Review*, 2015, 33: 163 - 178.

币也对“一带一路”共建国家产生了明显的辐射作用，传递出不同于在岸人民币汇率变动的信号，离岸人民币对于扩大人民币区域影响力具有独特作用。

三是从在岸人民币和离岸人民币分别对“一带一路”主要共建国家货币汇率均值溢出方向、力度和期限上看，离岸人民币和在岸人民币对比索和新加坡元均值溢出方向相反，对比索溢出期限持续 2 期，而对新加坡元持续期限较长。在岸人民币和离岸人民币对泰铢、林吉特、印尼盾、印度卢比均值溢出方向相同，且持续期限较短。在岸人民币对越南盾的均值溢出效应主要表现在短期，而离岸人民币对越南盾的均值溢出效应表现在滞后 6 ~ 7 期内。离岸人民币对里亚尔、谢客尔、克朗的均值溢出效应主要表现在滞后 6 ~ 7 期内，在岸人民币对里亚尔、克朗的均值溢出效应出现在滞后 6 ~ 7 期内，对谢客尔无均值溢出效应。另外值得注意的是离岸人民币对哈萨克斯坦坚戈各期均有显著的均值溢出效应，在岸人民币对坚戈在第 2 期后也有显著的均值效应。这反映出在岸人民币和离岸人民币在汇率信息传递的方向、力度、期限上有明显差异，离岸人民币市场的存在对于丰富人民币汇率信息传递渠道具有重要意义。

四　波动溢出效应实证分析

在 VAR 模型估计结果的基础上，构建 VAR - MVGARCH（1，1）- BEKK 模型，利用 Winrats 8.0pro 实现模型采用 BFGS 方法进行估计，表 8 为在岸人民币汇率与所选取货币汇率联动性检验结果，表 9 为离岸人民币汇率与所选取货币汇率联动性检验结果。

表 8　VAR - MVGARCH（1，1）- BEKK 模型估计结果（在岸人民币）

	α_{13}	α_{31}	β_{13}	β_{31}
RECHY - RERUB	-0.05277	0.00292	0.01351	-0.00053
RECHY - RESGD	0.14673***	-0.00061	0.02704***	0.00059
RECHY - REINR	-0.06617	0.00365	0.01676	-0.00019
RECHY - REIDR	-0.15679*	0.00683	-0.00862	0.00169

续表

	α_{13}	α_{31}	β_{13}	β_{31}
RECHY - REMYR	-0.04499	0.00335	0.01053	0.00165
RECHY - REPHP	-0.02370	0.01541	0.00939	0.01138
RECHY - RETHB	0.02108	-0.000000652	0.04783***	0.00183
RECHY - REVND	-0.28143**	0.01532**	0.14261	0.02827***
RECHY - REPKR	-0.00382	-0.02959*	-0.00838	0.02456***
RECHY - REIRR	0.03564	-0.00824	-0.00890	0.00251
RECHY - REHUF	-0.04241	-0.00779	-0.01717	-0.00125
RECHY - RECZK	0.05722	-0.01122	0.01206	-0.00181
RECHY - REKZT	0.11608	0.00194	0.01033	-0.00327*
RECHY - RETRY	0.24881***	0.00550	0.06424***	0.00141*
RECHY - REILS	0.15820*	-0.00493	0.18144***	-0.00025

注：***、**、*分别表示在1%、5%、10%的水平下显著。

表9 VAR - MVGARCH（1，1）- BEKK模型估计结果（离岸人民币）

	α_{23}	α_{32}	β_{23}	β_{32}
RECHN - RERUB	0.02096	-0.00771**	0.01220	0.00187**
RECHN - RESGD	-0.04780*	0.20613***	-0.04118	0.05185***
RECHN - REINR	-0.00486	0.00124	0.018010	0.00104
RECHH - REIDR	0.07235*	-0.03380*	-0.04815	-0.00384
RECHH - REMYR	-0.02660	0.00585	-0.05783*	-0.00098
RECHN - REPHP	0.00035	-0.02514	0.01675	-0.00728
RECHN - RETHB	0.06850***	-0.03866	-0.03600*	-0.00553
RECHN - REVND	0.02622	0.00495	0.11828	-0.02007
RECHN - REPKR	-0.02993*	-0.00245	0.02302	-0.01163
RECHN - REIRR	-0.0945***	-0.07882**	0.01831**	0.05593***
RECHH - REHUF	0.05069	-0.02577	0.01976	0.00666
RECHH - RECZK	-0.02615	-0.08408*	-0.02613	-0.01253*
RECHN - REKZT	-0.07809	-0.02371*	-0.01172	0.01716*
RECHN - RETRY	-0.05658	0.05092***	-0.13709**	0.01217*
RECHN - REILS	-0.1880***	-0.08622***	-0.28738***	-0.06600**

注：***、**、*分别表示在1%、5%、10%的水平下显著。

根据表8可知，在岸人民币与越南盾、里拉之间存在显著的冲击传导效应与波动传导效应，即存在双向联动效应；在岸人民币与其他货币汇率存在单向联动效应，其中新加坡元和谢客尔对在岸人民币存在显著的冲击传导效应和波动传导效应，印度卢比对在岸人民币仅存在显著的冲击传导效应，在岸人民币对巴基斯坦卢比存在显著冲击传导效应和波动传导效应，在岸人民币对坚戈仅存在显著的波动传导效应。

根据表9可知，离岸人民币与新加坡元、印度卢比、里亚尔、里拉、谢客尔存在双向联动效应，其中离岸人民币与里亚尔、里拉、谢客尔存在显著的冲击传导效应和波动传导效应，离岸人民币与新加坡元存在显著双向冲击传导效应，新加坡元对离岸人民币存在显著的单向波动传导效应，离岸人民币与印度卢比存在显著的双向冲击传导效应，不存在波动传导效应；离岸人民币与其他货币存在单向联动效应，其中卢布、克朗和坚戈对离岸人民币具有显著的冲击传导效应和波动传导效应，林吉特对离岸人民币存在显著的波动传导效应，泰铢对离岸人民币存在显著的冲击传导效应和波动传导效应，巴基斯坦卢比对离岸人民币具有显著的冲击传导效应。

综上实证分析发现，随着“一带一路”建设的开展和人民币国家化进程的加快，人民币与大多数“一带一路”共建国家货币汇率具有显著的波动溢出效应，且在冲击传导和波动传导的方向和力度上存在明显差异。这也反映出在当前资本项目尚未完全开放的背景下，在岸人民币市场和离岸人民币市场对信息的吸收和传递存在差异性，从另一个方面反映出离岸人民币市场传递出与在岸人民币市场不同的信号，凸显了在人民币国际化进程中离岸人民币市场的重要作用。

五　时变相关性分析

由于VAR－MVGARCH－BEKK模型仅考虑在岸人民币汇率和离岸人民币汇率的溢出效应及方向，无法实时描述其相关关系、得到其动态变动趋势，本文在前文三元VAR模型的基础上构建DCC－MVGARCH模型，形成VAR－DCC－MVGARCH模型，进一步估计出在岸人民币汇率和离岸人民币汇率与“一带一路”主要共建国家汇率的时变相关系数。表 10 给出了 DCC 模型的估计结果。

表 10 DCC 模型参数估计结果

	α	β
CHY - CNH - CZK	0.0392***	0.9336***
CHY - CNH - HUF	0.0382**	0.9210***
CHY - CNH - IDR	0.0398*	0.2465
CHY - CNH - ILS	0.0216**	0.9327***
CHY - CNH - INR	0.0362**	0.7532***
CHY - CNH - IRR	0.0390**	0.8961***
CHY - CNH - KZT	0.0621***	0.7359***
CHY - CNH - MYR	0.0069	0.8864***
CHY - CNH - PHP	0.0657***	0.4883**
CHY - CNH - PKR	0.0787**	0.2689
CHY - CNH - RUB	0.0331**	0.8252***
CHY - CNH - SGD	0.0031***	0.9963***
CHY - CNH - THB	0.0268***	0.9182***
CHY - CNH - TRY	0.0278	0.7541***
CHY - CNH - VND	0.0166	0.6903

注：***、**、*分别表示在 1%、5%、10% 的水平下显著。

DCC - MVGARCH 模型的估计结果显示，所有 α 和 β 都满足约束条件，即 $\alpha>0$，$\beta>0$，$\alpha+\beta<1$，说明模型假设合理。在岸人民币汇率和离岸人民币汇率与克朗、福林、谢客尔、印度卢比、里亚尔、坚戈、比索、巴基斯坦卢比、卢布、新加坡元、泰铢的 DCC 模型估计出的 α、β 均在 5% 的显著性水平上显著，表明这些国家货币汇率与离岸和在岸人民币汇率具有明显的动态关联性。只有越南盾与离岸和在岸人民币汇率所对应的 α 和 β 均不显著，说明离岸和在岸人民币与大多数“一带一路”主要共建国家有很强的动态联动性，而且大多数 α 较小，而 β 较大，说明前期汇率收益率的冲击（标准化残差乘积）对其动态相关系数的影响较小，而前期的动态条件异方差对其动态相关系数影响较大，意味着动态相关性具有较强的持续性特征，反映了前期外部因素的干扰不能改变离岸和在岸人民币与“一带一路”大

多数共建国家的相关性。

另外离岸和在岸人民币与克朗、福林、谢客尔、印度卢比、里亚尔、坚戈、卢布、新加坡元、泰铢、里拉所对应的β均超过0.7，说明了所选取的大多数国家与离岸和在岸人民币的动态相关系数受前期影响较大，持续性特征明显。

图1描绘了在岸与离岸人民币和“一带一路”主要共建国家动态相关系数。从图1中可以看出五点，一是“8·11”汇改附近，除里亚尔与在岸人民币出现一个波峰而与离岸人民币出现一个波谷外，在岸人民币汇率和离岸人民币汇率均与其他所选取国家货币汇率出现明显的峰值。二是在岸和离岸人民币与“一带一路”主要共建国家汇率动态相关系数的轨迹有着明显的相似性，离岸人民币与所选取国家汇率动态相关系数波动幅度明显较大，而从动态相关系数数值上看，在岸人民币与所选取国家汇率动态相关系数在大多数情况下较大。这说明离岸人民币市场在不受中央银行政策管理的情况下，与在岸人民币市场相比，能反映出更多的国际金融市场信息；另外，由于在岸人民币在“一带一路”共建国家货币篮子中占一定比重，在岸人民币汇率的变动直接表现为相关国家汇率的波动，这体现了从绝对数值方面看，在岸人民币汇率与“一带一路”共建国家汇率具有较强的动态相关性。三是“8·11”汇改后，离岸和在岸人民币与所选取“一带一路”主要共建国家汇率动态相关系数运动轨迹发生明显差别，在岸人民币与所选取国家汇率波动幅度明显增大，且绝对数值明显大于离岸人民币与所选取国家汇率。这说明“8·11”汇改后，在岸人民币汇率形成机制更加市场化，同过去相比，与国际金融市场联系更加紧密。四是在大多数情况下，离岸和在岸人民币汇率与印尼盾、比索、巴基斯坦卢比、泰铢汇率动态相关系数较为稳定，相互形成了较为稳定的动态相关关系，而与大多数国家动态相关系数波动较大，反映出目前离岸和在岸人民币与其他国家汇率并没有建立起稳定的相关关系。五是“8·11”汇改后，在岸人民币与新加坡元动态相关系数在出现一个较小峰值后，在上升过程中经过两个波谷后逐渐上升到较高水平，最终稳定在0.35~0.4之间，而离岸人民币与新加坡元动态相关系数在“8·11”汇改达到一个峰值后，逐渐下降，最终稳定在0.2左右。这并不能说明在岸

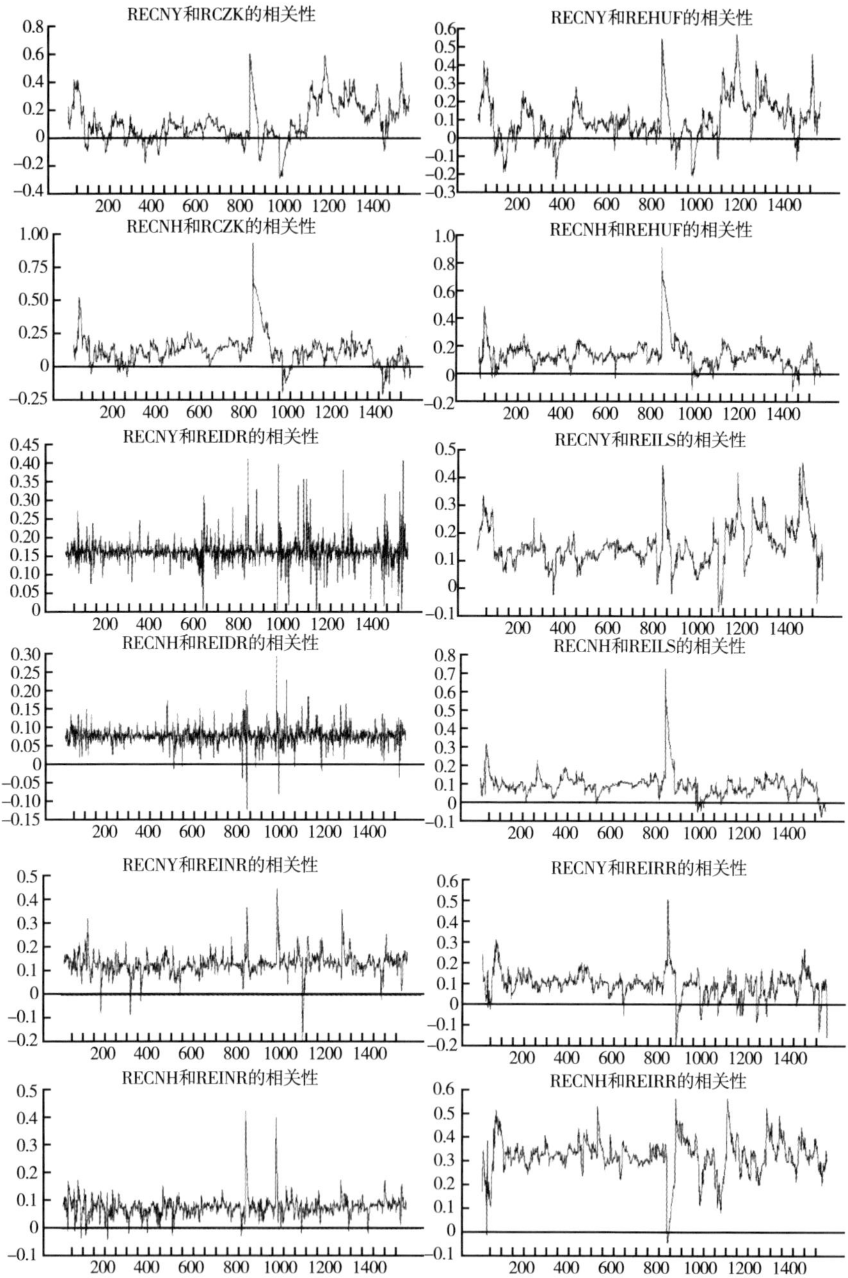
RECNY和RCZK的相关性
RECNY和REHUF的相关性
RECNH和RCZK的相关性
RECNH和REHUF的相关性
RECNY和REIDR的相关性
RECNY和REILS的相关性
RECNH和REIDR的相关性
RECNH和REILS的相关性
RECNY和REINR的相关性
RECNY和REIRR的相关性
RECNH和REINR的相关性
RECNH和REIRR的相关性

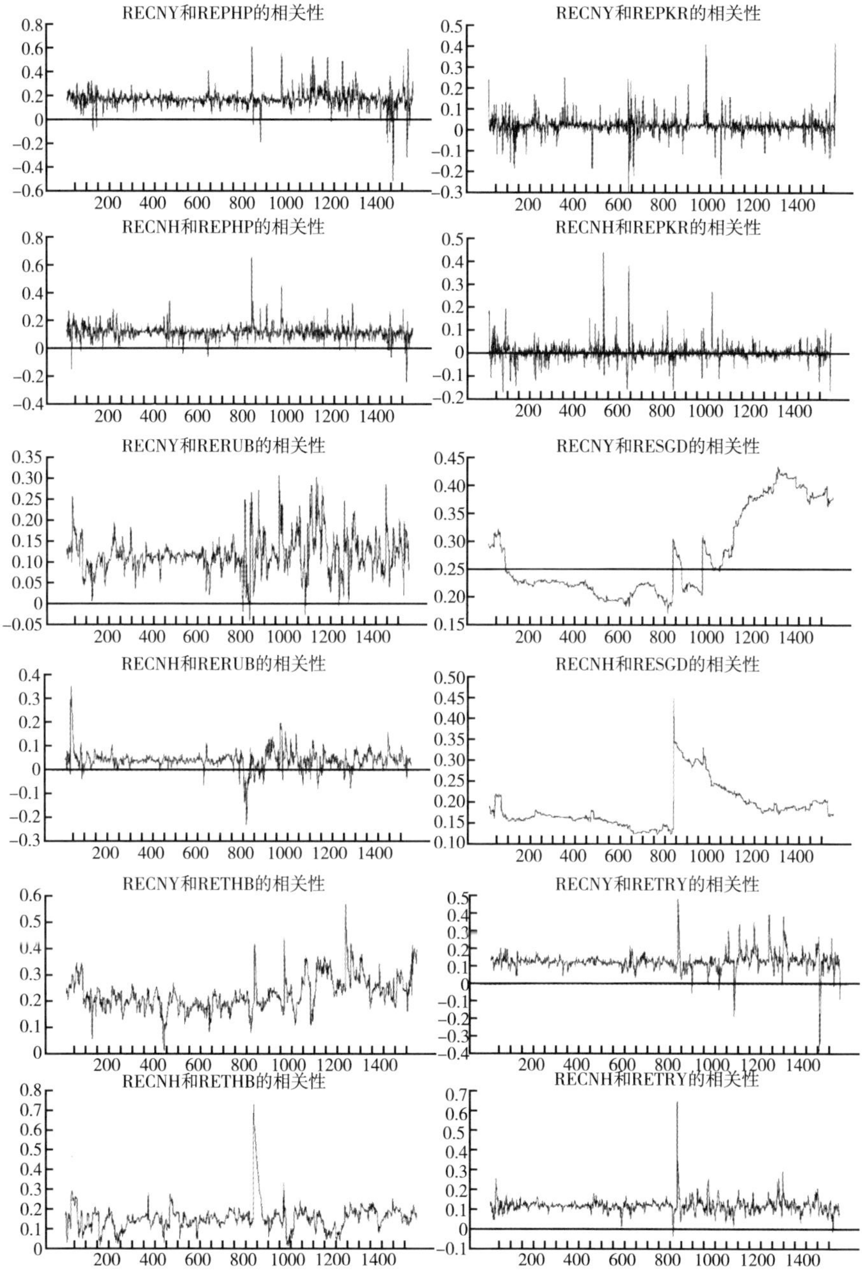

图1　在岸与离岸人民币和“一带一路”主要共建国家动态条件相关系数

人民币经过汇改后，可以替代离岸人民币市场的作用，需要注意的是，汇改后尽管离岸人民币汇率从峰值逐步下降，但与之前相比，动态相关系数明显提高，这可能与香港离岸人民币市场规模不断扩大有关，也说明了香港离岸人民币市场在扩大人民币国际影响力上发挥着重要作用。

六　结论

本文根据中国与“一带一路”共建国家贸易额和对其直接投资流量存量，综合考虑选取国家经济地理分布，选取 16 个国家货币汇率日数据，在剔除了美元的影响后，通过 VAR – BEKK – MVGARCH – DCC 模型，实证考察了在岸与离岸人民币与“一带一路”主要共建国家汇率动态联动性。在此过程中，不仅分析了在岸和离岸人民币对相关国家货币汇率的影响，而且考虑到一方面随着人民币国际化、汇改的推进，在岸人民币汇率弹性不断增大，汇率定价机制市场化程度不断提高，另一方面，离岸人民币市场由于不受中央银行管控，与国际金融市场联系紧密，“一带一路”主要共建国家货币汇率在不同程度上会影响在岸和离岸人民币汇率。

（一）离岸人民币与“一带一路”共建国家货币汇率具有双向均值溢出效应

从 VAR 模型的计量结果可以看出，相对于在岸人民币，离岸人民币与更多的“一带一路”共建国家货币汇率具有双向均值溢出效应，而且对于一些货币，在岸人民币还未能对其产生均值溢出效应，离岸人民币已经可以对其产生均值溢出效应，说明离岸人民币对于扩大人民币国际影响力发挥着重要作用。

（二）离岸人民币更容易受所选取国家货币汇率的波动溢出效应影响

在岸和离岸人民币与大多数“一带一路”主要共建国家有着显著的波

动溢出效应，与在岸人民币相比，离岸人民币更容易受所选取国家货币汇率的波动溢出效应影响，这体现了“一带一路”共建国家货币与在岸和离岸人民币汇率波动的传递性，而且离岸人民币更容易受所选取国家汇率波动的影响。随着资本项目的逐步开放，在岸人民币受到“一带一路”主要共建国家汇率波动的影响将会增强，在资本项目自由化的过程中，需要加强风险管理，防范相关国家极端汇率风险的传递。

（三）在岸和离岸人民币与“一带一路”大多数主要共建国家货币汇率动态相关系数波动性较大

由 VAR - MVGARCH - DCC 模型估计结果可知，在岸和离岸人民币与“一带一路”共建国家汇率有很强的动态联动性，而且受前期汇率收益率的冲击影响较小，动态相关关系具有很强的持续性，但从动态相关系数图中可以发现，在岸和离岸人民币与“一带一路”大多数主要共建国家货币汇率动态相关系数波动性较大。

七　政策建议

与在岸人民币相比，离岸人民币与“一带一路”主要共建国家在均值溢出效应和波动溢出效应方面联系更加紧密，离岸人民币与更多的国家具有双向均值溢出效应和波动溢出效应，一方面说明离岸人民币市场在推动人民币国际化进程中有着重要意义，另一方面也说明离岸人民币市场更容易受到国际金融市场的影响。考虑到离岸和在岸人民币存在双向影响，为了对内维护物价稳定、对外保持人民币币值相对稳定，需要加强人民币汇率风险管理。另外，从考虑在岸和离岸人民币与“一带一路”主要共建国家货币汇率动态变动趋势的角度，虽然离岸和在岸人民币与“一带一路”主要共建国家货币汇率有很强的动态联动性，但是无论是在岸人民币还是离岸人民币都没有与“一带一路”主要共建国家形成稳定的相关性。因此本文提出以下政策建议。

（一）深入推进离岸人民币市场的建设

推动离岸人民币债券市场的形成，鼓励开发离岸人民币金融产品，增强离岸人民币对海外企业居民的吸引力；凭借“一带一路”倡议推进的契机，大力培育香港离岸人民币市场，进一步提升人民币国际影响力。

（二）提升在岸和离岸人民币汇率的市场化程度

进一步深化人民币汇率制度改革，完善在岸和离岸人民币汇率形成机制，逐步放松资本项目管制，推广上海自贸区的负面清单式管理，提升在岸和离岸人民币汇率的市场化程度，通过“一带一路”的契机进一步提升人民币国际影响力。

（三）加强监管以防范国际金融市场对在岸人民币市场的负面冲击

随着资本项目的逐步放松，为了维护货币政策的独立性，汇率的稳定性势必会受到较大影响，在提高人民币国际影响力的同时，需要进一步加强对在岸人民币市场的监管，防范国际金融市场对在岸人民币市场的负面冲击。

（四）鼓励人民币“走出去”，为离岸人民币市场发展创造有利条件

积极发挥亚投行、金砖银行、上海丝路基金等中国主导的多边金融机构和国际金融组织的作用，鼓励人民币在海外的使用，增加人民币在海外贸易投资中的使用比例，为离岸人民币市场的发展创造有利条件。

（五）推动 CIPS 建设，规范 RCPMIS 业务规则

进一步完善人民币国际化的基础设施建设。推动人民币跨境支付系统（CIPS）建设和直接参与者扩容，规范人民币跨境收付信息管理系统（RCPMIS）业务规则。另外，为了方便与“一带一路”共建国家清算以及“一带一路”相关共建国家之间清算，应在相关国家设立人民币业务境外清算行，以进一步促进贸易投资便利化。

B.7 “一带一路”背景下中国对外投资新格局及其绿色化进程*

王 鹏　魏 必　李婧媛**

摘　要：“一带一路”倡议的提出，不但显著加快了中国对外直接投资流量的增长，促进了对外直接投资在地域分布、行业分布方面的转型，而且推动了投资并购的活跃发展，构建了中国对外投资的新格局，提升了中国在国际投融资领域的地位。与此同时，“一带一路”倡议也开启了中国对外投资的绿色化进程。本文回顾了自改革开放至“一带一路”倡议提出前中国对外直接投资的发展状况，并从中总结出中国对外直接投资的三大特征；此外，以“一带一路”倡议为切入口，分析了“一带一路”背景下国际投资的机遇与挑战以及中国对外投资新格局的构建，并以此为基础，探讨“一带一路”投融资绿色化的意义与发展。

关键词：“一带一路”　对外投资　绿色金融

---

* 本文系2018年国家行政学院院级科研课题“运用信息技术加强系统性金融风险的监管与防范研究”（项目编号：18YJSXM001）的阶段性成果，2016年国家自然科学基金面上项目“非均衡概念漂移网络舆情大数据挖掘模型、算法与评价机制研究”（项目批准号：61672178）的研究成果之一，国家软科学重大课题“新兴技术发展对经济社会的主要影响”（项目编号：2014GXS1B004）的研究成果之一，2019年外交部指南针项目“大数据视角下的欧盟数字经济战略研究与数字经济发展评价体系构建”（项目编号：KT291903）的研究成果之一。

** 王鹏，博士，北京市社会科学院管理研究所助理研究员，中国人民大学高礼研究院特聘研究员，研究方向为公共政策评价、科技创新战略、电子政务、金融科技；魏必，中国人民大学高礼研究院客座研究专员，研究方向为国际安全、全球治理、宏观经济；李婧媛，外交学院西方经济学2019级硕士研究生，研究方向为公共政策分析、应用经济、社会服务保障。

改革开放以来，伴随中国人均 GDP 的增长，我国的对外直接投资规模不断扩大。2013 年，中国国家主席习近平在哈萨克斯坦和印度尼西亚提出共建丝绸之路经济带和 21 世纪海上丝绸之路，即"一带一路"倡议。这一倡议秉持"共商、共建、共享"的理念，超越零和博弈思维，成为促进世界经济持续发展、各国合作稳步扩大的重要推动力量。"一带一路"倡议的提出，构建了中国对外投资发展新格局，推动中国对外投资从行业、地域、投资方式等多个方面实现从量到质的飞跃，同时将绿色发展的理念加以渗透，促进了绿色金融在中国的持续发展。未来，"一带一路"投融资绿色化将成为中国对"一带一路"共建国家投资过程中的重点关注议题，在进一步发展绿色金融的过程中，应当将建立"一带一路"绿色投融资机制作为国际投资领域的重点研究问题，以绿色金融的稳健发展积极促进"一带一路"背景下中国对外投融资与国际金融的绿色发展。

一 "一带一路"倡议提出前中国对外直接投资状况

（一）中国对外直接投资发展历程

改革开放后中国对外直接投资开始出现。1979 年，我国开始对外直接投资的尝试始于提出的"允许出国办企业"政策。"一带一路"倡议提出之前，1982～2012 年，中国对外直接投资的发展大体经历了四个阶段（流量曲线变化见图 1）。

第一阶段：1982～1991 年，我国对外直接投资随改革开放缓慢展开。根据联合国贸发会议（UNCTAD）的相关数据，其间我国对外直接投资表现出规模小、水平低、增长缓慢等特点，发展水平较低。

第二阶段：1992～2001 年，我国对外直接投资处于不稳定发展阶段。1992～1994 年，我国对外直接投资流量相继迎来小高峰，这一阶段平均每年有280家新建企业为中国在海外投资新建，对外直接投资区域也扩大至120个国家和地区。[①] 然而1994年后，我国对外直接投资流量水平仍然较低，甚至在1998～2000年出现了连续两年的负增长。

第三阶段：2002～2008年，我国对外直接投资流量与存量均有明显增长。2001年我国加入世界贸易组织后，对外直接投资流量发生了显著变化。“走出去”战略在这一时期正式提出并得到全面落实，极大促进了企业的对外投资。这一阶段，我国对外直接投资统计制度建立，自2003年起，原外经贸部（现商务部）、国家统计局等单位每年联合发布《中国对外直接投资统计公报》，以反映清晰、直观的权威年度对外直接投资状况。

第四阶段：2009～2012年，我国对外直接投资持续增长，增速明显加快。这一时期，在全球金融危机爆发、欧债危机蔓延的背景下，我国对外直接投资依然表现强劲。至2012年底，我国对外直接投资流量达878亿美元，占全球当年流量的6.3%，位列全球国家（地区）第三，对外直接投资存量达5319.4亿美元，占全球当年存量的2.3%，居全球第13位，我国境外企业资产总额超过2.3万亿美元。[②]

英国经济学家约翰·邓宁（J. H. Dunning）针对发展中国家的投资发展周期提出，国家的国际投资规模与其经济发展水平有密切的关系，人均GDP水平越高，对外直接投资净额相对越大。我国对外直接投资的发展符合这一理论：1982～2012年，我国人均GDP呈现持续稳定增长态势，且增长速度在2001年我国入世后明显加快，这与我国对外直接投资流量的变化较一致（见图2）。30年间，我国对外直接投资已从处于空白状态的第一阶段跨越至达到较大规模的第三阶段，并稳步朝第四阶段发展。总的来说，与中国经济自改革开放以来高速增长相伴的，是中国对外直接投资的发展与增长。

① 赵囡囡、卢进勇：《中国对外直接投资现状、问题及对策分析》，《对外经贸实务》2011年第12期，第8页。

② 参见中华人民共和国商务部等主编《2012年度中国对外直接投资统计公报》，中国统计出版社，2013，第3～4页。

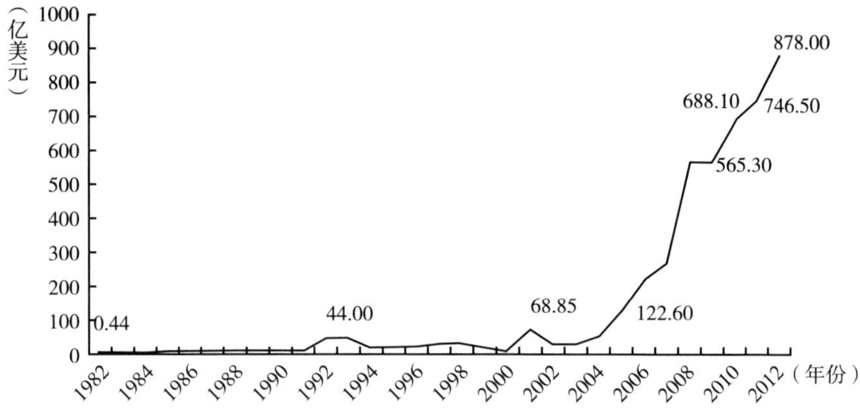

图 1　中国对外直接投资流量曲线变化

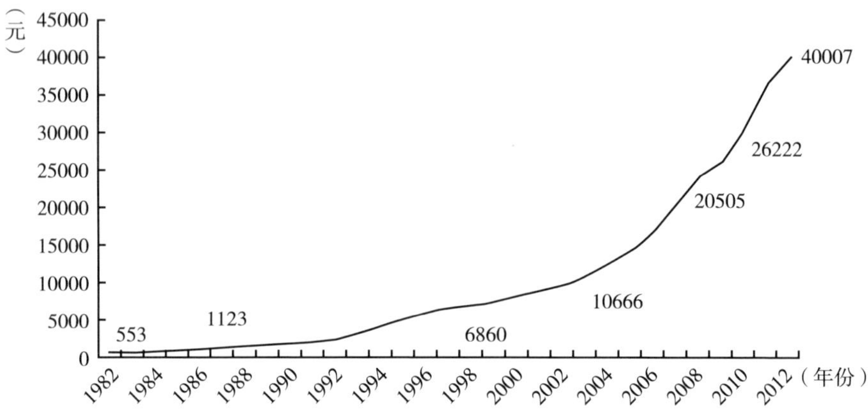

图 2　中国人均 GDP 变化曲线

值得指出的是，中国对外直接投资的增长是大规模且快速的。1993 年，美国的对外直接投资额超 500 亿美元，同期其人均 GDP 为 2. 6 万美元。日本则于 1990 年和 2006 年两次突破 500 亿美元大关，同期人均 GDP 分别为 2. 5 万美元与 3. 4 万美元。2008 年，中国对外直接投资额超 500 亿美元，对应同期人均 GDP 仅为 0. 34 万美元。①

① 何帆：《中国对外投资的特征与风险》，《国际经济评论》2013 年第 1 期，第 42 页。

（二）中国对外直接投资的基本特征

2003 年我国建立对外直接投资统计制度后，包括我国对外直接投资流量的区域分布情况、行业分布情况、对外投资者主体构成情况等在内的对外直接投资的具体情况得到了较为完备的记录与披露，为研究我国对外直接投资提供了重要参考。

2003～2012 年，中国对外直接投资流量在区域分布上出现了明显变化。2007 年以前，我国对外直接投资流量主要流向拉美地区；2007 年以后，我国对外直接投资流量则主要流向亚洲地区。2003～2012 年，我国对欧洲、北美、大洋洲的直接投资流量亦较高，但投资额占对外直接投资总额比重较低；在这一时间区间内，我国对“一带一路”重要区域即非洲的对外直接投资流量较小、占比较低。总的来说，在我国建立对外直接投资统计制度后至“一带一路”倡议提出前的八年间，我国对外直接投资流量集中在开曼群岛、英属维尔京群岛、美国、俄罗斯、新加坡、加拿大、澳大利亚等国家（地区）（见图 3）。

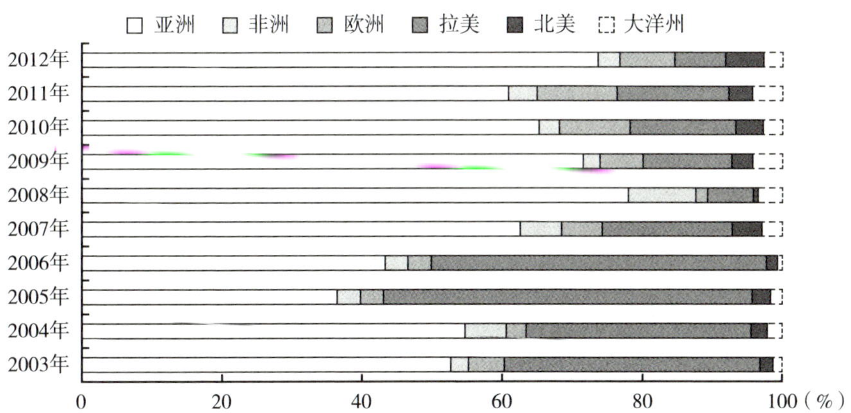

图 3　中国对外直接投资流量区域分布情况

2003～2012 年，我国对外直接投资流量的行业分布情况也出现了变化。从行业分布情况看，中国对外直接投资主要流向采矿业、制造业、批发和零售业以及租赁和商务服务业等产业，以第二、三产业为主。根据相关统计资料，采矿业的对外直接投资主要集中在石油与天然气开采、有色金属矿采选、黑色金属矿采选等方面[①]；批发和零售业主要是从事进出口贸易类企业进行的投资；制造业的投资流向主要包括计算机、通信设备及其他电子设备制造业、纺织业、黑色金属冶炼及压延加工业等。2007 年以前，对采矿业的直接投资流量占比较大；2007 年以后，对租赁和商务服务业的直接投资流量占比较大（见图 4）。

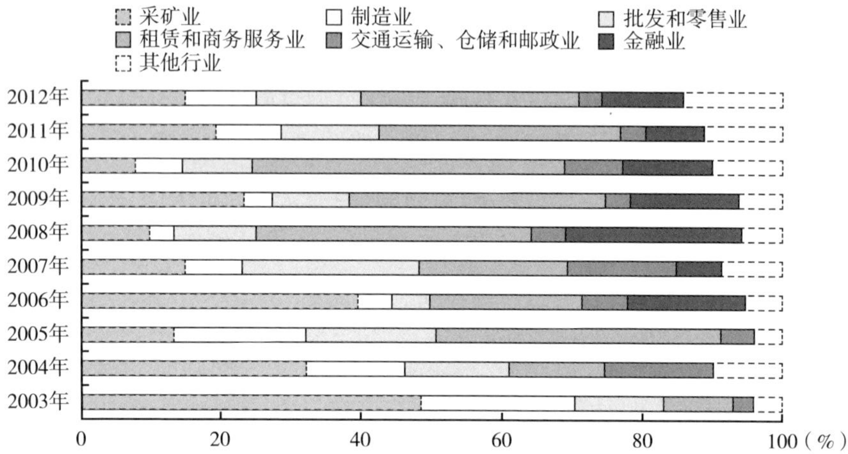

图 4　中国对外直接投资流量行业分布情况

从我国对外直接投资者数量按登记注册类型构成情况来看，2003 ~ 2012 年，国有企业数量占我国对外直接投资者总量的比重持续下降，有限责任公司数量占我国对外直接投资者总量的比重持续上升。从流量来看，我国对外直接投资流量中，国有企业投资流量依然占较大比重。2003 年，我国私有企业对外直接投资 0.42 亿美元，仅占同期对外直接投资净额的 1.5%[②]；2012 年，我国非金融类对外直接投资 777.3 亿美元，其中国有企业占

① 何帆：《中国对外投资的特征与风险》，《国际经济评论》2013 年第 1 期，第 44 页。

② 中华人民共和国商务部等主编《2003 年度中国对外直接投资统计公报》，中国统计出版社，2004，第 8 ~ 9 页。

46.6%，有限责任公司占36.2%。[①] 国有企业对外直接投资依然占我国对外直接投资的主导地位（见图5）。

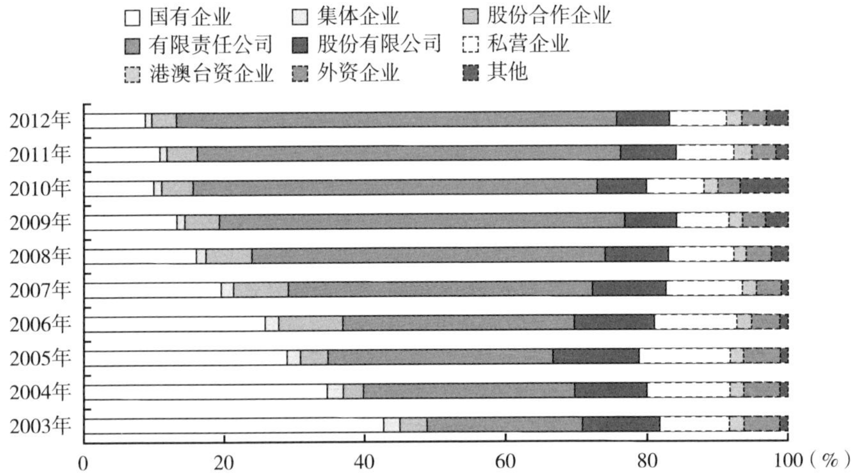

图5　中国对外直接投资者数量按登记注册类型构成情况

二　“一带一路”下中国对外投资新机遇与新格局

（一）“一带一路”提出后中国对外投资的新机遇

2014年11月8日，习近平主席宣布中国出资400亿美元，成立丝路基金，通过向基础设施、资源开发、产业及金融合作项目提供融资来促进“一带一路”各国家和地区的互联互通；由我国倡议成立的亚洲基础设施投资银行也为“一带一路”共建国家建设提供助力，为国际投融资提供强大的资金支持；在国家政策背景支持下，“一带一路”倡议也顺应了中国

① 中华人民共和国商务部等主编《2012年度中国对外直接投资统计公报》，中国统计出版社，2013，第13页。

国际产业转移的需求。改革开放初期，中国生产力水平低下，以引进国外资金以及先进的科学与管理技术为主，而当前尽管国内对有效投资与技术升级的需求并未减退，但也已经具备了要素输出与产业转移的能力，"一带一路"倡议通过政策、交通、货币、贸易将中国的生产要素输送出去，从而拓宽了国内企业的投资与销售渠道；不仅如此，"一带一路"倡议还契合了深化国际贸易合作的需求，目前我国已同"一带一路"20多个国家和地区签署了自贸协定，初步建立了辐射"一带一路"、面向全球的自贸体系，一定程度上冲破了少数国家对中国经济的封锁；此外，"一带一路"多为发展中国家及欠发达国家，经济增长空间大，资本需求量大，资本的规模效应与边际效应明显，因而更有可能获得高于国际投资平均回报的收益率，实现资本增值。

（二）"一带一路"提出后中国对外直接投资流量的变化

"一带一路"倡议提出后，我国对外直接投资流量连年持续增长。2013年，我国对外直接投资流量突破千亿美元大关，达1078.4亿美元；2014年，我国对外直接投资流量同比增长14.2%，继续表现为快速增长；2015年，中国对外直接投资流量首次跃居世界第二，达1456.7亿美元，同时超过同期吸收外资规模，实现资本净输出；2016年，对外直接投资流量接近两千亿美元，首次在全球占比超过一成。具体到与"一带一路"倡议相关的对外直接投资而言，2017年1~11月，中国企业对参与共建"一带一路"的59个国家实现非金融类直接投资123.7亿美元，占同期对外投资总额的11.5%。[①] 截至2017年10月底，中国企业在24个共建国家推进建设了75个境外经贸合作区，入区企业达3412家。[②]

① 杨挺等：《中国对外直接投资新特征及新趋势——创新对外直接投资政策与实践的思考》，《国际经济合作》2018年第1期，第18页。

② 杨挺等：《中国对外直接投资新特征及新趋势——创新对外直接投资政策与实践的思考》，《国际经济合作》2018年第1期，第18页。

（三）“一带一路”提出后中国对外直接投资的区域分布

“一带一路”提出后，据统计数据，我国对外直接投资流向依然以亚洲为主，对亚洲投资流量占总流量的比重最大，特别是对东南亚国家的投资力度较大。此外，发达经济体作为投资热点的传统并未改变。2013 年以来，中国对北美直接投资逐年增长。2016 年，中国对美国、欧盟、澳大利亚的投资均创历史最高值（见图 6）。

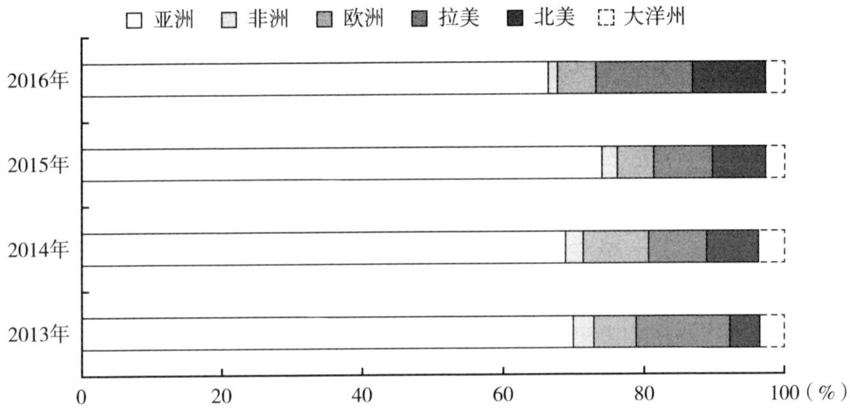

图 6　2013～2016 年中国对外直接投资区域分布

（四）“一带一路”提出后中国对外直接投资分产业变化

中国对外直接投资中，对第三产业的投资占重要组成部分，“一带一路”倡议提出后，在中国对外直接投资中占比重最大的产业始终是租赁和商务服务业。2013～2016 年，租赁和商务服务业分别占当年对外直接投资流量总额的 25.1%、29.9%、24.9%、33.5%。2013～2016 年，中国企业对房地产业、信息相关产业的投资金额也在逐年增长，这两个产业在对外直接投资总额中的占比逐渐上升。2014～2016 年，流向信息传输/软件和信息技术服务业的直接投资额分别增长 115.2%、126.4%、173.6%。2016 年，流向房地产业的直接投资额同比增长 95.8%（见图 7）。

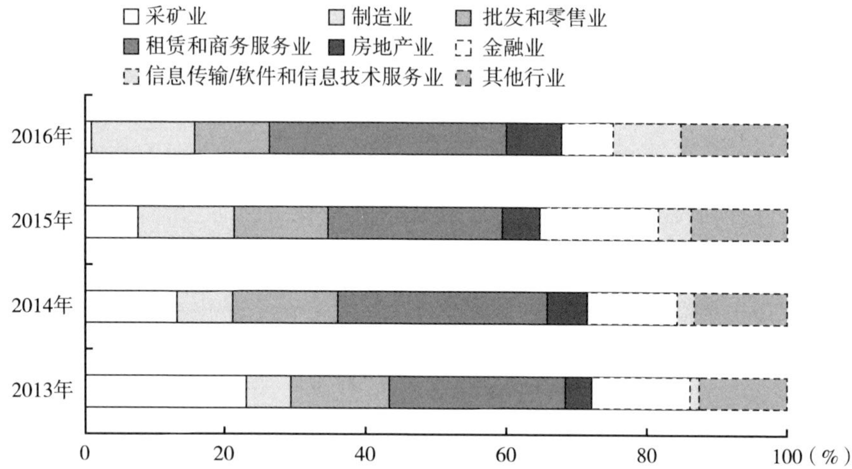

图 7　2013～2016 年中国对外直接投资流量行业分布情况

（五）“一带一路”提出后中国对外直接投资新变化

第一，中国对“一带一路”共建国家的投资稳步推进。2014～2016 年，中国对“一带一路”共建国家投资 480 亿美元，投资流量分布国别广，重点地区投资集中，特别是在亚洲地区。2016 年，中国对新加坡投资 31.7 亿美元，在“一带一路”国家中位居第一；对以色列和马来西亚分别投资 18.4 亿美元和 18.3 亿美元，分列第二、三位，分别同比增长 700% 和 274%，合计占“一带一路”投资流量的 23.9%。[①] 2017 年全年，“一带一路”59 个共建国家都有中国企业对其新增投资，合计 143.6 亿美元。

第二，对各行业的投资结构更加优化。五年来，中国对外直接投资在第二、第三产业分布上更加合理。中国企业对租赁和商务服务业的投资增长迅猛，对信息传输/软件和信息技术服务业的投资异军突起，对制造业、批发和零售业的投资也实现了连续增长。2016 年底，中国对外直接投资呈现出多元化发展特点。

① 中华人民共和国商务部：《中国对外投资合作发展报告 2017》，中国统计出版社，第 125 页。

第三，投资并购活跃。2013 年，中国企业对外投资并购项目共实施 424 起，涉及 70 个国家（地区），实际交易总额 529 亿美元；2014 年，并购项目 595 起，实际交易总额 569 亿美元；2015 年，并购项目 579 起，实际交易金额 544. 4 亿美元；2016 年，并购项目 765 起，实际交易金额 1353. 3 亿美元，实现大跨度攀升（见图 8）。

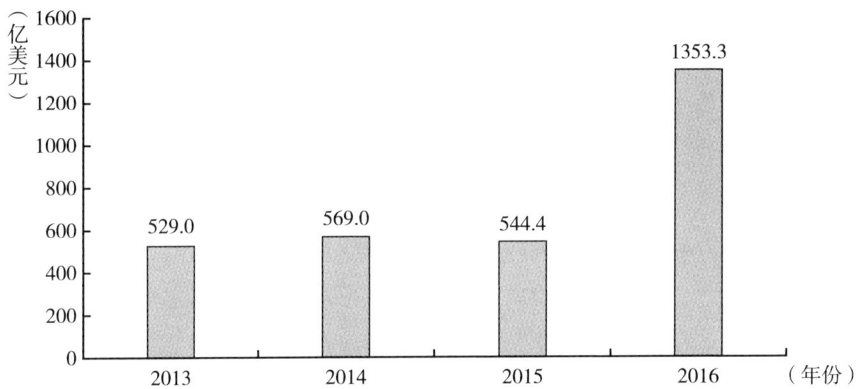

图 8　中国对外投资并购实际交易金额

（六）“一带一路”背景下投融资的发展方向

通过分析“一带一路”倡议提出后我国对外直接投资的新变化、新发展发现，“一带一路”倡议的实施与推进构建了我国对外投资的新格局，优化了投资结构，提升了投资效率，亦增加了投资收益，实现了经济效益的发展。然而，若要实现投资效益、经济效益的可持续发展，就要求国家及企业将可持续发展理念融入对“共商、共建、共享”原则的秉持过程中。需要注意到，“一带一路”共建国家大部分是不发达国家，而且某些国家和地区的环境较为脆弱，若“一带一路”推进过程中的基础设施建设给当地环境造成破坏或严重的可持续发展问题，那在政治与战略上便不符合我国推行“一带一路”的初衷，不符合追求的发展目标。因此，在“一带一路”倡议的推进过程中，对外投融资项目应当坚持经济效益、政治效益和环境效益的相统一。结合绿色发展观念、绿色金融实践，“一带一路”背景下的投融资绿色化是未来的重点发展方向。

三 “一带一路”投融资绿色化的理念与意义

（一）全球绿色发展与绿色金融

绿色金融是指对环保、节能、清洁能源、绿色交通、绿色建筑等以支持环境改善、应对气候变化和资源节约高效利用为目标的项目，开展投融资、项目运营、风险管理等经济活动所提供的金融服务。当前我国正处于经济结构调整与发展方式转变的关键时期，对支持绿色产业建设和促进经济、社会可持续发展的绿色金融需求更大，因此要践行可持续发展理念，要进一步发展促进绿色产业构建，推动生态文明建设的绿色金融。

从世界范围来看，发展绿色金融已成为国际金融的一种潮流趋势。发达国家金融机构一方面普遍采纳赤道原则，另一方面通过附加贷款条件引导绿色消费，通过推出绿色债券、绿色股票指数等，使用公共融资撬动私人资本，并且不断实践税收优惠，推动企业承担绿色发展责任，引导社会树立绿色发展观念。与此同时，各国政府积极推行绿色金融政策，建立绿色、可持续的市场交易体系。

（二）绿色发展、绿色金融对推进“一带一路”的重要性

作为一种以效率、和谐、持续为目标的经济增长和社会发展方式，绿色发展对推动国家经济结构调整意义重大，不仅可以服务于国家发展大局，还能在国家重大倡议中扮演重要角色。“一带一路”倡议可从绿色金融的发展中吸取经验，进一步推进绿色化对外投资发展。

第一，“一带一路”共建国家的生态环境较为脆弱，气候条件较为不利；对这些国家而言，绿色金融将成为很好的政策工具。如果中国在对外投资的过程中能以绿色金融政策落地为抓手，督促金融机构有效识别、计量、

控制、监测投融资活动中的环境和社会风险，在投资建设的同时，生态环境也将得到保护。[①] 中国企业也可运用绿色金融为相关国家提供绿色项目，进而应对生态破坏与气候变化等问题，促进当地生态环境改善。

第二，部分“一带一路”共建国家发展水平较低，对于这些国家而言，如何运用政策工具平衡生态保护与经济发展至关重要；绿色发展可以很好地满足兼顾生态保护与经济发展的要求，而绿色金融恰恰就是其中一个重要的工具。如果中国在对外投资的过程中有效运用绿色金融手段优化配置资源，控制并减少污染型投资，引导金融资源投向绿色产业，那么“一带一路”国家的两难问题将很好地得到解决。

第三，从传统上来看，中国企业对外投资对环境效益与社会效益的关注尚显不足，投融资的“绿色性”与可持续性不强，导致出现了一些问题。这一现实问题要求中国在“一带一路”背景下的对外投资过程中更好地注重保护生态环境、承担社会责任，绿色金融实践与绿色发展理念就可在其中发挥重要作用，它既能满足企业的商业利益，又能兼顾企业的社会责任与环境保护责任，为“一带一路”倡议做出贡献。

（三）中国绿色金融发展成果

中国在发展绿色金融方面已经取得一定成果。2015 年 4 月，中国首个以绿色金融为主题的行业指导机构——中国金融学会绿色金融专业委员会（以下简称“绿金委”）成立。2015 年 9 月，《生态文明体制改革总体方案》公布，首次明确提出建立绿色金融体系的战略，标志着我国确定了指导绿色金融发展的顶层设计。2015 年也被称为“中国绿色金融发展元年”。2016 年 8 月，中国人民银行等七部委联合印发《关于构建绿色金融体系的指导意见》，全面阐述了中国发展绿色金融的重大意义，为中国发展绿色金融指明了方向。同年，中国绿色债券市场也成为全球最大的绿债市场。2017 年，

---

① 参见王文、曹明弟《绿色金融与“一带一路”》，《中国金融》2016 年第 16 期，第 25 ~ 27 页。

中国绿色金融改革创新试验区在浙江、广东、贵州、江西、新疆五个省区的八个城市建立，以探究体制机制上可推广的经验。

在研究领域，中国人民大学重阳金融研究院生态金融研究中心、中央财经大学绿色金融国际研究院等单位的绿色金融学术研究成果斐然，先后发表了《“一带一路”与全球绿色基础设施建设的未来》《全球旗手：中国绿色金融发展评估》等研究报告。在实践上，“绿金委”各成员单位在发起绿色基金、开发绿色保险产品、研究环境权益抵质押融资、开展环境风险分析等领域推出了大量新成果。金融机构和第三方机构也推出了大量创新型的绿色金融产品和分析工具，包括绿色 ABS、绿色建筑保险、绿色新能源保险、绿色指数及产品等。中国农业银行、华夏银行等机构探索碳排放权、排污权质押融资方式；兴业银行在中国率先采纳赤道原则，并对绿色金融产品和服务进行了大胆创新和探索。①

实践证明，绿色金融的发展不但有助于加快推进我国经济的绿色化转型，而且有利于促进环保、节能、新能源等领域的技术进步，加快培育新的经济增长点，提升经济增长潜力。发展绿色金融是生态文明建设的重要体现，亦是全面加强生态环境保护的必然要求。因此，在“一带一路”的实施背景下，应当坚持结合绿色发展观念，坚持发展绿色金融，在此基础上促进全球绿色产业和社会经济的可持续发展。

结语：“一带一路”背景下国际投资前景与绿色化展望

在“一带一路”背景下，未来的国际投资兼具机遇与挑战。

一方面，“一带一路”共建国家大多为发展中国家和欠发达国家，基础设施欠完善，工业制造体系亦不完备，且劳动力成本低廉，因而经济增长潜力大，各国不仅可以通过直接的制造业投资就地发挥劳动力成本优势，扩大

① 参见阎东彬、赵丽娜《渐入佳境的商业银行绿色金融》，《银行家》2017 年第 11 期，第 122 ~ 125 页。

国际市场占有率，还可以通过国际贸易有效化解国内过剩产能；“一带一路”具有丰富的能源、工业和矿产资源，未来通过科学高效的开发技术，有望提高资源利用效率，以期缓解世界资源短缺与能源危机。

另一方面，“一带一路”共建国家在经济水平、制度政策、社会风俗、宗教信仰等多个方面都存在差异，各国对“一带一路”的看法可能并不一致，这无疑会加重投资风险；进行“一带一路”项目投资时很可能会涉及多个国家，这就难免会面临多重汇率风险，这对东道国和投资国的金融实力、金融体系以及国际收支的稳定性都提出了挑战；此外，无论是东道国还是投资国，一旦面临政局不稳、政权变更或是经济政策发生大幅转变，都会给“一带一路”的国际投资带来不可控的风险。

从本国角度出发，在对“一带一路”进行投融资的同时，融入绿色发展的理念、绿色金融的实践，不仅能提升中国对外投资质量、造福共建国家与人民，还能应对全球气候变化与环境问题、树立良好的中国国际形象。在发展“一带一路”背景下的中国对外投资绿色化进程中，以下三方面是值得关注的重点问题。

第一，树立绿色的界定标尺，构建绿色标准。对于发展绿色金融，明确绿色标准是关键所在，这就要求具体构建绿色尺度用于衡量投资项目，界定投资的绿色属性，从而推进绿色金融的有序开展。因此，在投资过程中，首先应当搭建投资项目绿色属性的相对衡量方法，这要求充分厘清投资项目的绿色评价维度，关注绿色收益、总收益、绿色效率等方面的可行考核因素与评价模型的建立。①

第二，合理衡量“一带一路”投资中的成本与收益问题。从成本的角度来说，紧密结合碳关税、碳交易机制、赤道原则是可行的发展趋势。这些指标与原则机制与金融机构、环境保护密切相关，指导了金融活动与环保、绿色理念的紧密结合。此外，还需关注如何通过成本转化体现投资当中的环境问题。从收益角度来看，直接收益与间接收益、经济收益与社会收益以及

① 参见王文、曹明弟《“一带一路”投资绿色标尺》，人民出版社，2018。

长远收益，都需要广泛关注。处理好中国企业在“一带一路”投资当中的环保问题、实现投资绿色化，正是充分关注多维度收益的重要体现；这不仅要求企业自身重视绿色投资，还需要政府通过发布对外投资环保指南等指导意见积极引导企业。

第三，建立“一带一路”绿色投融资机制。传统的投融资机制包括政策、技术、组织和资金等因素，而应用于“一带一路”投资绿色化的投融资机制，还应当将环境保护的目标纳入其中。“一带一路”绿色投融资机制的建立，不仅需要绿色投融资政策、技术或是产品、资金、组织的创新和发展，还需要考虑可持续发展的相关目标。“一带一路”的65个共建国家有着较大的生态环境差异，面临着不同的生态问题，因此就需要参考被广泛认同与接受的可持续发展指标体系。通过结合这些目标、指标，构建中国“一带一路”绿色投融资机制，这将对未来的绿色金融政策设计、投融资技术设计以及相关评判标准的制定大有帮助。

B.8 欧洲“一带一路”建设中的投资环境风险评估

胡志伟　张　建*

摘　要： 欧洲是“一带一路”建设重要的组成部分，其特征是资本密集和技术密集，西欧地区发达的工业和科技在世界很多领域占有领先地位，同时第三产业在很多领域引领世界，因此中欧经济具有很强互补性。但是近些年来欧债危机、难民危机、去工业化、民粹主义浪潮、极化政党崛起、反华疑华等现象说明欧洲内部出现分裂和危机，由此，分析政治因素、社会因素和经济因素对投资环境的持续影响至关重要。本文在梳理政治社会经济现象的基础上，基于政治社会学的分析框架，对欧洲“一带一路”建设的投资环境风险进行评估。

关键词： 欧洲　投资环境　风险评估

导　言

欧洲是新亚欧大陆桥经济走廊的终点，是“一带一路”建设顺利开展的重要地区，对其进行投资环境评估具有重要意义。当今欧洲各种矛盾凸

* 胡志伟，中国人民大学国际关系学院博士生，研究方向为当代资本主义研究、政治社会学；张建，博士，外交学院外交学与外事管理系讲师，研究方向为外交学、中俄关系。

显、反建制破坏性张力重合，继而引发很多政治社会经济现象，例如法国“黄背心”运动、英国脱欧艰难进程、俄罗斯与欧盟分歧、俄罗斯与乌克兰矛盾、右翼势力兴起与民粹主义高涨、一些地区的宗教复兴与恐怖主义出现新特征、欧洲保护主义兴起、欧债危机余波等，共同证明当今欧洲各种矛盾在激化，其矛盾的根源在于资本主义高度发展所衍生的资本、劳动力、商品过度积累，而在现有分配方式下严重的不均分配方式①，使阶层之间、国家之间、政府与民众之间、族群之间关系恶化，欧洲内部政治、社会、民族问题伴随着经济危机而越发严峻。由于客观环境的复杂性，欧洲“一带一路”建设必然在实施过程中面临各领域的风险与挑战。基于此，本文对欧洲的现实环境进行全面评估和科学分析。

当今世界，世界逆全球化趋势日益明显，英国脱离欧盟、冷战对抗思维、“资本逻辑”主导西方行为逻辑、欧洲保护主义、内部多元矛盾等现象共同证明欧盟发展不确定性在增加，尤其是经济上的逆全球化带动政治上的逆全球化，以“西方中心论”为理论依据的世界话语霸权、分裂和对立的观念被反复灌输强调，逆全球化趋势在贸易保护主义的推动下，迅速成为近几年世界经济发展的重要隐患，对欧洲实际状况表现和原因分析是本文的研究要点。

党的十九大报告指出，世界正处于大发展、大变革、大调整时期，我国发展既有良好的机遇，也面临严峻挑战。欧洲出现的各种矛盾运动既是中国“一带一路”建设的挑战，又是中国“一带一路”建设的契机，本文将对当今欧洲现实进行系统性分析，以期为规避欧洲“一带一路”建设的投资环境风险提供具有实践性和学理性的科学评估。

一　欧洲与“一带一路”建设

目前中国与欧洲“一带一路”建设在实践的基础上不断深化，但是由

① 参见 Albert Einstein，“Why Socialism?” *Monthly Review*，May 1949。

于各种原因，学界对欧洲“一带一路”投资环境的解读分析普遍存在以下一些问题。首先是观念的理想化，采取概念探究的方法深层次研究，相对缺乏从当今欧洲发展中所遇到的各种现实问题出发。其次是理论解释的片面化，大部分学者是依托自己的知识体系对欧洲“一带一路”建设进行解读。由于分析欧洲“一带一路”投资环境必然涉及欧洲、中国以及各个共建国家，因此必须对世界各类学术体系中东西方有关欧洲“一带一路”的思想进行整体分析和综合解读。因此本文对欧洲现实困境、多元矛盾等各个方面进行分析，在这种逻辑基础之上着重分析政治因素、社会因素、经济因素对投资环境的影响。

2013 年以来，欧洲国家传统的思维模式、对中国存在偏见等因素，导致其在最初阶段对中国推行的“一带一路”倡议持观望态度。随着“一带一路”建设的不断推进，尤其是共建国家确实受益于“一带一路”建设，欧洲部分国家开始局部参与“一带一路”建设。近两年，随着西欧大国对“一带一路”建设的积极响应，尤其是意大利正式签订“一带一路”文件，加入共建“一带一路”，法国作为第三方市场国家参与，欧洲官方层面整体上较为积极合作。

二　欧洲政治因素对投资环境的影响

政治因素是影响欧洲投资环境的重要因素，尤其是近几年连续出现的各种政治现象，证明当今欧洲政治出现不确定因素，国家政治统治职能和社会管理职能的弱化、政党碎片化极化同时出现，欧洲议会的政党政治也出现分裂现象，欧洲政权方面的动荡增加了投资的风险。

（一）欧洲政治碎片化

近期欧洲政治出现显著碎片化趋势，其重要实证案例是，2019 年 5 月举行的五年一次的欧洲议会选举。本次欧洲议会共有 751 个席位，欧洲议会最大的两支政党——右翼人民保守联盟和左翼社会民主党联盟主导优势丧失，其席位总和与历次会议相比，第一次低于半数。人民党党团 EPP 获得了 181 席，社会党党团 S&D 获得了 153 席，两大党团虽然保持了自己的优势地位，但是比上届会议失去了 70 多个席位。排在第三到第六位的分别是自由民主党党团 Renew Europe（108 席）、绿党党团 Greens/EFA（75 席）、极右翼政党组成的“认同与民主”党团（Identity and Democracy）（73 席）和保守党人党团（60 席）。选举结果进一步凸显了欧洲政治碎片化的特征，使欧盟未来政策变数加大。从宏观上观察，亲欧盟团体在新一届欧洲议会中仍保持多数地位，疑欧派影响呈现上升趋势，欧盟总体发展的不确定因素增加，治理难度较前复杂。东欧俄乌矛盾的持续，尤其是乌克兰危机的持续导致政权的脆弱性。“一带一路”投资环境有可能被欧洲政治力量博弈导致的政权更迭以及衍生的政策不稳定所影响。

（二）极右翼政党的崛起

影响欧洲各国的极右翼势力党团包括由意大利副总理兼内政部部长马特奥·萨维尼（Matteo Salvini）领导的意大利联盟党（前北方联盟党）、由玛丽娜·勒庞（Marine Le Pen）领导的法国极右翼民粹主义政党国民联盟（前国民阵线党）和德国选择党等政党，在欧洲议会的选举中获得 73 个席位，成为新一届欧洲议会的第五大党团。其中一个重要的政治现象是，由马克龙领导的新成立不久的法国执政党——法国共和国前进党在本次欧洲议会选举中，未能击败极右翼国民联盟继续成为在欧洲议会席位上的法国第一大党，意大利联盟党超过五星运动党成为意大利第一大党。以德国为例，成立于 2013 年的德国选择党，具有明显的反欧盟情绪和疑欧盟情绪，其政治目标是主张退出欧元区、采用和恢复德国原生货币马克。2017 年 9 月德国联邦议会选举时，新成立的选择党异军突起，成为德国第三大党，是德国战后第一个进入联邦议院的极右民粹政党。基民盟、基社盟及社民党组阁成功，传统左翼政党社会民主党影响力持续下滑，而选择党成为德国议会最大反对党。综上所述，极右翼政党的共性是反欧盟、反移民、反经济全球化，一旦执政必然对“一带一路”造成负面影响。

三 欧洲社会因素对投资环境的影响

欧洲社会在近些年出现了持续的动荡和问题，这些问题已然成为影响整个欧洲社会稳定的因素，多种因素可以证明欧洲社会将会持续动荡，其将增加“一带一路”建设的风险。

（一）民粹主义的崛起

民粹主义浪潮强烈冲击现有的欧洲政治经济体系，民粹主义奉行极端的平民化倾向，将底层大众作为合法性的来源，具有明显的极化特征。近些年欧洲出现的民粹主义反映了欧洲国家下层民众普遍对经济发展停滞、贫富差距大、高失业率、难民危机、恐怖袭击等多元困境的不满情绪。民粹主义政党“疑欧”或“反欧”是为了发泄对国内问题的不满，并不是专门针对欧盟和欧洲一体化，高度发达的、以“资本逻辑”主导下的欧洲经济越发展，所导致的贫富差距就会越大，而下层民众的被剥削感就会越强烈。短期来看，欧洲经济的缓慢发展和停滞不会有任何实质性改变，底层人民的生活也不会出现明显改观，例如影响法国政治经济社会的“黄背心”运动，依然具有很大的影响力（见图 1）。

因此民粹主义浪潮依然会在各地冲击欧洲各个国家政府，破坏国家公共秩序，例如 2019 年 12 月的法国交通部门的总罢工，持续时间长，影响力度大，政府没有实质性解决方法。毫无疑问，民粹主义会持续增加投资风险。

（二）大国影响力下降

这次欧洲议会出现的一个重要现象是在欧盟问题上，欧洲传统大国正在失去民众的信任。根据历史事实，传统欧洲大国在欧盟的决策机制中占有特殊地位，首先体现在欧洲议会的构成上，也体现在其在欧洲理事会中的作用上。然而，政治的碎片化正在冲击欧洲大国作为欧洲政治稳定器的作用。欧

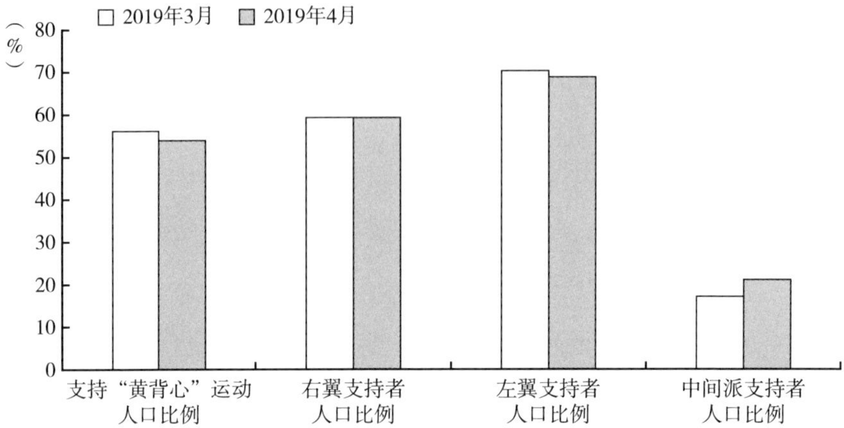

图 1　法国政治势力支持人口比例

资料来源：“Le mouvement des《gilets jaunes》et les suites à donner au grand débat national,” https：//fr. yougov. com/news/2019/04/09/le – mouvement – des – gilets – jaunes – et – les – suites – donne/。

洲社会因此出现的问题没有大国的统一协调和处理，会出现各种国家内部的或者跨国的极化事件，例如法国和西班牙于 2019 年 11 月 11 日联合镇压加泰罗尼亚分离主义的抗议者。英国脱欧的一个后果是引发苏格兰脱英的再次公投和北爱尔兰分裂主义的复兴。传统欧洲大国政府政治统治职能和社会管理职能同时下降，必然增加投资环境的风险，其中加泰罗尼亚地区、东乌克兰地区、英国北部地区等有可能出现政府失灵、民族独立运动、罢工示威等极化情况。因此在大国影响力下降的趋势下，民族主义和分裂主义势力势必崛起，争议地区的经贸风险会持续上升。

（三）难民危机和恐怖主义

欧洲伊斯兰极端宗教势力形成一种强大的思潮和运动，近几年来法国、英国、德国、俄罗斯及一些小国是恐怖主义多发高发区，从 2000 年至今一直十分活跃，制造了一系列恐怖事件，对欧洲地区的安全与稳定构成了严重威胁。恐怖主义引起一种新的现象，即西方国家存在的“伊斯兰恐惧症”。“伊斯兰恐惧症”指的是对伊斯兰教和穆斯林不加选择地持以消极态度或负面情绪，如反感、恐惧、愤怒、仇恨等。[①] 以德国为例，随着2015年德国及欧洲难民危机爆发，接受大量难民的德国社会，尤其是底层白人焦虑情绪加剧，政府在移民政策上的摇摆及失当，使德国选择党立刻成为反移民、反伊斯兰、反欧盟思潮的代言人，在政治目标上越加保守和排外。由于霸权主义颠覆或干涉中东一些国家政权，恐怖主义随之泛滥并出现新的特征，宗教极端主义以恐怖袭击的形式在欧洲各地产生强烈影响。各种形式的恐怖袭击开始在欧洲各个大国出现并呈现上升态势，恐怖主义已经成为现当今欧洲各国所面临的共同问题，“伊斯兰国”的出现和瓦解在一定程度上加剧了地缘关系的震荡。根据这种趋势，难民危机和恐怖主义将会在未来的欧洲形成一种破坏性较强的力量，危害当地的政治社会稳定。

四　欧洲经济因素对投资环境影响

（一）欧债危机的余波和隐患

2010年始于希腊的债务危机爆发，由于经济全球化的深入，世界市场对欧元区国家债务危机的恐慌心理加重，当时出现投资者抛售欧元区资产的现象，同时多家机构均表示看空欧元。欧元区部分国家的债务危机加重，很多经济基础薄弱的地区和国家复苏前景黯淡。在欧洲危机初期，为避免加剧市场对希腊、爱尔兰、西班牙、葡萄牙等国主权债务危机的担忧，欧洲央行暂缓执行退出经济刺激措施的计划。希腊、葡萄牙、爱尔兰和西班牙等国的财政问题严峻，极高的赤字和评价机构的差评导致市场焦虑急剧上升，欧元遭到大肆抛售，欧洲股市暴跌，整个欧元区经历了成立11年以来最严峻考验。即使到了2017年，在历史惯性的影响下，欧洲各国财政赤字仍然居高不下，如图2所示。

---

① Erik Bleich, “What is Islamophobia and How Much is There? Theorizing and Measuring an Emerging Comparative Concept,” *American Behavioral Scientist*, 2011, 55 (12): 1581 - 1600.

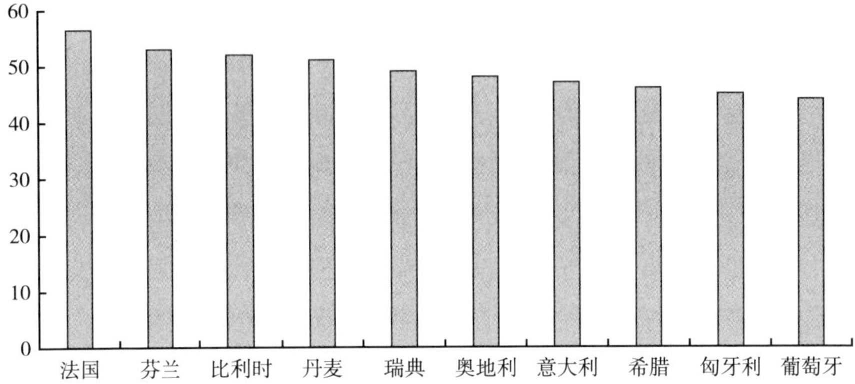

图 2　2017 年欧洲部分国家政府开支占 GDP 比重

资料来源：“Total General Government Expenditure,” https：//www. stat. ee/63596。

欧债危机爆发以来，欧洲危机不断蔓延，使整个欧洲陷入最深困境。欧债危机的影响持续，其经济发展动力不足，风险和隐患较多。例如图 2 中财政赤字最高的法国，一直陷入经济发展缓慢或停滞、公共支出过大、利益集团尾大不掉、政治运动不断的泥潭中。由于经济发展不稳定，因此中国“一带一路”建设的风险加大，尤其是要着重分析考虑回笼资金的难度。

（二）经济一体化脆弱

欧洲国家数量众多，在政治制度、社会文化、经济发展模式等方面具有明显的特殊性，尤其在欧债危机问题上南北欧洲之间出现严重分歧，对俄关系上的东西欧分歧显著。在经济全球化和地区经济一体化早已成为发展趋势的国际大背景下，欧洲各国之间依然存在严重的不信任与矛盾，欧洲内部虽然存在欧盟这样的组织，但是其不包含东欧大部分国家，而且英国脱欧证明欧盟内部的不确定性，因此欧洲在经济上缺乏有效的沟通机制，面临着公共治理困境和治理体系滞后。从目前来看，除了欧盟和欧洲议会存在较为成熟的公共治理机制外，没有其他能够有效处理经济事务的地区多边组织与机构。因此，欧洲内部互信不足，国家间缺乏信任，各国家没有统一协调的机制保证，从而造成地缘经济合作的系列难题，近两年可以明显发现疑欧和脱欧思潮形成一股势力。同时欧元区各国经济结构存在很大差别，尽管同属于欧元区国家，但各国的经济独立性和财政自主性很强。各国经济发展所处的不同阶段也使财政政策难以有效协调。为加强欧盟的总体实力，拥有（英国脱欧之后）27 个成员国的欧盟拉拢希望加入欧盟但本国经济状况不容乐观的国家。加人欧元区后，由于实际经济发展水平和程度不相同，财政政策的适用性被质疑。中国应考虑各国具体国情，不应都以欧盟的经济标准为参照，应根据各国实情制订合作计划。

（三）各种因素下欧洲的对华策略

在国际上，欧盟受制于美国的各种压力（如美国要求盟友在封杀中国高科技通信企业华为上形成统一战线），对来自中国企业的投资审查门槛提高，过度筛查中国企业和产品，同时限制了中国资本进入；在欧盟内部，中国崛起对其造成的恐慌和压力，使欧盟传统强国的自信心下挫、怀疑论上升，加剧了欧洲一向存在的疑中主义，一些右翼媒体进而无形中过度解读和扭曲中国，针对“一带一路”的各种报告和实践都过分解读，例如称其为控制欧洲的“新马歇尔计划”。这些负面解读在一定程度上激化、加剧了欧洲的“中国威胁论”和反华情绪，也在一定程度上妨碍欧盟对中国做出正确的判断。欧盟对华政策创新进步不大。在经贸关系中，欧盟也出现新的消极动向，对中国加强贸易保护主义，不履行中国与欧盟的入世协定，否定中国的市场经济地位，对“一带一路”建设具有明显的消极影响。

结　语

中欧经济有很强的互补性，而且具有巨大的发展潜力，中国对“一带一路”国家的投资已经超过 500 亿美元，同时中国企业在“一带一路”20 个共建国家建设了 56 个经贸合作区。中国对泛亚铁路建设投资达到了千亿美元，切实推动了中国与欧洲之间的贸易往来，在官方和民间、政治交往和经济合作上都取得一系列前所未有的成就。根据世界银行统计，2018 年欧盟 GDP 为 18 万亿美元，但是相对于中美，欧盟 GDP 增长率最低，欧盟各国之间的发展差距很大，因此要规避风险，加强合作。其中欧洲投资环境的风险来源于当今欧洲所面临的多元危机，表现为上文所分析的民粹主义运动、老龄化问题、难民潮、抗议游行、恐怖袭击、财政危机等。中国需认真考虑和防范各类投资风险，以期实现“一带一路”建设的顺利进行。同时针对欧洲各国发展的实际情况调整经贸合作模式和项目，例如灵活运用直接投资、合作开发、参与建设、第三方市场合作等模式，规避多元风险，实现中欧经济合作共赢。

合作关系篇

Cooperation Study

B.9

“一带一路”背景下广西对东盟国家投资情况及风险研究

苏 鑫 赵 越 王 雷 吴 俊 甘晓丽 徐正丽*

摘 要： 自2013年中国提出“一带一路”倡议以来，中国对东盟的投资规模逐渐扩大，其中，“广西通道”为中国 - 东盟合作开路。作为中国对东盟的主要开放平台，广西不仅助推中国 - 东盟合作深入，而且迎来了重大发展机遇。本文首先介绍了广西对东盟国家的投资现状并总结其面临的问题。其次从政

* 苏鑫，桂林电子科技大学中国 - 东盟信息港数字经济研究院讲师，研究方向为数字经济、东盟研究；赵越，桂林电子科技大学中国 - 东盟信息港数字经济研究院讲师，研究方向为金融投资、对外贸易；王雷，桂林电子科技大学中国 - 东盟信息港数字经济研究院讲师，研究方向为数字产业、投资风险；吴俊，桂林电子科技大学中国 - 东盟信息港数字经济研究院讲师，研究方向为“一带一路”共建国家（地区）投资与安全、离岸金融；甘晓丽，桂林电子科技大学中国 - 东盟信息港数字经济研究院讲师，研究方向为“一带一路”共建国家（地区）投资与安全、家庭金融；徐正丽，桂林电子科技大学中国 - 东盟信息港数字经济研究院讲师，研究方向为“一带一路”共建国家（地区）投资与安全。

治风险、经济风险与社会风险三个方面分析了投资过程中存在的主要风险，并构建有效进行风险防范的投资风险预警系统。最后提出进一步加快广西对东盟投资且能有效降低风险的对策建议：加强政府投资引导作用，实施“团结协助”策略；发挥大型企业对东盟投资的示范作用，为中小企业提供服务平台；实施企业本土化经营，推进东盟经济共同体的建立；建立风险转移机制，提升企业抗风险能力；完善海外投资保险制度，保障投资者合法权益。

关键词： “一带一路”　东盟国家　投资风险　广西企业

近年来，广西作为中国－东盟重要的合作平台，在推进中国－东盟国际贸易方面发挥了重要作用。[①] 截至2019年5月末，广西作为我国第二批跨境贸易人民币结算试点省区市，跨境人民币结算总量已达10384.39亿元，在边境省区、西部省区市中持续排名第一。在贸易伙伴方面，东盟已连续15年成为广西最大的贸易合作伙伴，2004～2018年，广西对东盟贸易额从82.9亿元增长到2061.49亿元，年均增长6.3%。广西南宁作为东博会的永久举办地，迄今已成功举办了15届东博会。东博会的举办在服务国家战略的同时，极大促进了广西的开放发展，催生了中国－东盟信息港、中马“两国双园”、中国－东盟港口城市合作网络、文莱－广西经济走廊等一批开放合作平台、机制和项目，全国首个边境贸易国检试验区通过东博会加快落地，中新互联互通项目陆海贸易新通道通过东博会加快建设。“南宁渠道”也为广西与东盟的合作交流提供了便利，成为中国－东盟合作的重要平台。截至目前，南宁已经建成了越南、泰国、柬埔寨、老挝、缅甸、马来

① 陈婷婷、刘辉：《跨境电子商务在广西与东盟贸易中的应用分析》，《东南亚纵横》2017年第3期，第63～67页。

西亚6个东盟国家的总领事馆。广西与东盟缔结的友好城市数量居全国首位，已达55对。在中国－东盟人才合作培养方面，广西是拥有最多东盟留学生的省份，数量已接近1万名。在这样的时代机遇下，广西应积极参与"一带一路"开放的战略布局，根据企业投资动机择取"一带一路"东道国，特别是东盟国家。[①] 另外，投资过程势必伴随着投资风险的存在，因此，投资风险的识别、预防与消除的问题也应被关注。

中国－东盟自贸区建立以来，中国企业对东盟地区的直接投资规模迅速扩大，在此过程中投资风险问题日益显著，引起了国内外学者的关注。由于东盟有10个成员国，10个国家的发展程度不同，社会环境不同，文化宗教不同，政府政权体制不同，其投资环境复杂多样，因而风险类型多样化。中国对东盟国家投资风险的划分相对集中于政治风险、经济风险、社会文化风险，各地区（如广西）对于东盟国的投资风险需再根据所要研究的内容和研究方法以及数据可获得性等进行具体的细化。

一　广西对东盟国家的投资现状与问题

（一）广西对东盟国家的投资现状

广西与东盟国家的地理临近以及极为相似的文化背景，降低了广西对东盟各国的投资门槛。近年来，广西对东盟各国的投资规模迅速扩大。相关数据表明，2019年1～9月，广西共备案或核准境外（非金融类）投资企业39家（含境外机构），协议投资总额为6.4亿美元，中方协议投资额为5.81亿美元。其中，对东盟国家中方协议投资额为3.09亿美元，占比53.2%，即超过对外投资总额的一半。另外，广西企业在东盟开展对外承包工程业务，工程完成营业额为3.27亿美元，同比增长20.1%。由此可见，东盟是

① 夏国恩、宋泽楠：《"一带一路"背景下加快广西对东盟对外直接投资研究》，《经济研究参考》2015年第35期，第71～75页。

广西企业极为重要的对外投资对象，且投资规模快速增长。

从投资发展历程上看，2010 年，我国与东盟十国的自贸区（CAFTA）正式启动，自此以后，广西才开始对东盟国家开展投资活动，投资范围不断拓宽，投资规模迅速扩大。2012 年，广西在菲律宾的投资实现了零的突破，商定的投资金额为 100 万美元。2010～2014 年对越南投资项目合计总额占广西跨境投资总额的 39.22%，对越南的协议投资总额和中方同意的投资额分别占广西对东盟投资的 24.93% 和 23.07%，在东盟国家中居第一。2013 年 10 月，广西突破了东南亚港口建设的零投资，北部湾港务集团以 40% 的参股比例参与马来西亚关丹港的建设；2017 年，北部湾港务集团参与文莱摩拉港集装箱码头项目投资。2013 年，由广西农垦承建的中国在印尼设立的唯一经贸合作区——中国·印尼经贸合作区建成以及中国（广西）－东盟农作物优良品种试验站印尼站完成建设。

现阶段，广西和重庆、贵州、甘肃等地正与新加坡共同打造中新互联互通项目陆海贸易新通道；广西与新加坡签署了共建中新南宁国际物流园、加密航线、通关信息平台等系列合作协议；北部湾港－重庆、中国香港、新加坡“三个天天班”开通运行，南宁－越南河内集装箱直通班列已开行；广西凭祥－越南－中南半岛其他国家的陆路通道也取得突破。中越友谊关－友谊国际口岸货运专用通道正式通车。

（二）广西在对东盟国家投资过程中存在的问题

作为“一带一路”建设的桥头堡，广西对东盟的投资态势良好，但企业在投资过程中也存在如下问题。

1. 获取东盟商务信息的渠道过窄

目前，广西企业对东盟国家的市场动态、行业规划、发展政策等信息缺乏了解，信息渠道不通畅，获得的商务信息不丰富，制约了东盟投资或贸易效益。[①] 一些企业在东盟国家的商务渠道有限，认识的商务伙伴不多。企业

① 王鹏飞：《广西企业投资东盟的区域选择策略》，《现代商贸工业》2014 年第 11 期，第 79～81 页。

在有的东盟国家遭遇不透明、不稳定的投资政策，甚至面对贪腐、行政效率慢等问题。

2. 高技术项目投资不足

近些年，广西产业结构已从金字塔形逐渐发展为鼓形，工业为广西经济发展提供了重要动力，但是广西的历史优势决定了其支柱产业仍以农业为主，同时，其工业发展过程中存在诸多问题，如传统产业比重过高、产品结构集中于中低端产业链，这些因素导致广西与东盟各国的高技术项目投资合作不足。① 目前，广西对东盟各国的主要投资领域集中在劳动密集型产业，如农产品加工业、手工业和微型汽车、摩托车等汽车制造业，而在高科技产业、高技术项目方面，存在投资面狭窄、投资规模不足等问题。正确的投资动机才能推动投资活动的合理开展。而广西的部分技术导向型企业仅在广西本土设立研发设计中心，没有重视与东盟各国的技术合作交流，尤其缺乏与新加坡等技术水平高的国家进行高技术项目合作。

3. 企业投资规模整体偏小

市场化改革为民营企业营造了良好的成长环境，促进了民营企业的发展。在“走出去”战略实施过程中，民营企业的所有权优势为其跨国投资合作提供了可能，民营企业已然成为广西跨国投资的主要力量。② 目前，广西民营企业的企业规模偏小，难以形成企业规模优势，市场竞争力相较于大企业较差，同时，民营企业在跨国投资合作中面临着抗风险能力差、市场扩张能力不足等限制。因此，广西民营企业对东盟国家的跨国投资具有整体存流量规模偏小的特点。③

4. 专业人才缺乏

企业要对外进行投资，需要一大批精通跨国管理、财务、金融、语言的人才，以熟练处理相关国际业务和纠纷。根据广西企业在东盟国家或成功或

① 王子坚、廖云云：《中国广西—东盟农业合作对广西农业的影响及相关措施初探》，《广西农学报》2016 年第 2 期，第 41 ~ 44 页。

② 李继宏：《广西民营企业对东盟直接投资的优势及对策分析》，《对外经贸实务》2013 年第 7 期，第 82 ~ 84 页。

③ 苏意君：《加快广西民营企业境外投资发展的对策探讨》，《区域金融研究》2012 年第 12 期，第 22 ~ 26 页。

失败的案例不难发现，复合型国际经营人才匮乏其实是一个很重要的问题。[①]"走出去"的企业缺乏国际经营人才容易造成投资整体战略定位错误的现象，企业不能很好地雇用所在国的人员为自己的企业发展服务，也没有驾驭外国经营管理者的能力和水平。

5. 对东道国了解不够

跨国投资中，由于存在主客体的社会文化差异，因此倘若投资方忽略东道国与本国的社会文化差异以及企业管理文化差异，则会增加投资风险，阻碍跨国投资活动的顺利进行。例如，东盟国家的工会是维护职工利益的主要组织，而我国企业职工的利益主要依靠政府力量，我国企业对东盟国家进行跨国投资时倘若没有重视这一问题，将会直接导致管理风险的增加。又如，老挝注重保护生态环境，对环保的重视程度高于经济发展，而本国的企业经营理念经历着由经济先行向经济环境协调发展的过渡阶段，投资方与东道国存在企业经营策略差异，若投资前缺乏沟通协商，则会增加投资风险，甚至导致投资失败。

二 广西对东盟国家投资面临的三大风险——政治风险、经济风险与社会风险

中国企业开展跨国投资活动主要面临三大风险，分别是政治风险、经济风险以及社会风险。[②] 因此，本文将从这三个方面对广西在对东盟投资过程中所面临的风险进行详细分析。

（一）政治风险

1. 政治变动风险

政局稳定是首要因素，是一个国家的平稳发展的决定因素之一，政局不

① 蔡信海等：《中国东盟战略背景下，对企业人才需求的探究——以广西南宁为例的调查研究》，《文存阅刊》2017 年第 21 期，第 191 页。

② 刘祎：《中国对东盟国家直接投资的风险及防范研究》，《广西财经学院学报》2018 年第 3 期，第 24 ~ 32 页。

确定会直接增加企业在海外投资的风险。[①] 东盟十国的历史经历不同、民族构成不同、宗教信仰不同等，使这十个国家的政治体制和政治环境的差别非常大。政治体制的差异决定了国家内部社会文化认同以及企业经营文化等的差异，成为跨国投资的间接壁垒。同时，政治稳定与否也影响着跨国投资风险的高低，政治稳定会减少跨国投资活动的风险，如新加坡是目前政局稳定的东盟国家；马来西亚、文莱、老挝等六国政治环境相对稳定；菲律宾、缅甸、泰国三个国家因存在党派之争、宗教矛盾等问题，政治环境不太稳定，政治环境的低稳定性会加大我国企业对外投资的风险，对跨国投资产生负面影响。

2. 资本管制风险

资本管制风险包含两个层面，其一是资本进入管制风险，其二是资本流出管制风险。东盟国家中除新加坡外，大部分国家仍处于落后追赶阶段，其产业结构中传统产业比重大，产业优势不明显，具有更大的投资发展空间；同时，廉价的劳动力会吸引劳动力密集型产业的外资集聚。外资流入会限制本国产业的发展，因此，东盟国家通过限制外资投资行业、投资规模以限制外资的流入，如越南颁布的《投资法》和《企业法》规定51个领域限制外资流入，柬埔寨制定的《投资法》对境外投资企业的土地使用权进行规定，从而达到保护本国产业发展的目的。大部分东盟国家自身创收能力较差，国际贸易为其经济增长提供了强大动力，而由于其面临着巨额贸易赤字，因此东盟国家对外资稳定性的要求较高。东盟国家对外资流出的管制体现为对跨国投资企业资本转移的限制。

（二）经济风险

1. 宏观经济风险

经验数据表明，宏观经济活动具有周期性特点，宏观经济不同阶段运行

① 尤宏兵等：《不同投资动机下政治风险对中国在东盟直接投资的影响》，《商业研究》2017年第12期，第90～98页。

情况与企业跨国资金流动有密切联系。宏观经济增速滞缓时期，资金由发达地区流向欠发达地区；宏观经济高速发展时期，欠发达地区的资金回流至发达地区。如金融危机期间，美国实施量化宽松政策来应对经济危机，大量资本流向东盟国家；金融危机解除后，东盟国家的多数资本回流至美国。目前，东盟各国受制于自身经济发展的劣势，更多地选择寻求外资助力其发展。而广西作为其重要的中国合作地区，东盟各国对广西企业的资金需求程度高。一旦国际形势发生变化，东盟国家对广西企业的外资需求产生变化，广西企业则会面临宏观经济风险。同时，我国已进入经济新常态时期，经济下行压力不断增大，广西企业也面临本国自身宏观经济风险，导致其对东盟国家直接投资的积极性降低。

2. 金融风险

现代通信技术极大地促进了金融交易，同时增大了不确定性风险，全球某一地区金融危机会通过全球金融网络迅速传到世界其他地区的金融市场。相比之下，我国的金融业起步晚，发展落后，金融体系开放程度还比较低，所以就会出现识别金融风险的能力短板，除此之外，还需要特别关注金融开放给中国企业 OFDI 带来的金融性风险。[①] 金融风险主要体现在两个方面，其一是外汇风险，其二是通货膨胀。从外汇风险来看，中国－东盟自贸区涉及 11 个国家，在跨国投资活动中，国家间进行货币交易前需要进行外币兑换，波动的外汇汇率表明了外汇风险的存在。外汇汇率升高，本国货币贬值；相反的，外汇汇率降低，则本国货币升值。货币交易方式一般是投资前规定或约定完成的，而汇率变动是实时的，因此，外汇变化情况直接决定了跨国投资企业在投资项目取得收益或遭受损失的情况。如英国脱欧导致美元指数上涨 3.19%，人民币贬值 1.31%。中国晋玮金融在柬埔寨金融服务的投资活动中约定以美元结算，导致中国晋玮金融损失重大。从通货膨胀来看，虽然东盟各国政府已采取措施应对通货膨胀，但东盟的许多国家遭受了

① 郭娟娟、杨俊：《东道国金融发展水平对中国企业 OFDI 二元边际的影响》，《国际贸易问题》2019 年第 2 期，第 149～164 页。

严重的通货膨胀，这给投资环境带来了金融风险，也影响了海外直接投资，例如，2014～2015年，剔除施行联系汇率制的香港，跌幅最大的马来西亚林吉特兑美元汇率下跌了28%，跌幅排在第二的印尼盾也下跌了18%，新加坡元和泰铢兑美元汇率，分别下跌12%和10%。近些年来，东盟国家为了吸引跨国投资积极采取措施进行金融风险控制，如泰国、新加坡等东盟国家通过提高外汇储备以应对外汇风险，而由于通货膨胀的存在，印尼、马来西亚等东盟国家仍存在较为严重的货币贬值问题（2018年9月，印尼本币汇率一度跌至1美元兑14940印尼盾的水平，创下1998年东南亚金融风暴以来的最低值），原因是美元处于加息通道中，致使投资企业的未来现金流量折现值出现损失。此外，外汇政策也将对金融风险产生影响。[①] 例如，缅甸采用双重汇率制度，汇率限制风险极高。

3. 经营与管理风险

改革开放为我国经济发展提供了重要推动力，形成了“中国奇迹”。“中国奇迹”形成的原因之一就是自主对外开放的国际贸易合作关系。近些年来，我国立足于发展本国技术，高度重视“引进来”战略的实施，广泛引进外资、技术，大力提倡“干中学”的合作学习模式。而对于“走出去”的政策推动力量相对薄弱，缺乏对接跨国项目的经验与人才，在“走出去”战略实施过程中，企业所面临的经营管理风险较高。

从企业所有权类型看，广西对东盟国家的跨国投资合作中，民营企业是实施“走出去”战略的主力军。相对于国有企业，民营企业的所有权优势体现在产权划分清晰、决策过程灵活两个方面。与此同时，民营企业也具有所有权劣势，具体表现为资源获取能力差，尤其是融资能力差。目前，我国商业银行等金融机构对民营企业的贷款资格审核、贷款额度都有限制，民营企业融资困境仍难以解决。这使民营企业在跨国投资项目中的经营管理风险更高，导致民营企业对东盟各国直接投资的积极性降低。

---

① 刘新超：《中国对东盟直接投资面临的外汇风险及完善途径》，《对外经贸实务》2017年第4期，第54～57页。

(三)社会风险

1. 社会信任风险

近年来，中国经济飞速发展，经济总量始终居世界前列，国际竞争力也稳步提升。针对这一现象，某些外国媒体恶意炒作，凭空捏造了虚假的"中国威胁论"，并借助其国际势力大肆宣扬；某些东盟国家不了解中国，对中国存在误解。而中国企业尚处于"走出去"的初级阶段，对于国家社会形象的宣传不到位，未做好与东道国的公关工作，导致对外投资活动面临社会信任风险。

2. 社会文化风险

社会文化反映了一国或一地区的社会经济形态，随着社会经济的发展，社会文化认同与否决定着国际贸易合作的成败。在跨国投资活动中，投资方势必要考虑东道国与本国的社会文化差异以及双方对彼此的社会文化认同程度。为了进入市场后可以减少文化差异带来的阻力，投资方在投资项目选择、企业经营策略、市场营销方式等方面都需要加大东道国对本国的文化认同程度，即文化差异越大，我国选择该地区投资的可能性越小。① 而由于我国企业缺乏"走出去"的经验，对东道国的工会模式了解不够，在后续的投资项目活动开展过程中面临着较高的管理风险，会降低企业经营效率，因此，在对东盟国家进行投资时需要防范跨文化的社会文化风险。

三　广西对东盟国家的投资风险预警系统构建

"预则立，不预则废"，海外投资风险预警在我国对外贸易中发挥的作用越来越重要了。② 因此，为了对风险进行有效防范，应构建广西对东盟的投资风险预警系统，如图 1 所示。

---

① 许和连、李丽华：《文化差异对中国对外直接投资区位选择的影响分析》，《统计与决策》2011 年第 17 期，第 156～158 页。

② 李建军：《企业海外投资风险预警与防范研究述评》，《经济纵横》2014 年第 10 期，第 114～117 页。

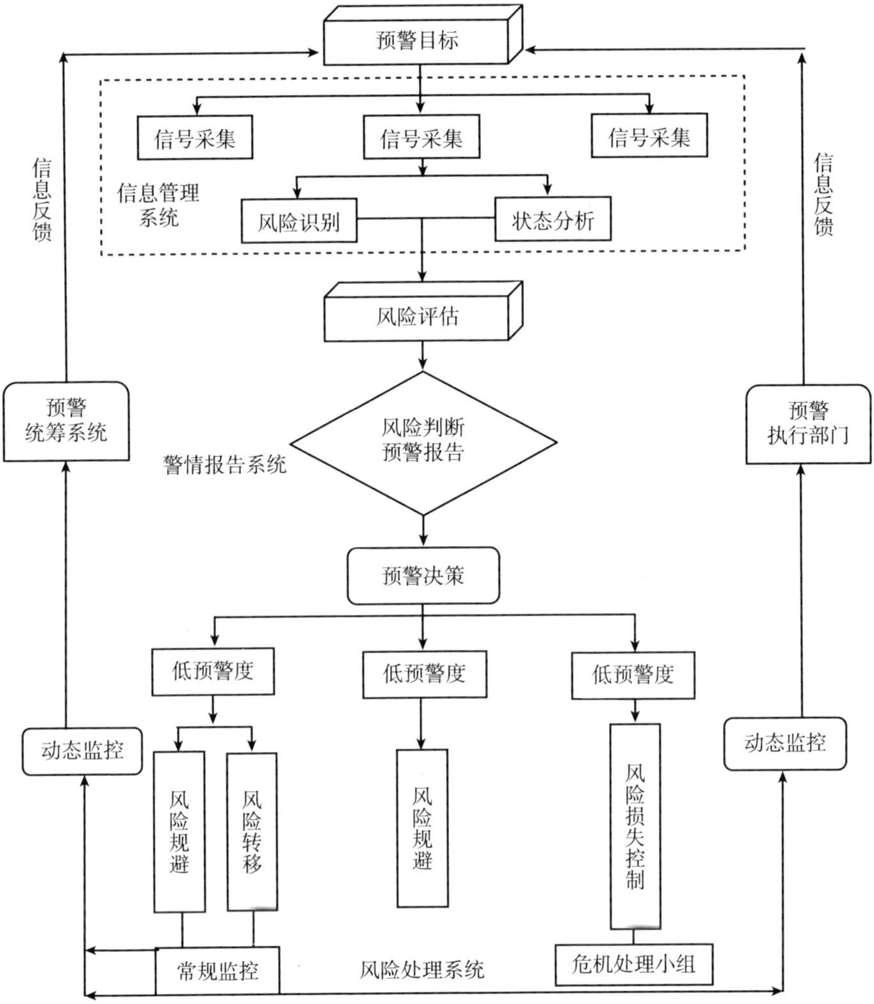

图 1　投资风险预警系统

投资风险预警系统主要由以下几部分组成。

1. 风险预警目标

风险预警是投资活动不可或缺的环节，设定风险预警目标需要综合考虑企业内部、投资行为以及目标成长等方面的影响，通过各环节协调运作，利用经验数据等预测企业投资过程中可能存在的风险。

2. 风险评估分析

风险评估分析是企业投资风险控制的基础保障。应基于风险预警目标，科学合理地建立投资风险评估体系，在此基础上，判断企业投资的市场环境、投资决策等是否存在风险。

3. 预警信号识别

投资活动必然面临一定的风险，不同企业处理风险能力也存在差异，因此应设置风险信号的确认数值。对于评估出可能存在的投资风险，应根据经验数据设立安全阈值，投资风险一旦超过安全阈值，立即进行预警信号确认与传递。

4. 风险控制过程

风险预警信号识别确认后，需要进行风险控制，此阶段也是投资风险控制的核心环节。风险控制管理具有动态阶段性的特点，应根据预警信号与风险控制的动态反馈，提高转化风险能力，达到投资风险消除或风险转化的目的。

5. 风险信号传导

风险信号传导具备两条传导路径，其一是评估后的风险信号传递至预警中心，预警中心进行预警信号识别，预警中心判断后决定风险信号消除或传递至风险控制部门；其二是将风险控制部门的实际评价效果及信息及时反馈回预警中心。

四　对策建议

为进一步加快广西对东盟国家的投资，提高投资效率，同时尽可能降低投资过程中的风险，提出如下建议。

（一）加强政府投资引导作用，实施“团结协助”策略

广西企业“走出去”离不开政府的推动作用。首先，政府应营造良好的对外投资环境，继续保持并扩大广西与东盟各国的贸易关系，为广西企业在东盟国家投资提供政策制度保障。其次，政府要积极发挥投资引导作用，

在投资信息方面，积极搭建信息共享平台，及时获取、更新对东盟国家的投资信息，保证信息的时效性；在东道国选择方面，鼓励企业到新加坡等政治稳定、硬环境良好的东盟国家进行投资；在投资项目选择方面，鼓励有实力的企业到技术水平高的地区进行“强强联合”，寻求成本优势的企业到劳动力成本低的地区获取红利。最后，政府应积极实施“团结协助”策略，推动政府与企业的信息交流合作，通过开展经验分享会、组织高端研讨会等活动，为企业间分享交流跨国投资经验提供平台，同时为跨国企业间的联系提供便利，提升广西企业对外投资水平。

（二）发挥大型企业对东盟投资的示范作用，为中小企业提供服务平台

大型企业在对东盟国家的投资中占有重要地位，是国家“一带一路”倡议的主要实施主体。同时，大型企业具有显著的规模优势与较强的抗风险能力，主要承接重大跨国投资项目。因此，要积极发挥大型企业的示范带头作用，引导中小企业实现“走出去”。第一，实行“大带小”的帮带机制，在大型企业承接的跨国项目中，允许中小企业进行一定份额的承包，降低中小企业承包项目的风险；第二，发挥大型企业的市场开拓作用，在承包跨国项目的同时开拓市场，为中小企业减轻开拓市场的压力；第三，鼓励大型企业对中小企业开放服务共享，大型企业在东道国的办事处或工程处的服务机构对本国中小企业开放共享，降低中小企业的投资风险。

（三）实施企业本土化经营，推进东盟经济共同体的建立

企业在东盟国家投资中，面临着当地经济、社会、文化环境的差异，面临着社会风险与经营管理风险。而解决社会文化认同问题的方法之一是企业文化与东道国经济社会文化的融合，实施本土化经营，形成企业与东盟经济共同体。企业应尊重东道国的社会文化，站在东道国的利益角度考虑企业运营策略，以此规避潜在的社会风险。企业在经营活动中应优先采购东道国的材料，借此机会与东道国企业形成良好的贸易伙伴关系，为企业自身在东道

国的业务开展减少阻力；在管理活动中应启用东道国的管理人才，提升东道国民众对企业文化的认同，降低企业经营管理风险。

（四）建立风险转移机制，提升企业抗风险能力

企业在跨国投资活动中势必面临外汇风险、政治风险等，需要建立合理的风险转移机制。转移定价不失为一种较为理想的风险转移机制。当企业通过风险预警系统检测并确认了存在潜在的外汇风险时，则可以通过公司内部不同部门的资源转移，以规避外汇波动风险；而针对突发的外汇风险，企业可运用多元化风险转移机制，通过转移定价、支付日期调整等措施提升抵御外汇风险的能力。当国际形势突然发生变化，企业面临突发的政治风险时（如资金流出管制），企业可以通过向子公司低价出售企业物资进行资源转移，实现企业资金从东道国向本国的转移，完成政治风险的规避。除此之外，转移定价还可实现减少税收的目的。某些东盟国家对外资进入的特定行业制定了高税收标准，严重影响到企业的正常经营，因此，企业可通过不同辖区的子公司间的资源转移，达到减税的目的，从而规避经营风险。

（五）完善海外投资保险制度，保障投资者合法权益

保险制度作为另一种风险转移机制，能够实现企业内部风险外化。海外投资保险制度与普通保险制度的差别在于其保险人具有政府性质。因此，企业除了需要提升自保能力，还需要“他保”的外部保障。海外投资保险制度作为一种政府保障，具有政策性的特点，因此，政府应不断完善海外投资保险制度，为企业在跨国项目的开展提供保障。政府等有关部门应推动海外投资保险审批与业务经营分离化。在审批环节中，应调动商务部、财政部等多部门的力量，建立指导、支持、协调、监督多功能的审批体系，提升人力、物力资源利用效率，形成高效且完善的审批制度；在经营业务中，尤其是险种的设置方面，保证险种供给与需求的对应，除汇兑限制、战乱等国际通用险种外，还应针对企业跨国经营中常面临的并购限制、利润损失风险，增设并购限制险与营业中断险等险种，为企业提供完善的海外投资保障。

B.10 中国对东盟文化产品出口贸易的本地市场效应研究

罗立彬　刘四丽*

摘　要：　中国对东盟文化产品出口是否依靠本地市场效应推动，不同细分文化产品的情况又是如何？本文针对这些问题，采用2008～2017年中国与东盟国家文化产品双边贸易的面板数据，应用双向固定效应模型检验了中国对东盟文化产品整体、分产品出口的本地市场效应。研究的主要结论是：虽然中国对东盟文化产品出口整体不存在本地市场效应，但分产品中绘画、手工艺、书籍检测出存在本地市场效应，且本地市场效应超过传统相对要素禀赋成为这三类产品出口的主要动因；东盟国家较低的收入水平、第三国市场效应及同质化的产品是中国对东盟文化产品出口不存在本地市场效应的可能原因；手工艺产品出口存在本地市场效应，反映了中国与越南、印尼、菲律宾的地缘政治因素并未对手工艺品的出口产生实质的影响。

关键词：　东盟　文化贸易　本地市场效应　引力模型

一　引言

党的十九大报告中指出："文化是一个国家、一个民族的灵魂。文化

---

* 罗立彬，北京第二外国语学院教授，研究方向为国际经济与贸易；刘四丽，北京第二外国语学院经济学院国际贸易学硕士研究生。

兴国运兴，文化强民族强。没有高度的文化自信，没有文化的繁荣兴盛，就没有中华民族伟大复兴。”文化贸易作为国家文化传播的载体，可以体现一国文化的吸引力。大力推动文化贸易出口，有利于文化软实力提升。近年来，在西方发达国家的“逆全球化”思潮及贸易保护主义盛行的背景下，中国对外文化贸易的进出口目前集中在发达国家（地区），这会增加贸易争端发生的概率。而东盟与中国在地理距离、文化折扣方面具有优势，如果开拓其为中国文化产品出口的重要市场，可以减少贸易摩擦。

国民经济和社会发展的“十三五”规划纲要中明确提出要加快转变外贸发展方式，调结构转动力，而中国确实面临着外贸发展方式变革、出口动力转换的问题。中国基于劳动禀赋的比较优势减弱，在制造业部门的绝对劳动力成本水平已超过部分东南亚国家是既成事实。[①] 这对于长久以来依靠劳动力比较优势出口的贸易发展方式的中国来说十分不利。而新贸易理论背景下的本地市场效应指出，在存在贸易成本、规模报酬递增的前提下，一国（地区）较大的市场需求会促使其成为净出口国（地区）。根据国家统计局的数据，2017 年，中国居民人均消费支出 18322 元，比上年增长 7.1%。同期人均教育文化娱乐消费支出为 2086 元，比上年增长 8.9%，高于人均消费支出的增长速度，可见中国国内文化市场有着较大潜力，这或在新贸易理论的背景下成为中国文化产品出口的新优势。

在这种背景下，研究“当前中国对东盟文化产品出口的基础是什么；是主要依靠国内大的市场规模带来的本地市场效应还是基于劳动成本的传统比较优势；是否存在本地市场效应，又有哪些文化产品被检验出存在本地市场效应”问题，对中国未来转换贸易发展方式、促进对东盟文化产品出口有重要意义。

---

① 国家发展和改革委员会就业和收入分配司、北京师范大学中国收入分配研究院编著《中国居民收入分配年度报告（2017）》，社会科学文献出版社，2018。

二　中国对东盟文化产品出口的发展状况分析

（一）中国对东盟文化产品出口的规模及增长率

2008～2017年中国对东盟文化产品出口规模及增长率情况见图1。

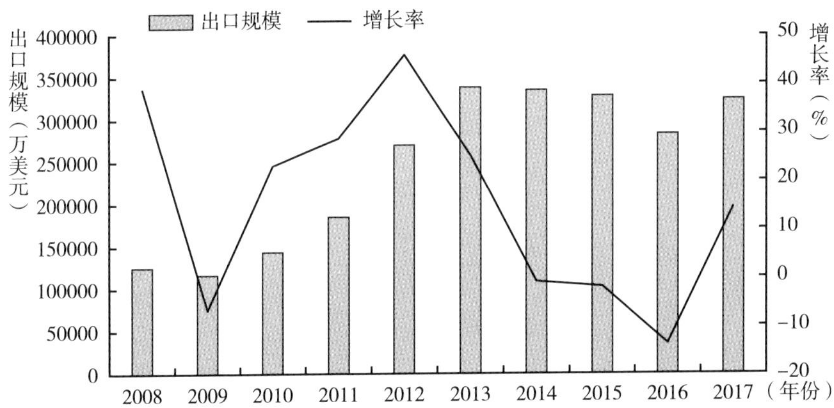

图1　2008～2017年中国对东盟文化产品出口规模及增长率

资料来源：笔者根据UN Comtrade数据库整理及计算得出。

第一，整体来看出口规模呈增长趋势，增长率频繁大幅波动。从出口规模来看，出口贸易额从2008年的125599.22万美元增长到2017年的323983.28万美元，较2008年增长157.95%。从增长率来看，2009年相比2008年，负向增长。从2009年到2012年，出口增速持续提高。2012年增速达到最高，比上一年增长45.89%。之后至2016年，出口增速持续下滑，降到-13.79%。2017年又开始增长。

第二，从产品层面来看，2017年相比2008年，中国对东盟文化产品整体出口规模的增长主要来自手工艺、其他视觉艺术、录制媒介的贡献，合计对出口增长贡献96.11%。其中仅手工艺就贡献77.29%（见表1）。

表1 2017年相比2008年分产品对中国向东盟文化产品出口规模增长的贡献率

单位：%

排名	出口类别	贡献率	排名	出口类别	贡献率
1	手工艺	77.29	8	书籍	0.35
2	其他视觉艺术	11.82	9	报纸	0.05
3	录制媒介	7.01	10	摄影	0.00
4	首饰	4.53	11	古董	0.00
5	乐器	2.32	12	建筑和设计	-0.01
6	其他印刷品	0.80	13	电影和视频	-4.63
7	绘画	0.48			

资料来源：笔者根据UN Comtrade数据库整理及计算得出。

第三，从出口国别层面来看，2017年相比2008年，中国对东盟文化产品出口规模增长主要来自越南、菲律宾、柬埔寨的需求，其次是印尼、泰国、马来西亚、缅甸。其中，仅对越南出口的增长就占对东盟出口增量的40.80%，远远高于其他地区。老挝、文莱对中国向东盟文化产品出口增量贡献极小。而新加坡作为东盟国家中唯一一个发达国家，对中国向东盟文化产品出口规模的增长贡献为负（见表2）。

表2 2017年相比2008年中国对东盟文化产品出口规模增长的具体去向及贡献率

单位：%

排名	出口方向	贡献率	排名	出口方向	贡献率
1	越南	40.80	6	马来西亚	6.05
2	菲律宾	16.46	7	缅甸	3.22
3	柬埔寨	13.61	8	老挝	0.07
4	印尼	11.39	9	文莱	0.04
5	泰国	11.05	10	新加坡	-2.69

资料来源：笔者根据UN Comtrade数据库整理及计算得出。

（二）中国对东盟文化产品出口的产品结构

出口贸易的产品结构可以通过反映一国出口产品的类别，了解该国家的资源禀赋和比较优势。2008 年、2017 年中国对东盟各类文化产品出口占比情况见表 3。

表 3　2008 年、2017 年中国对东盟各类文化产品出口占比

单位：%

出口类别	2008 年	2017 年	出口类别	2008 年	2017 年
古董	0.0049	0.0002	摄影	0.0013	0.0003
乐器	4.0589	2.9955	书籍	1.3852	0.7533
录制媒介	31.404	16.4666	报纸	0.0138	0.037
绘画	0.3289	0.4218	其他印刷品	0.7759	0.7882
其他视觉艺术	18.7604	14.508	电影和视频	7.3194	—
手工艺	33.177	60.1871	建筑和设计	0.016	0.0011
首饰	2.7543	3.8407			

资料来源：笔者根据 UN Comtrade 数据库整理及计算后得出。

第一，出口的产品集中度较高。2017 年，出口排名前三的产品合计占出口总额的 91.16%，分别为手工艺、录制媒介、其他视觉艺术。手工艺是出口最多的文化产品，占总出口的 60.19%。主要出口到越南、柬埔寨、印尼、菲律宾，所占市场份额分别为 42.20%、16.28%、15.63%、15.29%。录制媒介占总出口的 16.47%，主要出口市场依次是泰国、马来西亚、新加坡，市场份额分别为 68.19%、14.66%、9.64%。其他视觉艺术的主要出口市场分别是占比 29.39% 的马来西亚、29.29% 的新加坡、14.49% 的越南。对比三类产品的主要出口方向，录制媒介、其他视觉艺术相比手工艺，更多出口到东盟经济较发达的国家（见表 4）。

第二，从含有的文化、创意成分多寡来看，附加值高的文化产品出口较少。出口的较多产品，大多是附加值较低的加工产品，比如，2017 年出口最多的产品有手工艺品，占比达 60.19%，其他视觉艺术占比 14.51%。书籍、报纸、建筑和设计产品附加值较高，内含创意元素，但加在一起仅 0.79% 左右。前者约是后者的 95 倍。自 2008 年至今，这一现状不仅没有缓解，反而愈加严重。

表 4　2017 年中国对东盟出口最多的三类文化产品的出口去向

单位：万美元，%

出口国家	手工艺			录制媒介			其他视觉艺术		
	排名	出口额	占比	排名	出口额	占比	排名	出口额	占比
越南	1	82282.47	42.20	5	935.73	1.75	3	6813.03	14.49
柬埔寨	2	31736.32	16.28	7	26.11	0.05	8	202.75	0.43
印尼	3	30475.26	15.63	4	2452.46	4.60	6	3110.32	6.62
菲律宾	4	29808.54	15.29	6	571.62	1.07	4	5670.79	12.06
泰国	5	8828.94	4.53	1	36380.18	68.19	5	3247.34	6.91
缅甸	6	6401.94	3.28	8	12.36	0.02	7	227.46	0.48
马来西亚	7	3894.03	2.00	2	7821.70	14.66	1	13815.62	29.39
新加坡	8	1418.34	0.73	3	5144.81	9.64	2	13768.93	29.29
老挝	9	144.66	0.07	10	1.31	0.00	10	6.31	0.01
文莱	10	5.79	0.00	9	2.89	0.01	9	140.85	0.30

资料来源：笔者根据 UN Comtrade 数据库整理及计算后得出。

（三）中国对东盟文化产品出口的国别结构

2008 年、2017 年中国对东盟文化产品的出口国别结构情况分别见图 2、图 3。

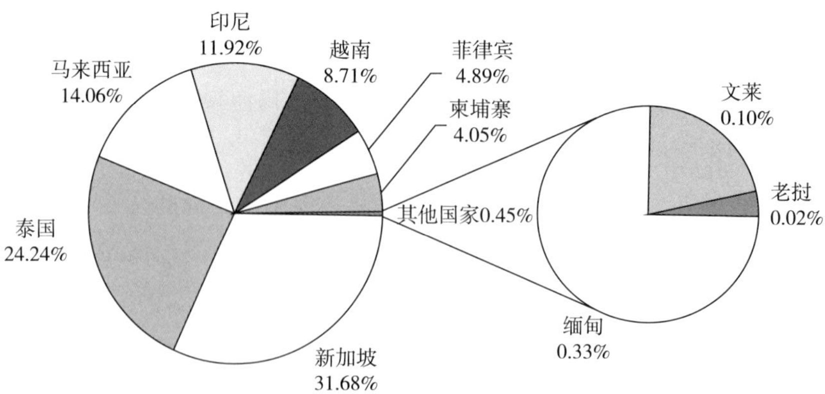

图 2　2008 年中国对东盟文化产品出口的国别结构

资料来源：笔者根据 UN Comtrade 数据库整理及计算后得出。

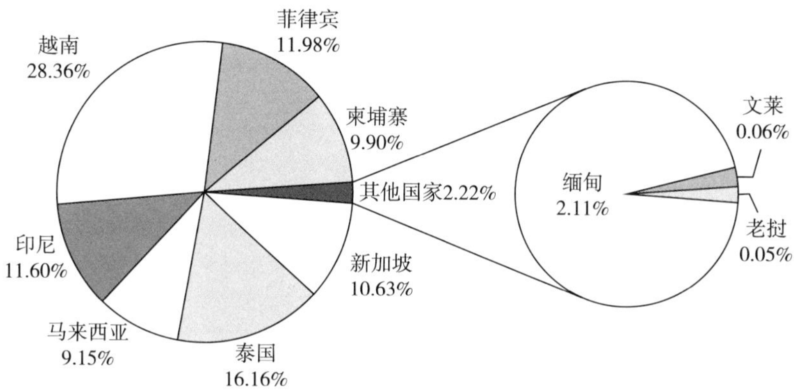

图 3　2017 年中国对东盟文化产品出口的国别结构

资料来源：笔者根据 UN Comtrade 数据库整理及计算后得出。

第一，综合 2008 年、2017 年出口的国别结构来看，人均收入水平与国家所占市场份额大小有关。越南、印尼、菲律宾、泰国、新加坡、柬埔寨、马来西亚，合计占对东盟出口的 97.8% 以上。老挝、缅甸、文莱的市场份额合计不足 3%。这反映了国际经验认为的：当一个地区或国家人均 GDP 超过 1000 美元时，人们的文化需求会迅速增长；当人均 GDP 突破 3000 美元时，居民文化消费支出占总消费支出的比例会明显提高。由表 5 可见，2008 年文莱、新加坡、马来西亚、泰国人均 GDP 水平都超过 3000 美元，文化消费需求高。2008 年菲律宾、越南的人均 GDP 超过 1000 美元，分别为 1919.47 美元、1143.27 美元，文化需求迅速增长；2017 年，对应人均 GDP 为 2988.95 美元、2342.24 美元，接近 3000 美元，文化消费支出比例明显提高。柬埔寨因为经济增速较快，至 2017 年，人均 GDP 也增长到超过 1000 美元。这一现象可以解释菲律宾、越南、柬埔寨三国 2008 年只占较小份额，到 2017 年成为文化产品需求较大的市场。2008 年，缅甸、老挝的人均 GDP 低于 1000 美元，虽然在 2017 年超过 1000 美元，但是分别受限于国家政局不稳定、存在交通运输障碍等，贸易往来受到影响。文莱的人均 GDP 虽高，但是受限于本国人口少，所以市场份额较小。

表 5　2008 年、2017 年东盟国家人均 GDP

单位：现价美元

国家	2008 年	2017 年
新加坡	39721. 05	57714. 30
文莱	37951. 28	28290. 59
马来西亚	8513. 63	9951. 54
泰国	4378. 69	6595. 00
印尼	2160. 53	3846. 86
菲律宾	1919. 47	2988. 95
老挝	899. 50	2457. 38
越南	1143. 27	2342. 24
柬埔寨	745. 79	1384. 42
缅甸	643. 95	1256. 66

资料来源：世界银行。

第二，与 2008 年相比，2017 年中国对东盟文化产品的出口国别结构更均衡。2008 年，新加坡是中国文化产品出口最多的东盟国家，占出口总额的 32%；其次是泰国，占比 24%；再次是马来西亚，占比 14%，合计共占总额的 70%。到了 2017 年，越南以 28% 的份额成为中国向东盟出口文化产品的第一大市场。同时，菲律宾、柬埔寨出口份额提升，新加坡、泰国、马来西亚的出口份额降低，印尼所占份额保持稳定，菲律宾、柬埔寨、新加坡、泰国、马来西亚、印尼六国市场份额差距不大，出口国别结构呈现均衡趋势。

三　计量模型构建与数据说明

（一）计量模型的设定

本文实证模型是参照 Schumacher 的模型得来①，具体回归方程如下：

① Schumacher, D., “Home Market and Traditional Effects on Comparative Advantage in a Gravity Approach,” DIW Discussion Papers, 2003.

$$lnre\_ex_{it} = \beta_0 + \beta_1 lnre\_gdp_{it} + \sum_i \alpha_i \times Control + year_t + \gamma_t + \xi_{it}$$

其中，$lnre\_ex_{it}$ 是被解释变量，代表相对出口；$lnre\_gdp_{it}$ 是核心解释变量，代表相对市场规模；$Control$ 代表一系列控制变量，ξ_{it} 代表残差项，下标 i 和 t（t =2008，…，2017）分别表示出口国中国、t 年。本文为了避免时间共同趋势导致的伪回归和可能存在的内生性问题，加入时间效应 $year_t$、个体效应 γ_t，采用双向固定效应进行回归。当 β_1 大于 0 时，本地市场效应存在。

（二）变量说明及数据来源

由于柬埔寨、菲律宾、缅甸、老挝、文莱的部分细分产品进出口数据缺失，为保证能检验更多的分类产品同时保证年份连续，本文最终选取2008～2017 年中国对东盟五国文化产品的整体出口及六类核心文化产品出口的数据，利用构建的实证模型分别检验本地市场效应情况并分析。

1. 样本国

本文从东盟十国中选取新加坡、印度尼西亚、泰国、马来西亚、越南为样本国。十年间，中国对五国文化产品的出口占向东盟出口总额的 81% 左右，进口达到 88% 左右，所以选择这五个国家可以在一定程度上反映中国对东盟文化产品出口情况，样本具有一定代表性。

2. 研究的细分产品

分为录制媒介、绘画、其他视觉艺术、手工艺、书籍、其他印刷品六类。

3. 被解释变量

$lnre\_ex_{it}$：代表中国对东盟国家的相对文化产品出口，其值为中国对东盟文化产品出口与进口比值的对数。本文按照《2009 年联合国教科文组织文化统计框架》对核心文化产品分类，以 HS07 编码收集数据。数据来源为联合国商品贸易数据库（UN Comtrade）。

4. 核心解释变量

$lnre\_gdp_{it}$：代表中国对东盟国家的相对市场规模，其值为中国与东盟

GDP比值的对数。根据以往本地市场效应的实证文献，学者使用GDP[①]、所研究产业的总产值[②]或第三产业增加值[③]来衡量本地市场规模。本文借鉴Schumacher的研究成果，使用GDP来衡量本地市场规模。因为文化产品在生产和消费方面具有广泛的外部性和社会性，相比对个人、群体的经济层面的意义、作用，文化产品对整个社会的意义和作用更加重大，[④] 所以本文认为用GDP作为衡量本地市场规模的指标更为适合。GDP采用2008年为基期的实际GDP，数据来自世界银行数据库。

5. 控制变量

（1）$lnre\_pgdp_{it}$：代表中国对东盟国家的相对要素禀赋。本文借鉴Schumacher的研究成果采用各国每年的人均GDP表示。数据通过2008年为基期的实际GDP除以人口数量得到，人口数量来自世界银行数据库。

（2）$lnre\_ipr_{it}$：代表中国对东盟国家的知识产权保护指数相对水平。郭小东等人得出“文化产品对知识产权保护更敏感，进口国加大知识产权保护力度可以促进文化产品出口”的结论[⑤]，本文参照[⑥]世界经济论坛发布的《全球竞争力报告》中对各国知识产权保护的评分。

（3）$lnre\_fdi_{it}$：代表中国对东盟国家的相对利用外资水平。江小涓提到外资参与度越高的产业，出口规模更大。[⑦] 外商投资净流入数据来自世界银行数据库。

① Schumacher, D. , “Home Market and Traditional Effects on Comparative Advantage in a Gravity Approach,” DIW Discussion Papers, 2003; Hanson, G. H. , Xiang, C. , “The Home – market Effect and Bilateral Trade Patterns,” *American Economic Review*, 2004, 94 (4): 1108 – 1129.

② 邱斌、尹威：《中国制造业出口是否存在本土市场效应》，《世界经济》2010年第7期，第44～63页。

③ 曲如晓、杨修：《本地市场效应、要素禀赋优势与中国文化产品贸易》，《经济与管理研究》2015年第5期，第22～30页。

④ 杨承志：《关于文化产品价值的哲学思考》，《光明日报》2007年8月28日。

⑤ 郭小东、吴宗书：《创意产品出口、模仿威胁与知识产权保护》，《经济学（季刊）》2014年第2期，第1239～1260页。

⑥ Weng, Y. , Yang, C. H. , Huang, Y, J. , “Intellectual Property Rights and U. S. Information Goods Exports: The Role of Imitation Threat,” *Journal of Cultural Economics*, 2009, 33 (2): 109 – 134.

⑦ 江小涓：《我国出口商品结构的决定因素和变化趋势》，《经济研究》2007年第5期，第4～16页。

四　实证分析

（一）整体出口的本地市场效应回归分析

本文关注的是核心解释变量 *lnre_ gdp* 对被解释变量 *lnre_ ex* 的回归系数，采用面板数据的双向固定效应回归来控制随时间、个体变化不可观测的因素产生的内生性问题。结果见表6。

表6　中国对东盟文化产品整体出口固定效应回归结果

解释变量	被解释变量 *lnre_ex*	
	(1)	(2)
lnre_gdp	−17.876 ** (−4.164)	−21.842 *** (−3.964)
lnre_pgdp	14.790 ** (3.775)	19.019 *** (3.418)
lnre_ipr	−0.299 (−0.445)	−0.020 (−0.028)
lnre_fdi	0.204 (1.266)	0.290 (1.286)
R^2	0.383	0.911
F 统计量	9.833 **	95.123 ***
是否加入个体效应	是	是
是否加入时间效应	否	是
观测样本	50	50

注：***、**、*分别表示 *p* 值在1%、5%、10%的水平下显著。括号内为 *t* 值。

表6的列（1）显示，加入时间变量前，中国对东盟的相对市场规模 *lnre_ gdp*的系数显著为负，表明中国对东盟文化产品出口整体表现为逆本地市场效应。列（2）加入时间效应后，中国对东盟的相对市场规模 *lnre_ gdp* 的系数仍为负且更加显著，说明加入时间效应后模型更准确。综上，中国对东盟文化产品出口整体不存在本地市场效应，表现为逆本地市场效应。这一结

果与佟家栋等人[①]研究发展中国家样本关于制造业部门贸易的本地市场效应的结果相同。

中国对东盟文化产品出口整体不存在本地市场效应的主要原因，可能为以下三点。

第一，综合十年情况，存在逆本地市场效应的分产品出口占比超过半数。[②] 根据后文对细分文化产品本地市场效应的检验结果，存在本地市场效应与不存在本地市场效应的产品各自占出口比重情况。图 4 显示 2008 ~ 2015 年，连续 8 年逆本地市场效应（Reverse HME）的产品占比大于存在本地市场效应（HME）的产品，且平均出口占比超过半数。所以整体出口更可能表现逆本地市场效应。

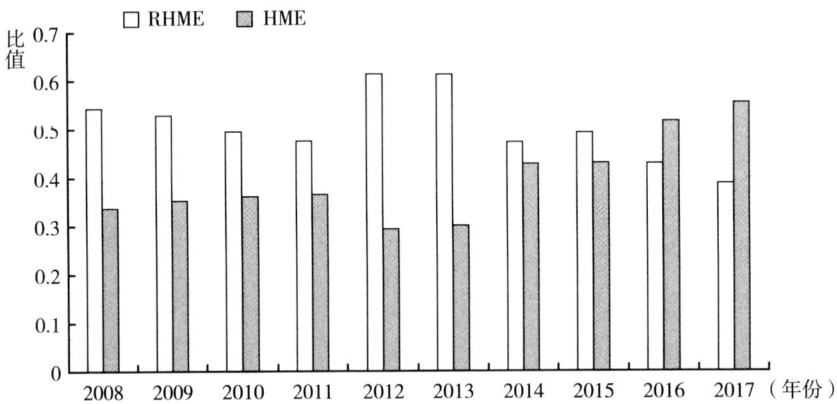

图 4　2008 ~ 2017 年 Reverse HME、HME 产品出口占比

资料来源：根据 UN Comtrade 数据库整理计算得出。

第二，第三方市场的影响。两个外部国家的市场准入性有差异时，需求会流入市场准入性较好的国家，此时如果本国需求不够大，本地市场效应就

① 佟家栋、刘竹青：《双边贸易的本地市场效应——基于东亚地区制造业部门的实证研究》，《国际贸易问题》2012 年第 7 期，第 67 ~ 75 页。

② 值得注意的是，虽然从样本整体期间来看，表现为逆本地市场效应的产品超过半数，但是 2016 年和 2017 年，存在本地市场效应的产品数量已经开始超过半数了。

会消失。根据2002年中国与东盟十国签署的《中国－东盟全面经济合作框架协议》，其中的例外条款提到“本协议的任何规定不得阻止任何缔约方采取或实施保护其国家安全，保护具有艺术、历史或考古价值的文物所采取的措施”，这说明中国文化产品进入东盟市场可能会受限制。相比之下，发达国家（地区）准入性会更好，更重要的是中国文化产品的主要出口市场为发达国家（地区）。[①] 此时，中国本地市场需求的增长不会促进其对东盟国家的出口规模，反而可能会因为对发达国家（地区）市场出口的增加而挤压对东盟的出口，从而出现逆本地市场效应。

第三，基于收入水平因素，中国国内与东盟国家关于文化产品的需求差异削弱了本地大市场的出口效应。Porter 曾指出，一国国内市场需求仅在本土企业相比他国具有出口优势，并且同国际市场上的主要需求一致时，才是推动本土企业出口竞争的根本。[②] 假如存在需求差异，那么一国的“特质型消费”（Idiosyncratic Demand）即便规模再大，也会因为没有相似的国外需求而难以转化为本土企业的出口竞争优势。这一论断意味着，国内需求和国外需求的差异会通过削弱本土企业出口竞争力，从而削弱本地大市场的出口效应[③]，而需求差异会受到收入水平的影响。[④]

从中国与东盟文化产品的需求差异来看，东盟国家自身经济水平较低，偏好进口低附加值的劳动力密集型产品，并且从整体来看对文化产品的需求较小。而中国对东盟文化产品出口的相对传统比较优势 *lnrc_ pgdp* 的系数为正，根据 Schumacher 的解释，这表明中国对东盟出口的文化产品在生产上表现出资本密集型特点。因此，中国与东盟对于文化产品的需求差异将减弱

① 根据联合国商品贸易数据库，2017年中国出口文化产品前五名发达国家（地区）合计占比64%，对样本国印尼、马来西亚、新加坡、泰国、越南的出口份额为8.63%。发达国家（地区）市场份额远高于东盟国家。

② Porter, M. F., *The Competitive Advantages of Nations*, New York: The Free Press, 1990.

③ 易先忠等：《国内大市场与本土企业出口竞争力——来自电子消费品行业的新发现及其解释》，《财贸经济》2016年第4期，第86～100页。

④ Weder, R., “How Domestic Demand Shapes the Pattern of International Trade,” *World Economy*, 1996, 19 (3): 273－286.

中国向东盟出口文化产品的效应。同时，中国较大的本地市场也会吸引进口，中国凭借较大的本地市场需求及相对东盟较高的经济水平会产生明显的进口效应。综合来看，出口效应弱于进口效应将会导致本地市场效应逆转。

（二）分行业出口的本地市场效应回归分析

中国对东盟文化产品的出口整体不存在本地市场效应，那么分产品情况又是如何呢？本节同样采用面板数据的双向固定效应回归，并关注六类文化产品的核心解释变量 *lnre_ gdp* 对被解释变量 *lnre_ ex* 的回归系数。回归结果见表7。

表7 中国对东盟文化产品分行业出口固定效应回归结果

解释变量	被解释变量 *lnre_ex*					
	录制媒介	绘画	其他视觉艺术	手工艺	书籍	其他印刷品
lnre_gdp	-16.310 (-0.855)	15.714** (2.097)	16.113* (-1.915)	18.125*** (3.048)	20.720** (2.236)	-18.855 (-1.172)
lnre_pgdp	28.234 (1.459)	-13.274* (-1.775)	14.876* (1.777)	-17.063*** (-3.046)	-19.849** (-2.146)	20.204 (1.218)
lnre_ipr	5.927 (1.091)	-0.540 (-0.432)	-0.832 (-0.690)	-3.550*** (-3.150)	-3.707* (-1.827)	12.526*** (4.983)
lnre_fdi	0.027 (0.032)	-0.602* (-1.986)	0.195 (0.541)	0.131 (0.553)	-0.714* (-1.941)	-0.457 (-0.960)
R^2	0.694	0.697	0.901	0.814	0.894	0.665
F 统计量	8.977***	7.385***	34.810***	17.334***	21.618***	9.714***
是否加入时间、个体效应	是	是	是	是	是	是
观测样本	50	50	50	50	50	50
模型	FE	FE	FE	FE	FE	FE

注：***、**、*分别表示 *p* 值在1%、5%、10%的水平下显著。括号内为 *t* 值。

根据表7，我们发现，有三种产品的 *lnre_ gdp* 系数显著为正。这表明，六种细分的核心文化产品中有三种产品显著存在本地市场效应，分别是绘画、手工艺、书籍产品。而录制媒介、其他视觉艺术、其他印刷品表现为逆本地市场效应，其中只有其他视觉艺术显著。

第一，对存在本地市场效应的产品进行分析。

首先，对于绘画、手工艺、书籍产品，通过对比 *lnre_ gdp*、*lnre_ pgdp* 变量的系数大小，即中国与东盟的相对市场规模水平普遍大于相对要素禀赋对中国对东盟文化产品相对出口的影响，成为推动这些产品出口的主要动因。虽然在 13 种核心文化产品中，本文选取 6 种并仅检测出 3 种存在本地市场效应，但 2017 年，3 种产品合计出口占中国对东盟文化产品整体出口的 61.36%，这说明 2017 年中国对东盟出口的至少一半文化产品包含了本地市场效应的作用。

其次，手工艺存在本地市场效应说明了东盟地区的地缘政治因素并未影响中国向这些国家出口文化产品并发挥本地市场效应。根据 UN Comtrade 数据库，2017 年手工艺占中国对东盟文化产品总出口的 60.19%，且主要出口到越南、印尼、菲律宾，合计占出口市场总额的 73.12%。而从地缘政治来看，中国与越南、印尼、菲律宾就南海问题虽曾产生争端与政治摩擦，但中国向东盟出口手工艺品不仅主要由这些国家拉动并成为出口最多的文化产品，而且存在显著的本地市场效应，这从侧面说明了地缘政治因素并未产生实质性的影响。

最后，书籍产品的 *lnre_ gdp* 系数最大。这体现了本土市场效应随行业特征的不同而变化，运输成本越高，替代弹性越低（规模经济越明显）的行业表现出本地市场效应越强。因为书籍可以进行低成本无限次复制，边际成本很低，边际收益就是价格减去实际产生的成本，新增收入几乎为净利润，相比绘画、手工艺，规模报酬递增特征更明显。因此，相比绘画、手工艺，书籍表现出更强的本地市场效应。

第二，对不存在本地市场效应的产品进行分析。对录制媒介、其他视觉艺术、其他印刷品，中国对东盟的相对市场规模水平 *lnre_ gdp* 的系数均为负值，即中国市场上对录制媒介、其他视觉艺术、其他印刷品的需求相对水平增长没有促进对东盟的出口相对水平增加。对分产品不存在本地市场效应的原因分析如下。

首先，对录制媒介产品进行分析。录制媒介产品不存在本地市场效应的主要可能原因是受基于收入水平的中国国内和东盟关于文化产品需求的差异影响，削弱了本地大市场对出口的作用，同时中国本地的大市场及相对东盟较高的收入水平带来的进口效应超过出口效应。对于录制媒介，中国在其生产上相对东盟属于资本密集型产品，而东盟因整体收入水平较低，偏好消费劳动密集型产品。需求的差异削弱了中国向东盟出口录制媒介产品。而新加坡因收入水平较高，在消费方面偏好资本密集型产品，与中国的需求相似，从而加强了新加坡向中国出口录制媒介产品的效应。从对应数据方面来看，根据 UN Comtrade 数据库，录制媒介连续十年保持贸易逆差，而其中来自对新加坡的进口起了决定性作用（见表 8）。事实上，新加坡在 2008 年及 2017 年均是中国录制媒介产品进口来源第一大国，这就造成了中国本地市场需求的增加，且引起对东盟录制媒介产品净进口。其本质还是东盟地区收入水平低造成的需求差异的影响。

表 8　2008 年、2017 年中国对东盟录制媒介出口的贸易逆差及各国贡献率

单位：美元，%

国家	排序	2008 年	贡献率	排序	2017 年	贡献率
新加坡	1	-785788667	135.71	1	-660682580	166.97
马来西亚	2	-36661060	6.33	3	-717889	0.18
印尼	3	-519949	0.09	9	22618502	-5.72
菲律宾	4	-160574	0.03	2	-117010110	29.57
老挝	5	0	0.00	4	13108	0.00
文莱	6	0	0.00	5	28905	-0.01
柬埔寨	7	14950	0.00	7	261004	-0.07
缅甸	8	185093	-0.03	6	123600	-0.03
越南	9	5623474	-0.97	8	3868817	-0.98
泰国	10	238276439	-41.15	10	355795527	-89.92

资料来源：根据 UN Comtrade 数据库整理计算得出。

其次，对其他印刷品的情况进行分析。其他印刷品之所以不存在本地市场效应，可能是与绘画、书籍、手工艺相比，其具有高替代弹性的行业特点。根据《2009 年联合国教科文组织文化统计框架》，其他印刷品项下大部分是各种地图、图表或者明信片、贺卡、印刷版日历等产品，这些均属于中国的低端制造品，产品附加值低且同质化严重，具有较高替代性。

最后，对其他视觉艺术品进行分析。其他视觉艺术产品不存在本地市场效应，主要原因可能是受第三国市场的影响较大。根据 UN Comtrade 数据库，2017 年中国其他艺术品出口主要集中在欧美发达国家（地区），市场份额为 85.23%，东盟国家占 8.61%。根据 Suedekum 提出的第三国市场对本地市场效应的影响，在中国本地市场有较大需求的情况下，因为增加对发达国家（地区）出口而将对东盟国家的出口挤出，本地市场效应发生逆转。

五　研究结论与建议

针对本文主要研究的“中国对东盟文化产品出口的动因是劳动力成本优势，还是本地市场效应；本地市场效应在整体出口和分产品出口的表现如何”这些问题，现对本文结论与对应的政策启示进行阐述。

（一）研究结论

第一，中国对东盟文化产品出口集中在附加值较低的功能型产品，出口已经偏向越南、印尼、菲律宾等国家，出口的产品结构和规模受东盟国家经济水平的影响较大。主要原因是，越南、柬埔寨、印尼、菲律宾经济快速增长，对中国的文化产品有更多需求。一方面，由于拉动了对手工艺品的需求，同时手工艺品占整体文化产品出口超过 60%，因此中国文化产品出口规模因手工艺品的出口增长而增大。另一方面，尽管东盟国家经济快速增长，受其经济发展水平影响，其文化产品消费水平仍较低，所以产品的出口结构表现为以手工艺品等低附加值产品为主的特点，古董、录制媒介、报纸等附加值较高的产品占比较低。

第二，虽然中国对东盟文化产品出口整体不存在本地市场效应，但分产品中绘画、手工艺、书籍检测出存在本地市场效应，且本地市场效应超过传统相对要素禀赋成为三类产品出口的主要动因。2017 年三种产品合计出口占中国对东盟文化产品整体出口的 61.36%，这说明 2017 年中国对东盟至少超过半数的文化产品出口含本地市场效应的作用。另外，三种产品所对应的相对市场规模 *lnre_ gdp* 的系数均大于传统相对要素禀赋 *lnre_ pgdp* 的系数，这表明本地市场效应逐渐取代传统要素禀赋成为促进中国对东盟文化产品出口的主要原因。

第三，东盟国家较低的收入水平、第三国市场效应及同质化的产品是中国对东盟文化产品出口不存在本地市场效应的可能原因。首先，东盟较低的收入水平使其偏好消费劳动密集型文化产品，而从中国对东盟文化产品整体出口的相对传统要素禀赋系数 *lnre_ pgdp* 来看，中国相对东盟文化产品整体生产呈现资本密集型特点，中国与东盟在文化产品的需求方面有差异。易先忠等学者①认为国内需求与国外需求差异会削弱本地大市场国家的出口，则中国与东盟对文化产品的需求差异削弱了中国对东盟文化产品整体出口发挥本地市场效应。同时，中国大市场及相对东盟较高的收入水平带来的进口效应强于出口效应，导致对东盟的整体出口不存在本地市场效应。录制媒介也因此不存在本地市场效应，并从数据上得到了验证。其次，因为行业具有同质化特点，其他印刷品表现为不存在本地市场效应。同质化产品具有替代弹性较高的特点，相比具有低替代弹性特点的产品，本地市场效应会更弱或者消失。最后，在第三国市场对本地市场效应的影响下，中国对东盟文化产品出口整体及其他艺术品表现为逆本地市场效应。中国文化产品整体出口的主要出口市场为发达国家（地区），根据 Suedekum 提出的第三国市场对本地市场效应的理论，中国本地市场需求的增长不会促进其对东盟国家的出口规模，反而可能会因为对发达国家（地区）出口的增加而挤压对东盟的出口，本地市场效应消失或逆转。作为最主要的出口产品之一，其他视觉艺术产品也是如此，并因在出口中占有一定比重而对整体出口本地市场效应的存在性

① 易先忠等：《国内大市场与本土企业出口竞争力——来自电子消费品行业的新发现及其解释》，《财贸经济》2016 年第 4 期，第 86 ~ 100 页。

产生了影响。

第四，书籍凭借高规模经济的行业特点，本地市场效应作用最强。绘画、手工艺、书籍产品中，书籍产品规模经济效应明显，而高规模经济（低替代弹性）的行业会表现出本地市场效应较强的特征。

第五，手工艺品出口存在本地市场效应，侧面反映了中国与越南、印尼、菲律宾的地缘政治因素并未影响中国向这些国家出口文化产品并发挥本地市场效应的作用。

（二）政策建议

1. 拉动内需，发挥本地市场效应

2018 年 4 月 23 日，中央政治局召开会议并提出“要加快结构调整与扩大内需结合”。同时，面对内需可能因中美贸易摩擦在一段时间内存在而过度下滑这一风险，重视内需对经济发展的拉动作用成为必需。而本文实证检验得出结论，绘画、手工艺、书籍产品存在本地市场效应，可以通过拉动国内需求实现行业的规模经济，从而发挥本地市场效应对这些产品出口的推动作用。

拉动内需，可以从以下两方面入手。

首先，形成更加成熟的消费市场，促进消费新增长点形成。作为“三驾马车”之一，最终消费的支出对经济增长的贡献持续提高，成为拉动消费的主要力量。在当前阻碍消费扩大和升级的机制依然突出的背景下，需要从三个方面改善目前问题：一是促进实物产品消费不断升级；二是引导消费新模式，例如，在跨境电商平台的搭建方面，注重将推广营销、孵化电商、结算报关等一系列服务集合；三是完善促进消费的政策，比如，加强消费领域的个人信用体系政策建设，以此保护消费者的权利。

其次，积极推动新型城镇化建设，保持内需潜力来源。农村人口众多，蕴含巨大的潜在的消费能力。而国际经验表明，当人均 GDP 超过 5000 美元时，就进入了消费升级的关键期，所以推动新型城镇化将会拉动国内需求。可从以下三方面推动新型城镇化建设。一是要充分认识到只有采取以城市群为主体的就近发展中小城镇的方式，才能避免交通拥挤以及房价过高的城市问题，以及空心化及土地荒废的农村问题；二是要根据小镇自身的特色优势以及地理位置情况来做适合当地的规划；三是通过培养有职业技能的农民，推动农民脱贫致富；四是消除城乡分割的户籍制度，完善承包地“三权”分置制度，进一步推动城乡一体化；五是要以工业化促进农业现代化，以农业现代化提高农民收入，以农业信息化提高电子商务扶贫的效率。

2. 保护差异化产品，促进形成低替代弹性行业

本文中其他印刷品行业，其行业产品低同质化的特征导致了该行业不存在本地市场效应。中国文化产品行业存在低同质化竞争现象，一方面是因为市场进入门槛低，企业之间竞争激烈；另一方面是因为保护文化产品创新的相关法律体系不健全。针对这两点，为保护差异化文化产品，从而形成具有低替代弹性的行业特点，提出以下建议。

首先，规范良性竞争的市场秩序。一是提高市场准入门槛。比如，作为附加值较低的行业，视觉艺术品、其他印刷品行业的进入门槛较低，有些企业仅靠出口退税生存。对这些企业，可以加强海关部门对于出口退税企业资质的审查、限制，挤压这类企业的生存空间，倒逼企业提升自身生产质量。二是建立优胜劣汰机制。一方面，成熟的文化市场的准入和退出机制会对各市场主体起到促进公平竞争、优胜劣汰的作用；另一方面，推进国有经营性文化单位转企改制工作进一步落实，加快公司制、股份制改造，同时对既有规定要求的转制国有传媒单位尝试性地探索实施特殊管理股制度。

其次，提高知识产权保护水平。一是完善立法不足条例。建议相关立法部门及时关注文化产品的知识产权保护需求。二是增加违法惩罚机制。对于侵犯企业文化产品创意的行为可以引入惩罚性赔偿制度。三是普及知识产权保护知识。一方面，提高企业意识；另一方面，对于文化产品创作者应考虑采用著作权法律保护。

3. 促进文化产业升级，提升国家文化软实力

内容型文化产品蕴含丰富的文化内涵和创意，可以体现一国文化软实力。但中国对东盟文化产品出口以功能型附加值较低的产品为主。2017 年，

附加值较低的手工艺就占中国对东盟文化产品出口总额的60%。此时，只有中国文化产业升级，出口文化产品包含更多文化和创意元素，才能借文化产品贸易为载体，传播中国文化的“软实力”。加速文化产业转型升级，提高国家文化软实力，应做到以下几点。首先，培养文化创新人才。一是加大对文化产业创新人才的引进，吸引大量的创新人才投入文化产业项目中，努力开展相关科研合作；二是将改革文化创新人才的培养方案和对文化产业相关科研院校的科研增加投入“两手抓”，通过开展“产学研”合作，培养具有实践能力和理论素养的文化产业创新人才。其次，丰富文化产品的内涵。随着人们物质生活的日益丰富，对文化产品消费的需求也越来越高，不仅表现在对产品种类的要求，也表现在对产品内涵的高要求。实现这一要求，需要挖掘中华民族优秀的传统文化和历史，制作成东盟国家需求偏好的产品。最后，整合优化文化产业资源。推动文化产业升级，需要投入更多的人力、财力、物力，还要合理优化其投入比例。针对现阶段不合理的产业结构以及分配不均的文化产业资源现象，一方面要合理运用市场经济的调节作用，制定更加完善的政策，实现资源的合理优化；另一方面，刺激文化企业参与竞争，使资源合理调配。

B.11
能源企业东盟直接投资安全与对策

韦秀仙　王思佳　欧植新*

摘　要： “一带一路”倡议提出以来，我国与共建国家与地区在能源、金属、房地产、交通等多领域形成贸易合作关系，其中能源领域在“一带一路”OFDI总额行业分布中占比超过半数，与东盟各国合作也呈此态势。我国能源企业在东盟各国资源利用和市场开发方面迎来新机遇，而在寻求能源资源跨国合作的过程中所面临的投资安全问题不可忽视。本文通过分析中国能源企业对东盟各国的投资现状，根据直接投资的问题与风险，提出能源企业对东盟直接投资的安全对策，希望对后来的能源企业直接投资提供一定的理论帮助。

关键词： 能源企业　投资安全　“一带一路”

在“投资、出口、消费”三驾马车的拉动下，我国经济得到了突飞猛进的发展，能源作为国民经济发展的物质基础，有着非常重要的作用。我国经济进入高速发展阶段以后，能源短缺问题日益明显。对外能源投资不仅能够缓解能源短缺问题，也为能源企业发展带来了新的机遇。

随着经济全球化水平进一步提高，能源资源贸易互联日渐兴起，成为各

---

* 韦秀仙，桂林电子科技大学商学院副院长、副教授、硕士生导师，研究方向为投资与资本市场研究、财务管理；王思佳，桂林电子科技大学硕士研究生，研究方向为管理会计；欧植新，桂林电子科技大学硕士研究生，研究方向为管理会计。

国各地区合作的重要组成部分。自2013年习近平主席提出“一带一路”倡议以来，我国企业以“政策沟通、设施联通、贸易畅通、资金融通、民心相通”为原则在“丝绸之路经济带”和“21世纪海上丝绸之路”地区和国家组织开展了多个领域的合作。东盟作为不可忽视的重要地区，成为未来我国投资的目标地区。

在中国－东盟自由贸易区以及大湄公河次区域经济合作等合作框架日益成熟的背景下，东盟十国与中国的合作领域进一步扩展。针对东盟国家的资源特点及发展趋势，能源行业投资成为对外直接投资的重点行业，其发展水平与能源安全、环境安全息息相关，对经济社会的发展更是有着重要的影响。在能源领域对外直接投资快速增长的同时，如何有效化解风险，迎接挑战，为中国企业在东盟能源投资找寻更好的投资机遇，是我们目前亟须探讨的重要问题。

一　中国－东盟能源投资的现状

（一）现状总体概述

1. 能源企业对东盟总投资规模迅速增长

2019年上半年，东盟仅次于美国，仍然是中国在国际上的第二大贸易合作伙伴，中国与东盟的贸易额较上午同期增长了5.1%。东盟在中国的贸易发展中起着越来越重要的作用；中国仍然是越南、马来西亚、泰国、新加坡等八个国家最大的贸易伙伴。在与东盟建立战略伙伴关系十周年之际，中国的“一带一路”倡议将进一步深化中国与东盟的全方位合作。

中国与东盟国家在能源领域的合作有着悠久的历史。中国与东盟最早的能源合作可追溯至20世纪70年代，但仅限于与少数几个国家的能源贸易合作。20世纪90年代以后，中国与东盟开始尝试建立健全一系列合作对话机制，《中国－东盟全面经济合作框架协议》《南海各方行为宣言》《东南亚友好合作条约》等协议的签订与亚投行、中国－东盟投资合作基金、丝路基金等投资平台的建立，更加快了中国与东盟国家在能源领域的合作和对东盟地区的能源投资的增长。尤其是中国能源企业在“走出去”战略开展后，对东盟油气资源的投资合作力度明显加大。2005～2016年，能源、交通运输和金属行业分列中国在“一带一路”OFDI行业分布的前三名，能源行业投资更是占据总投资的半壁江山，比例高达57.8%，总规模则达到1183.90亿美元。能源领域的投资又主要集中在东亚和西亚地区。图1为中国对部分东盟国家直接投资净额情况。随着中国与东盟全面深化互信合作，中国在东盟国家能源领域的投资，尤其是能源基础设施建设的投资不断加大。

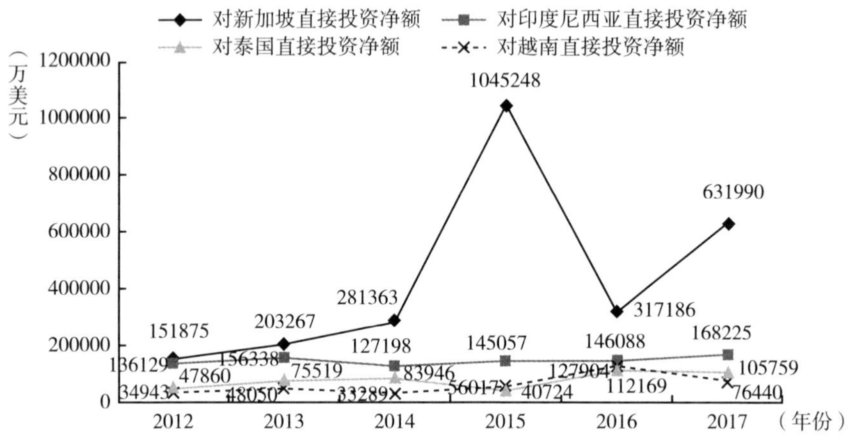

图1　中国对部分东盟国家直接投资净额对比

资料来源：中国一带一路网，https：//www.yidaiyilu.gov.cn/jcsjpc.htm，2019年12月7日。

2. 能源贸易往来愈加频繁

20世纪70年代末，中国与东盟部分国家就有了能源方面的贸易往来，但能源贸易规模很小，受限于交通和经济状况，能源贸易频次有限。1978年，中国与菲律宾签订石油长期贸易协议，在1978～1983年5年时间内中国向菲律宾出口石油120万吨，这标志着中国与东盟国家正式开始了能源贸易合作。此后中国与东盟的能源贸易不断发展，至20世纪90年代后期，中国与东盟的石油贸易日趋紧密和频繁，贸易总量大幅增加，贸易对象也扩大至文莱、印度尼西亚、缅甸等东盟成员国。相比中东国家，中国传统化石能源储量较少，且东盟各国传统化石能源储量和分布不均衡，中国对东盟各国的矿物燃料等进出口形势也有所不同，图 2 为 2019 年 1 ~ 10 月中国对部分东盟国家化石燃料进出口情况统计。对于本土传统化石能源储量较少或几乎没有的东盟国家（如新加坡），中国对其的相关能源出口量较大，而对于自身传统化石能源储量较多的国家（如印度尼西亚、马来西亚），中国自这些地区相关能源的进口量较大，中国与东盟的能源贸易呈现出互补的趋势。

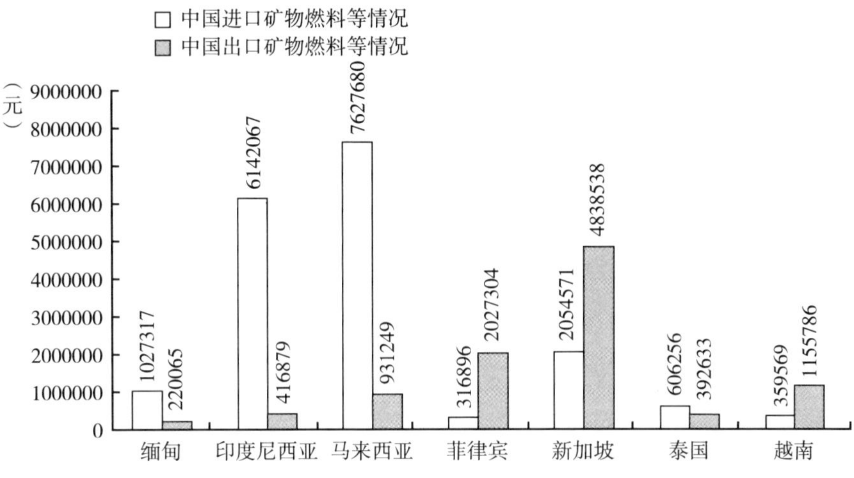

图 2　2019 年 1 ~ 10 月中国对东盟部分国家进出口矿物燃料情况

资料来源：中华人民共和国海关总署，《2019 年 10 月对部分国家（地区）出口商品类章金额表（人民币值）》，http://www.customs.gov.cn/customs/302249/302274/302277/302276/2709020/index.html，2019 年 12 月 7 日。

（二）能源类型分析

中国对于东盟国家的能源投资主要分为两类：一是对能源资源的开发投资，二是对能源基础设施建设的投资。对能源资源的开发投资主要集中在常规化石能源的开发，如石油、天然气等，也包括对新能源的开发，如水资源、风能、太阳能等可再生能源。虽然东盟国家的油气资源比不上中东地区的储量，但在亚太地区仍较为富足，其中又以马来西亚和印度尼西亚的石油储量最大。东盟的能源发展还处于初步阶段，能源投资潜力巨大。

1. 石油资源

根据2019年10月国际能源署发布的《东南亚能源展望2019》，东南亚能源总需求较2010年增长超过80%。为满足这一增长需要，以石油、煤炭、天然气为主的化石燃料做出了最大贡献，但东盟已探明的石油储量仍不到全球石油总量的1%。

东盟国家的化石能源储量大，但是分布不均衡，只集中在少数几个国家，其中越南、马来西亚、印度尼西亚、文莱四个国家的石油储量就占到整个东盟国家总储量的95%以上，而“亚洲四小龙”之一的新加坡的化石燃料储量几乎为零，菲律宾、柬埔寨、老挝等几个东盟国家的石油储量也比较小，只有通过对外进口才能满足自身能源需求。

2. 天然气和煤炭

相对于东盟石油储量，东盟国家的天然气储量和煤炭储量相对充足。东盟已探明的天然气总量在全球天然气总量的占比超过3%，已探明的煤炭总量在全球煤炭总量的占比超过3%。天然气和煤炭分布依然延续之前石油分布不均衡的情况，天然气储量上，印度尼西亚、马来西亚、越南等排名靠前；煤炭储量上，印度尼西亚、泰国、越南等排名靠前。

3. 水资源

东盟十国几乎都沿海沿河，除新加坡没有大型河流经过，其他东盟国家的水资源都非常丰富。印度尼西亚是世界上有名的岛国，群岛环绕，河流纵横，水资源排名全球第五；泰国年均降水量超过1500毫米；老挝有超过20条河流过境，其中湄公河在老挝境内的长度在其全长中占比虽未过半，但在老挝境内的湄公河落差大，使湄公河有超过60%的水资源集中在老挝，其他东盟国家都有一定的水资源储量。总体来说，虽然东盟国家水资源储量巨大，技术可开发量潜力巨大，但受限于东盟国家资源分布的不均衡、国家经济和社会发展的不平衡以及地区技术发展的落后，其水资源开发利用程度非常低。

（三）中国－东盟相关政策研究

在中国－东盟领导人会议暨中国－东盟建立面向和平与繁荣的战略伙伴关系15周年纪念峰会上，提出了《中国－东盟战略伙伴关系2030年愿景》，愿景回顾了中国东盟的互利合作相关政策，从2003年10月8日《中国和东盟国家领导人关于面向和平与繁荣的战略伙伴关系的联合宣言》到2013年10月9日在文莱发表的《第16次中国－东盟领导人会议暨纪念中国－东盟战略伙伴关系10周年联合声明》都明确地表示了中国与东盟共同繁荣的坚定决心。在能源投资方面，2002年9月，中国第一次与印度尼西亚在能源论坛上开展合作讨论。同年11月，《中国－东盟全面经济合作框架协议》诞生。2004年11月，在第八次中国－东盟领导人会议上，国务院总理温家宝首次提出中国－东盟能源部长对话机制①，充分利用东盟－中日韩能源部长会议，就稳定能源供应、确保运输安全等进行对话与合作。②2007年1月，第二届东亚峰会就东亚能源合作通过了《东亚能源安全宿务宣言》。此后，中国与东盟定期召开“10＋3”能源部长会议，加强能源信息沟通，有效地促进了能源领域的合作探讨。

相关政策落实主要表现在石油、天然气和电力投资方面。石油的投资主要是中国石油工业成立了三家巨型公司，即中国石油天然气集团公司（CNPC）、中国石化集团公司（SINOPEC）和中国海洋石油总公司（CNOOC）。对东盟电力的投资主要表现在水电的基础设施建设上。中国水电建设处于全球领先地位，中国对东盟投资了诸多水电项目，特别是大湄公河次区域（GMC）。

二　中国－东盟能源投资面临的主要问题与风险

当前，中国－东盟在能源投资方面发展迅速，并且东盟各国在能源需求

---

① 《温家宝总理在第八次中国－东盟领导人会议上的讲话》，中国外交部网，http://www.fmprc.gov.cn/ce/cgkhb/chn/zlgdt/t172580.htm，2004年11月29日

② 李黎明：《论中国和东盟的能源贸易与合作》，《时代经贸》2008年第8期，第64～67页。

上还存在巨大缺口。中国能源企业在抓住机遇的同时，要厘清发展道路上的问题与风险，并努力寻找解决措施，为对外投资的长久稳定提供保障。

（一）问题

1. 政府管理体系有待改善

当前我国境外投资审批涉及诸多管理部门，包括发改委、商务部、财政部、国资委、国土资源部、外交部、外管局等，这样的管理机制加大了审批决策的难度，延长了审批时间，政府部门间存在权责划分重叠、信息不对称等现象，这样在对海外投资企业进行监管时会引起不必要的重复审批，也易使能源企业错失境外投资良机。

我国目前对外投资处于高速发展阶段，制度与法律体系建设尚未完全跟进，仍处于摸索阶段。民营企业在缺乏明确法律支持的情况下，很难获得国家金融政策的支持。

无论是海外投资的保险政策还是金融支持平台都处于初始阶段，部分为了鼓励企业“走出去”的金融财税优惠政策，由于其烦琐的审批手续以及较高的申请门槛难以发挥作用。总的来说，未能为企业对外投资提供有效的保障机制。

2. 企业内部有效风险管理机制欠缺

对东盟直接进行能源投资的主体是企业，对东盟进行直接投资需要从当地招聘大量工作人员，由于经济水平及文化环境存在较大差异，人员管理较为困难。市场环境的不同对企业现有的风险管理机制提出更高要求，企业能否灵活机动地适应东道国市场变化，提前做好应对政治经济风险的准备，成为企业能否在投资国良好发展的关键。同时企业在投资前对东道国了解较少，对外投资活动经验有限，盲目投资就容易出现决策失误。

3. 投资主体以央企和地方国企为主，投资难度增大

作为投资主体，中国能源企业均为国有企业，这样的主体结构主要会有以下两方面的影响。一是东盟部分国家政府和民众担心国有企业的实力雄厚会削弱了本土企业的竞争力，目前，国有企业为能源企业对外投资的主力

军，如中国石油天然气集团公司等，能源行业投资需要雄厚的资金支持，民营企业很难有足够的实力源源不断地输出资金。这样一来，能源行业由国家资本掌控，目标投资国可能产生疑虑，担心自身安全，影响其政局。二是美国与欧盟对中国企业及产品采取审查与管制的方法，限制中国对外投资。东盟各国效仿，国企为投资主体的结构会使审查更为严格与苛刻，不利于投资活动的开展。

（二）风险

1. 政治环境复杂多变

（1）多因素造成地区动荡。与其他行业不同，能源行业的贸易活动更容易受政治的影响。动荡的社会环境使能源企业对东盟的直接投资活动面临政治风险。美日宣扬的“中国威胁论”及南海争端造成部分地区对我国存在敌意。东盟部分国家存在民族矛盾，内部冲突时有发生，也使我国部分企业投资意愿发生转向。如缅甸国内宗教、民族矛盾不断，缅甸方面也没有出台有效解决冲突的相关政策，国内局势混乱。这些不稳定因素轻则造成投资项目实施困难，严重时可能造成投资难以回收。

（2）大国竞争集聚。东盟地区拥有大量的能源资源，如印度尼西亚的天然气和煤炭、缅甸的石油等，这些都是世界大国非常重视的资源。在中国与东盟国家开展能源合作的同时，不少发达国家同样在寻求与东盟各国的能源合作。日本、韩国有着资金及技术方面的优势，在“10＋3”等合作框架下，积极参与东盟地区的能源投资。根据未来发展趋势，能源争夺成为竞争的关键领域，西方发达国家也纷纷加入竞争。

2. 政策法律保护，形成进入障碍

能源关系到一国发展问题，相对于其他领域更有政治色彩，并且能源具有不可再生性，政策会根据各国能源现状发生变化。尽管东盟各国现在能源供过于求，但是随着人口增长与经济发展，能源供需矛盾日益显著。部分国家出台相关保护政策，或者利用资源作为政治、外交手段。如印度尼西亚宪法明确规定矿产资源归政府所有，按照法律规定，外国公司和企业不能直接参与印尼的石油开采冶炼等。缅甸利用其丰富的油气资源谋求国家利益最大化，增强缅甸与邻国讨价还价的能力。总的来说，东盟各国除了用明确的法律条文来限制对外投资外，还会通过各种有利于自身的合约与条款来争夺投资者的利益，有可能给我国对外直接投资企业造成损失。

3. 经济风险日益凸显

能源企业对东盟直接投资的经济风险主要表现在汇率、信用和融资等方面。东盟十国中，只有新加坡为发达国家，经济实力总体偏弱，加之金融体系建设缓慢落后，能源投资难以得到有力支持。2017 年 9 月 21 日，标准普尔评级服务公司（Standard & Poor's Ratings，简称“标普”）将中国长期主权信用评级由 AA - 调整为 A +、短期债评级由 A - 1 + 调整为A - 1，展望由负面调整为稳定。这是自 1999 年以来标普首次下调中国主权评级。这预示着中国近年来强劲的长期信贷增长将带来经济和金融风险的上升。根据标普评级情况（见表 1），新加坡、马来西亚主权投资环境相对于东盟其他国家较好，其他几个国家投资环境存在较大的不确定性。东盟十国普遍国家主权信用评级较低、经济实力偏弱，同时金融体系不够完善、制度建设发展落后，以至于严重影响外来投资者的主动投资意愿。

表 1　东盟各国标普评级情况

东盟国家	新加坡	越南	印尼	泰国	菲律宾
标普评级	AAA	BB -	BB +	BBB +	BB +
东盟国家	文莱	柬埔寨	老挝	缅甸	马来西亚
标普评级	—	B	—	—	A -

资料来源：Bloomberg 数据库。

4. 资源民族主义根深蒂固

资源民族主义通常是指政府维护或控制当地自然资源的倾向，主要表现为国家强制参股、出口配额限制、强制要求当地企业购买本国商品等。以印度为例，印度注重在南亚地区发挥主导作用，视周边小国为其势力范围，通过加强与周边小国的双边合作，稳定南亚国际关系，主导南亚地区能源实务，控制南亚的能源开发与运输。同时，印度要求外国矿业公司在规定时间内退让股份直至变成少数股。这样的资源民族主义会给我国能源企业直接投资带来准入障碍，使我国对外投资的战略布局受到影响，同时失去资源带来的未来收益。

三　中国东盟能源投资的对策建议

近年来，东盟国家能源需求缺口持续增大，中国能源企业东盟直接投资日益增长，为有效、安全投资，政府和企业都要从多方面提供支撑力量，确保我国能源企业持续有效发展。

（一）政府层面

1. 完善制度与政策，形成合作机制

政府部门不仅要完善相关制度，更要关注制度之间的联系，完整连续的法律政策能够帮助企业有效地降低投资和贸易成本。改善监管的同时，要做好信息的披露，让企业及时了解政策及形势变化。探索强化企业投资的海外风险防控机制，加强对东盟各国偿债能力评价及监管的交流与合作，努力打造符合东南亚区域特色的监管体系，建立行之有效的风险防控机制，做好风险应对预案。

2. 推进互联互通金融体系建设

政府要积极为企业提供海外投资担保和保险制度，搭建企业融资平台和抵御风险的保障平台，对企业对外直接投资所面临的政治或经济风险造成的损失进行适度赔偿。对于东盟处于不同经济发展阶段的国家的投资侧重点和方向有所不同，投资需求存在明显差异，针对不同国家，政府要合理规划财政支出、开发银行和投资机构等相关融资体系。

3. 加强信息平台建设

信息平台建设能有效提升投资效率，信息公开可以降低信息不对称引起的风险。政府通过搭建信息交流平台，有效引导资源分配，同时为企业风险评估和风险分析提供信息来源。信息平台的建设还可以统一标准，增加企业在投资目标国的认可度，为投资活动铺平道路。

4. 发挥国企引导作用，带动民企投资

前期国企在能源基建领域已经形成了领先优势，政府要利用好国企投资经验，发挥规模效应。吸引民营企业投资，发挥民营企业投资活力，形成国企和民企对外投资合作共同体。同时，利用好各类投资平台，创建利益共享合作体系，为民企投资提供支持，进一步激发民企投资积极性。有效降低国企为投资主体而引起的投资风险。

（二）企业自身层面

1. 风险管控贯穿业务始终

企业建立风险防范机制，要结合自身情况贯穿业务始终。从领导层出发，区别建设风险管控，不同投资东道国有不同的风险类别，根据东道国突出风险制定有差别、有针对性的风险识别、评估和防范机制。企业要单独设置风险监测和管理控制部门，在开展投资活动之前可以通过国际信息咨询公司了解目标国的政策及更多相关风险，同时进行实地考察并结合企业自身实际情况来确定项目的可行性；投资活动中，要加强与各个利益集团的沟通，对企业投资战略布局做出调整，关注各类经济风险等；投资后期重点则转到文化风险和内部整合风险上，避免因管理不善出现投资失败。

2. 以人才培养为着力点

能源企业应将人才培养作为工作中的主要着力点，尤其是在跨国合作经营的初期。首先，要利用市场机制进行合理部署，通过高校招聘会以及其他招聘渠道，吸引专业技术人才和高级人才，或跳出现有圈子放眼国外，引进能源合作相关专业人才，充分调动员工工作积极性，为人才的培养和发展打造充分的空间、强大的平台以及长远的发展前景。其次，要与科研机构以及高校内的高级人才合作，邀请其走入企业，进行实地走访与调研。做到实践与理论的高度融合。最后，制定相关能源专业从业人员的岗前培训以及在职继续教育制度，并予以落实。其中可以为企业内的员工报名参与国内外的技术以及学术交流会议创造机会，使其与各行业专家积极沟通交流。当资源国颁布新政策法规时，要及时学习并内化，并指派对应人员到资源国进行考察，了解资源国环境，提升从业人员的业务能力。与此同时，企业对人才的培养方式应尽量多元化，进行有针对性的教学活动，培养本行业的高级技术人才与经营管理人才。

3. 尊重异国文化，管理多样化

要提前了解并充分尊重能源企业东道国的传统文化，遵守当地的风俗习惯以及当地人民的生活方式。中国能源企业在与东盟能源国的日常经济活动中，要主动适应，不能照搬按照总部的规章制度管理，不能以自己的价值观念和标准去看待东道国的文化和判断东道国文化群体的行为。

B.12 利用上合组织平台推动中巴农业合作的河南实践

徐 可*

摘 要： 河南省"对外开放大会"指出"要准确把握开放的趋势性变化和阶段性特征"，为此应将郑州定位为欧亚内陆的中心开放城市，持续扩大"向西开放"以冲抵中美贸易摩擦的影响。中巴农业合作在中原地区进展顺利，前景广阔。利用上合组织平台，选取巴基斯坦为优质合作伙伴，充分发挥"地方外交""城市外交"职能，提供国际公共服务产品将"硬实力""软实力""巧实力"凝聚为对外开放的"综合实力"。

关键词： 上合组织 农业合作 巧实力

一 河南外贸形势与中巴农业合作前景

2019年1~6月，河南省外贸进出口总值为2103.3亿元，比上年同期下降1.1%。其中，出口1438.3亿元，增长3.3%；进口665亿元，下降9.6%。[①]从数据看，虽然出口保持增长，但是形势不容乐观，因为这有可能是美国加

* 徐可，郑州财经学院经济研究所所长，研究员，经济学博士，博士后，民建河南省委经济委员会委员，研究方向为区域经济。

① 《河南上半年外贸成绩单出炉》，人民网，http://henan.people.com.cn/n2/2019/0719/c351638-33161524.html。

征关税的预期影响导致的临时性增长。此外，河南省外贸结构上还有“三高”的隐忧：一是2018年河南省富士康一家公司进出口达到3389.1亿元，占比为61.5%[①]；二是2019年上半年河南省加工贸易额达到1143.7亿元，占比为54%；三是2019年上半年对美贸易额达到481亿元，占比为22.87%。[②] 这表明河南省外贸结构单一，过于依赖传统加工制造业和美国市场。

在当前中美贸易摩擦形势下，许多地区开始调整政策，寻找新的出口方向。例如成都近年来多次举办“东盟论坛”，2018年底与东盟签署了《共建成都-东盟交流中心合作备忘录》，目前东盟已经取代美国成为成都最大出口目的地。因此，中部地区也应围绕“内陆开放高地”的定位，在“四路协同”（铁路、公路、海路和空中丝绸之路）、“五区联动”（指国家批复同意设立的航空港区、自贸区、郑洛新自主创新区、电商综合试验区、大数据综合试验区）的基础上寻找“向西开放”的突破口，推动欧亚内陆的多边区域经济合作，把郑州建设成为“欧亚中心城市”，将中原地区打造为“欧亚内陆”的开放高地。而在这一中原腹地内陆开放的战略规划中，巴基斯坦将会扮演积极的角色。

2019年7月底，巴基斯坦俾路支省官员到访河南寻求合作，俾路支以农牧业为支柱产业，面积大而人口少，双方资源禀赋与经济结构决定了合作具有广阔空间，河南农企育林控股集团已经启动“瓜达尔河南国际产业园区”建设。巴基斯坦目前已经正式加入上合组织，当前利用上合组织的平台来推进中原地区与巴基斯坦经贸合作具有乐观的前景。2019年10月30日，中巴农业合作论坛在伊斯兰堡举行，巴基斯坦总统阿尔维出席开幕式并致辞，表示中巴全方位合作正在向农业领域扩展。自2018年11月伊姆兰·汗总理访华并签署《农业合作谅解备忘录》以来，中巴农业合作明显提速增效。

---

① 《2018年河南省进出口企业50强名单出炉》，中商情报网，http：//www.askci.com/news/chanye/20190211/1620091141359.shtml。

② 《2018年河南省进出口企业50强名单出炉》，中商情报网，http：//www.askci.com/news/chanye/20190211/1620091141359.shtml。

尤其是2019年12月1日，中巴两国关于《修订〈自由贸易协定〉的议定书》已经正式生效并于2020年1月1日起实施。这一议定书被称为原有中巴自贸协议的升级版，巴基斯坦将对中国的磷肥，中方将对巴基斯坦的水产品、坚果给予关税减让，同时双方“将致力于鼓励相互投资并加强合作，为投资者提供稳定、透明和具有可预见性的投资环境”。[①] 那么，中原地区尤其是河南省如何抓住时机推动中原企业“走出去”就是一项重大课题。

二　中巴农业合作在河南的进展情况

巴基斯坦于2017年正式加入上合组织，而上合组织是我国“一带一路”倡议的先手棋，也是我国参与欧亚内陆多边合作最重要的平台。加上巴基斯坦，上合组织目前有8个成员国、4个观察员国、6个对话伙伴。郑州与上合组织有着不解之缘，2015年底在郑州举行的上合组织政府首脑峰会是河南省举办的最高规格国际会议，当时李克强总理之所以选址郑州，就是要提升郑州的国际知晓度并引导河南省向西开放。在“郑州峰会”上，李克强总理倡导“六大合作平台”，得到了积极的响应。按理说，郑州市乃至河南省本应借此加快促进与上合组织平台的联系，促进欧亚内陆多边合作机制的创新，然而“上合效应”在河南并不显著，这和青岛形成了巨大反差。青岛在2018年“上合峰会”之后，仅隔一年于2019年7月24日获批《中国-上海合作组织地方经贸合作示范区（青岛）总体建设方案》，这不能不说是郑州的遗憾。

毋庸置疑，上合组织成员国之间的发展状况、文化宗教、意识形态、社会制度差异大，合作困难多，对此我们应正视困难并找准突破口，先易后难，逐步推进。近年来，我国沿边地区悄然兴起“跨境旅游”，这种“低敏感度”的国际交流促进了人员签证便利化措施，实际上也推进

① 《商务部国际司负责人介绍中巴自贸区协定第二阶段议定书情况》，中国自由贸易区服务网，http：//fta. mofcom. gov. cn/article/chpakistan/chpakistannews/201904/40423_ 1. html。

了跨国合作机制。例如新疆阿勒泰就成功启动了“中蒙俄哈”四国合作机制并借助北京冬奥会提出了“跨境合作区”的构想。近年来，随着跨境旅游热潮，河南省赴巴基斯坦旅游人口逐步增多，中原地区对南亚文明的兴趣也不断提高，人文交往逐步升温。受此启发，我们也应寻找共识与突破口，凝聚抓手，利用合作平台，撬动中原地区与巴基斯坦的合作杠杆。

农业合作就是这样的突破口。我国经商务部认证的“境外经济贸易合作区”现有 113 家，河南共有 8 家，排在第 4 位[①]，其中有 3 家合作区分布在上合组织国家，它们是贵友集团吉尔吉斯斯坦农业开发区、南阳木兰花乌兹别克斯坦安集延纺织园区、河南黄泛区实业公司塔吉克斯坦农业产业科技示范园区。2019 年 6 月 12 日在上合组织比什凯克峰会上，贵友集团董事长张金洲受到习近平主席的亲切接见并代表中国企业发言，彰显了中原农业企业家“走出去”的实力。然而，河南作为农业大省还没有在巴基斯坦投资大型的农业项目，这显然是一块需要补足的短板。

河南农业人口众多，每年前往新疆采摘棉花的季节性劳务用工就有 30 多万人。这是一笔巨大的人力资源，地方政府完全可以有效组织开展对外劳务输出。河南信阳新县是有名的贫困县，当地民营企业家创办的民办高职院校信阳涉外职业技术学院通过职业教育促进劳务输出，叫响了自己的服务品牌。因此，地方政府理应顺应劳务输出的规律与形势，为河南农企提供更多的国际服务公共产品。2019 年 6 月“上合组织农业技术交流培训示范基地”依托西北农林大学而落户陕西杨凌，郑州显然又落后了一步。为此，河南应抢抓机遇，积极开展与巴基斯坦的农业合作，打开内陆地区“西南开放”的局面。中原地区与巴基斯坦的农业合作具有良好的基础。2019 年初，河南贸促委就专门发文（豫贸促［2019］1 号）组织巴基斯坦瓜达尔港博览会，推介产品目录第一项就是家畜、肉类加工；其余项目依次是糖果及快消

① 《我省八家境外经贸合作区纳入商务部统计》，商务部网站，http：//www. mofcom. gov. cn/article/difang/201807/20180702764290. shtml。

品，轻型车辆与装配，钢铁，油气加工及石油化工产品，大理石和矿产品加工，医用耗材及手术器械，纺织服装，教育产业，房地产、建筑商和项目承包，打印、包装，等等。这次博览会唤起了河南企业家对巴基斯坦产业合作的兴趣，加上刚刚生效的中巴自贸协定，给河南的传统农畜产品和加工制造企业带来了良好的发展前景。

2019 年 8 月，巴基斯坦俾路支省农业代表团访问河南，在郑州召开了农牧产业合作座谈会，并促成了一项重要合作意向：河南省贸促会、巴基斯坦俾路支省牲畜和乳业发展部、中国海外港口控股有限公司、河南育林控股集团共同签署《联合推进中巴经济走廊瓜达尔河南国际产业园项目发展框架协议》，按照协议双方将积极推动河南优势农业项目进驻瓜达尔港，推进瓜达尔河南国际产业园项目发展。①

该项目的实施对中原地区内陆开放具有重大意义。一是河南省与俾路支省都是农业大省，产业合作潜力巨大，二是这次河南农企“走出去”具有较强的引领和带动功能。农业项目能够带动机械产品与水利基础设施建设，发挥了乘数放大效应。截至 2019 年 7 月，河南省与上合组织国家贸易额累计达到 151 亿元，排在美国（559 亿元）、东盟（322 亿元）、欧盟（199 亿元）之后②，合作潜力巨大。更重要的是，河南省与俾路支省的产业合作能够在中原农区产生示范效应，促进周边苏鲁冀皖更多的农业企业“走出去”，借此以要素输出取代商品输出，以高质量开放引领中原农区传统产业的转型与升级。

三　利用上合组织平台促进中巴农业合作的具体举措

毋庸讳言，中原地区的开放程度偏低，中原农企大而不强，尤其是当前河南“龙头农企”普遍资金紧张和经营困难，因此迫切需要利用当前全省

① 《中国河南 - 巴基斯坦俾路支农业合作座谈会在郑州召开》，河南省政府网站，http://www.henan.gov.cn/2019/08 - 09/939517.html。

② 源自笔者所在团队对郑州海关进行调研的统计数据。

大力推进对外开放的有利时机促进农业技术合作，利用国际市场促进农业生产要素的优化配置。通过对河南省粮食局的调研得知，未来三年将逐步加大粮食进口，利用国际市场调整粮食生产结构。

因此，中巴农业合作在河南省具有迫切的现实意义，中原农业企业利用巴基斯坦产业合作加快境外产业园区与“飞地经济”建设，有助于将商品流通转向要素流通，将出国打工转向出国创业，促进农机、土地、劳务的跨境组合，引领传统农业加工的产业转型。河南省与俾路支省达成合作意向固然可喜，但是中原地区的中巴合作之门还没有完全打开，大多数农业龙头企业、领军企业对巴基斯坦还没有足够的了解。目前中原地区的地方政府应主动接触上合组织中银行联合体、实业家委员会、上合组织大学等组织机构，围绕农业与水利基础设施建设等具有互补优势的产业，依次递进地搭建李克强总理倡导的“产能”“经贸”“金融”“民生”的各种平台。为此建议采取以下具体措施，以巴基斯坦为优质合作对象，积极利用上合组织平台，促进内陆地区的“向西开放”。

（一）顶层设计

从国家层面沿欧亚陆桥优化配置各种“上合资源”，在新疆“桥头堡”与连云港“中哈物流通道－上合物流园区”、青岛“上合地方经贸合作示范区”之间的中原农区设立“河南－俾路支农业合作试点”，促进中巴农业项目交流。这将促进农业机械与农产品加工行业的“向西开放”，凸显区位特色，围绕欧亚路桥与“一带一路”愿景规划实现错位发展。

（二）金融平台

在上合组织青岛峰会上我国宣布将在上合组织银行联合体投放300亿元人民币专项等值贷款，可以借此机会主导“银联体”贷款投向，设立专项基金支持中巴农业合作，鼓励中原农企“走出去”。目前巴基斯坦是亚投行的重要贷款国，从中巴农业项目的双边合作入手可以推动农业基础设施项目建设乃至双边与多边金融的纵深合作。

（三）对外窗口

中原地区缺乏具有特色的开放窗口，为此可以借鉴乌鲁木齐亚欧博览会的经验与模式，利用河南自贸区郑州片区“中大门”和郑欧班列陆港公司的商品展示中心，根据2019年初伊斯兰堡国际博览会的情况，对等、相应地在郑州举办博览会并邀请巴方相关企业与人员参加以扩大影响；可以围绕巴基斯坦和其他上合组织国家的农副产品，举办经常性、专题性的交易会、博览会、展销会以扩大“向西开放”的窗口影响。

（四）“上合组织大学”

目前我国“上合组织大学”有20所，其布局为沿边地区以及外语、师范、能源、工业类院校，中部地区和农业高校还是空白。为此应鼓励河南高校与巴基斯坦高校相互交流，鼓励河南农业大学吸收巴基斯坦留学生并积极申请成为“上合组织大学”，在更广阔的国际平台上开展农业科技与教育交流，同时补上中原地区高校国际化不足的短板。

（五）国际期货

郑州商品交易所是以农产品交易为基础的国内期货交易所，2019年3月加入了“国际期货业协会”。可以在巴基斯坦围绕棉花、小麦等南亚优势农产品充分调研，筹划针对“上合区域”国际农产品期货市场，发挥河南保税区国际仓储功能，在提升对外开放层次的同时形成“定价权”机制优势。

（六）“清真市场”

我国虽是食品加工大国，但清真食品出口份额极少。巴基斯坦属于伊斯兰国家且人口众多，而河南农畜产品与食品加工规模庞大，为此应尽快对接巴基斯坦食品标准以取得“halal”清真食品出口认证，开辟清真食品的国际市场。同时，“上合对话伙伴”土耳其的航空货运目前可达北非中东大多数国家，2019 年 7 月 14 日，“连云港 - 哈萨克斯坦 - 土耳其”“铁海空联运”模式也已经启用①，这为巴基斯坦周边清真食品进出口贸易提供了便捷通道。

（七）“抱团发展”

西安在 2019 年初《建设“一带一路”综合改革开放试验区总体方案》中提出要建成“向西开放”的“丝路总部”，这与河南省对外开放战略形成了竞合关系。为此两地应相互借力，形成“郑州 - 洛阳 - 西安”内陆开放“核心轴线”，将杨凌农业高新技术产业示范区纳入中原地区与上合组织农业合作的统一规划，实现“抱团发展”。同时，围绕郑州国家中心城市建设，持续发挥中原城市群的辐射作用，将河南的内陆开放优势不断向周边扩散。

（八）利用时局

农业领域对贸易条件高度敏感，非关税壁垒措施较多。因此，在当前应抓住中日韩实现多边会晤机制的有利时机，研判当前中美、美欧与日韩之间的农产品贸易摩擦趋势，日欧自贸协定以及我国推进“区域全面经济伙伴关系”（RCEP）的现实状况，利用中巴合作在错综复杂的形势中趁势借力，斡旋腾挪，对冲中美贸易摩擦和印度退出 RCEP 的负面影响。

（九）民间潜能

在中巴农业合作的基础上加强中原地区与巴基斯坦的人文交流，在“民心相通”的基础上将“一带一路”国家意志“下沉”为民众意愿，利用海外华人华侨与涉外商会的纽带作用牵线搭桥，寻求商机。豫籍同胞在欧亚内陆国家分布广，乡土观念强，应鼓励他们“联乡创业”，充分释放“海外豫军”的创业激情和爱国热情。

---

① 《连云港 - 哈萨克斯坦 - 土耳其铁空联运首次试单运行》，http：//lyg. cuepa. cn/show_more. php？doc_ id = 3198733。

四 以“地方外交”与“巧实力”推动中巴全方位合作

近年来，我国地方政府推动多边合作的热情非常高涨，“公共外交”“城市外交”“地方外交”“民间外交”的创新实践如火如荼。王毅外长早在 2015 年举行的“全国地方外办主任工作会议”上就充分肯定了我国“地方外交”的巨大作用。因此不可低估地方政府参与国际区域经济多边合作的创造性智慧。例如“孟中印缅经济走廊”就是由昆明市政府发起，由云南省政府倡议，最终上升为国家意志被写进了《推动共建丝绸之路经济带与 21 世纪海上丝绸之路的愿景与行动》。相对于中央政府与国家层面，地方政府在国际区域经济合作中往往能够克服“国家外交”的各种障碍，显示出独特优势，表现在以下几个方面。

（一）易成共识

当前不少国家与地区对我国经济依赖逐步加强，往往希望从中分享红利；同时对我国“大国崛起”存有疑虑和戒备。因此由地方政府推进多边合作因其“低敏感性”反而更加容易。国家之间合作往往涉及国际秩序、地区安全、国际舆论等诸多“政治因素”，导致问题复杂化；而地方政府则主要以发展地方经济为动机，便于形成共识。

（二）对等实力

除却其他因素，国家之间多边合作的主要障碍就是经济规模、人口数量、社会发展差距较大导致实力不对等、诉求不一致。而我国不少城市的 GDP 规模与一些小国家相当，可谓“富可敌国”。因此，以地方政府构成多边合作的主体有助于构成相对均衡的经济规模与“利益共同体”，便于对话与合作。

（三）平等地位

国家之间的多边合作往往还会顾忌大国的影响力。比如在上合组织中俄罗斯对中亚国家的影响力不可低估，“孟中印缅经济走廊”中印度的主导地位也不容忽视，对于“中巴经济走廊”来说也不能无视印度的影响。这种“双巨头”乃至“多巨头”的博弈模式导致了博弈过程复杂化。而对于地方政府来说，就不存在这种“影子”影响，从而使合作各方回归到平等主体的地位，简化了合作程序，降低了谈判成本。

（四）创新意识

国家之间的多边合作以维护主权为前提，包括领土、外交、军事、关税和司法都是主权象征且神圣不可侵犯，由此形成了相关制度包括礼仪程序方面的封闭与固化。而以地方政府的身份主体参与多边合作，在实践上往往互相默认主权地位并设置底线从而绕过敏感的主权话题。我国地方政府在改革开放中培育了创新意识，政策灵活，手段多样，善于沟通，在招商引资和群众工作方面经验丰富。地方政府有能力以“亲诚惠容”的工作态度树立威信并产生国际化影响。

事实上，地方政府经常对中央政策进行创造性的理解和实施，其成功经验具有示范性和外溢性，并且能够“自下而上”地成为国家意志。因此不可低估地方政府参与国际区域经济多边合作的创造性智慧。

因此，中原地方政府应积极发挥“地方外交”“城市外交”的功能，围绕河南自贸区、郑州航空港以及各地保税物流中心积极服务，创新职能，提供各种制度性公共产品。中原地区的地方政府还应根据中部枢纽的区位特点，打破行政区域的界限，为周边区域打造内陆开放的出口。这就需要中外各方寻找利益相关方和利益共同点，舆论先行，倡导共同发展的理念，利用博览会、交易会、智库论坛、招商洽谈等经贸活动、文化艺术交流、交通建设项目洽谈等多种方式推动各地政府之间的多边对话，并形成合作机制。具体就中巴经贸合作而言，中原地区的地方政府应发挥“硬实力”“软实力”“巧实力”三种力量，利用上合组织平台形成对外开放的综合实力。

从“硬实力”角度看，河南与巴基斯坦在空间上有着万里之遥，其传统贸易利益也因运输成本过高而大幅缩水。为此，应由传统的商品流通模式转向要素流通，在产能合作的基础上实现要素合作，加快境外产业园区与“飞地经济”建设，通过对外投资与对外招商来替代商品进出口。而这些首先要依靠经济实力、科技实力和创新能力所搭建的“硬实力”。

从“软实力”角度看，中原地区传统文化积淀深厚，但对巴基斯坦乃至其他上合组织国家了解不够，开放政策辐射不足。为此可以利用所谓的“巧实力”撬动合作杠杆。具体来说就是不搞“大推进”，而是充分利用平台，找准支点，精准发力，利用杠杆的撬动作用和连锁反应，取得“四两拨千斤”的效果。为此要发挥以下“乘数功能”。

一是“政策叠加”。农业合作项目的投资大、周期长、综合效益较为明显。因此，以“一带一路”合作项目合作为推手，能够检验当前《优化营商环境条例》《鼓励外商投资产业目录（2019 年版）》《外商投资法》的落实情况与政策叠加效应。税务部门可以在中巴合作互信程度较高的基础上率先推广“负面清单”管理模式，在“对等开放”的原则上将“双边合作”推向“多边合作”，将河南对外招商、海关监管、金融结算等工作提升到新水平新阶段。

二是“城市群效应”。中原城市群有 30 个城市，其中人口大市与农业大市较多。例如周口、邯郸、阜阳人口都在 800 万以上，传统农区面积广阔。因此中巴农业合作项目的示范性较强，容易从河南推广到周边的河北、山东、安徽与苏北。中原城市群规划中也应补充相应的农业产业的规划内容。

三是中印巴和中巴阿的“三角关系”。毋庸讳言，中国、巴基斯坦、印度、阿富汗四国之间构成了“三角博弈”的复杂关系。中巴合作项目的顺利实施与推进也必然能够对阿富汗和印度产生积极的示范效应。2019 年 9 月 11 日在上海举行的第八届世界中国学论坛上，巴基斯坦前驻华大使哈立德·马哈茂德表示，“中巴经济走廊”是“一带一路”倡议中提出的“六大经济走廊”中推行最好、取得成果最多的。目前短期目标已完成，正朝中长期推进，经济走廊不仅有利于中巴也将惠及他国。

2019 年 9 月 7 日刚刚举办的中国、巴基斯坦和阿富汗三边外交会谈中也强调了在安全合作、反恐合作的基础上“三边经贸合作”的重要性。[①] 基于特殊地缘政治的复杂因素，巴基斯坦是中国“一带一路”倡议推进路线中的重要支点，中巴合作必然能够在中西亚、南亚释放和扩散积极的影响因素，推动“一带一路”地区的稳定与繁荣。

① 《第三次中国 - 阿富汗 - 巴基斯坦外长对话联合声明》，中国网，http：//news.china.com.cn/2019 -09/24/content_ 75190984.shtml。

B.13

融入“一带一路”和长江经济带发展的节点城市：类型识别与路径研判

伏　虎*

摘　要： 节点城市需要围绕“一带一路”和长江经济带发展，形成有效对接、充分融入的新格局。本研究以多元交通流方法考察了城市间空间经济联系，发现该范围内城市间联系强度呈“幂律分布”特征，并形成了对接“一带一路”与长江经济带的节点城市的6种类型。在此基础上按照节点城市的不同类型，分析其融入“一带一路”和长江经济带所面临的四种挑战，形成了节点城市对接融入国家顶层设计的思路与具体路径，包括提升各节点城市的经济开放功能、通道枢纽功能、要素集聚功能、对外交往功能、综合服务功能等。本研究还探索了适合6类节点城市差异化的外向型经济发展方式，包括创新驱动、市场驱动、交通驱动、成本驱动、效率驱动、特色资源驱动等。最后从跨区域协调机制、区际互联互通机制、要素保障机制等角度，形成了节点城市融入“一带一路”与长江经济带的保障机制。

关键词： “一带一路”　长江经济带　节点城市　空间经济联系

* 伏虎，重庆市委党校（重庆行政学院）助理研究员，中共中央党校（国家行政学院）博士研究生，研究方向为区域经济、城市治理。

“一带一路”和长江经济带发展作为国家层面的总体布局，将带来我国经济地理格局的重大调整。“一带一路”建设与长江经济带发展存在联动效应，集对外开放区域转型和对内改革经济升级的双重需要于一体，集区位联结和物流转运的双重功能于一体。作为空间布局和经济要素载体的节点城市，需要重新缔造空间要素的竞争优势，形成有效对接、充分融入“一带一路”和长江经济带发展的新格局。

一　融入“一带一路”与长江经济带发展的节点城市界定及划分

节点城市（node city）被大量用于在国内外各类政策表述之中，其源于拓扑空间中的网络结构，其中具备重要功能尤其是集聚功能、枢纽功能的位置被称为“节点”。相应的，在区域规划、城市群发展的实践中，在区位特征、枢纽功能、经济能级、创新要素等方面具备显著性的城市被称为节点城市，其中最重要的是物流性节点城市。需要指出的是，节点城市并非固定的、静态的、具有明确特指的一组“固化的”城市，而是在不同层面、不同角度、不同目的之下存在差异的一类组合。从宽泛的意义而言，任何城市都可能在特定情形之下被称为节点城市，如在研究某个省份的局部区域经济和空间规划话题时，县市级甚至卫星城镇都可能被视为节点城市（镇），这正是不同研究层面、研究目的和研究主题产生的差异化认知。基于上述认识，本研究关注的节点城市，指的是在国家总体布局中予以明确，具备一定影响力，且对接和融入“一带一路”与长江经济带发展的重要节点城市。在区域发展层面，城市作为人流、物流、资金流、信息流的核心载体，是实现经济要素“集聚－扩散”和“扩散－创新”的关键。为此，本研究对融入“一带一路”与长江经济带发展的节点城市从实证角度进行了类型划分，以此为基础考察融入和对接国家总体布局的城市发展路径。

（一）“一带一路”国内重要节点城市特征描述

《推动共建丝绸之路经济带和21世纪海上丝绸之路的愿景与行动》（后文简称《愿景与行动》）明确指出，“一带一路”涉及国内18个重点省（自治区、直辖市），并界定了“一带一路”国内26个重要节点城市。按照空间分布来看，其中16个是东部沿海城市，10个为内陆城市；按照城市规模来看，根据《国务院关于调整城市规模划分标准的通知》（国发〔2014〕51号）的标准，其中超大城市5个、特大城市3个、Ⅰ型大城市7个、Ⅱ型大城市8个以及Ⅰ型小城市3个；按照城市功能和等级来看，其中直辖市3个、省会城市12个。总体来看，“一带一路”国内的节点城市分布体现出陆海统筹、东西互动等特点，既包括具备相当人口规模和经济规模巨型城市，也包括在枢纽功能、口岸功能等方面价值突出的重要城市。本文将其进行了系统梳理，详见表1。

表1　“一带一路”国内重要节点城市特征描述

名称	空间分布	城市规模	名称	空间分布	城市规模	名称	空间分布	城市规模
西安	内陆城市	Ⅰ型大城市	成都	内陆城市	特大城市	南昌	内陆城市	Ⅱ型大城市
兰州	内陆城市	Ⅰ型大城市	郑州	内陆城市	特大城市	合肥	内陆城市	Ⅱ型大城市
西宁	内陆城市	Ⅱ型大城市	武汉	内陆城市	超大城市	上海	沿海城市	超大城市
重庆	内陆城市	超大城市	长沙	内陆城市	Ⅰ型大城市	天津	沿海城市	特大城市
宁波	沿海城市	Ⅰ型大城市	舟山	沿海城市	Ⅰ型小城市	广州	沿海城市	超大城市
深圳	沿海城市	超大城市	湛江	沿海城市	Ⅱ型大城市	汕头	沿海城市	Ⅰ型小城市
青岛	沿海城市	Ⅰ型大城市	烟台	沿海城市	Ⅱ型大城市	大连	沿海城市	Ⅰ型大城市
福州	沿海城市	Ⅱ型大城市	厦门	沿海城市	Ⅰ型大城市	泉州	沿海城市	Ⅱ型大城市
海口	沿海城市	Ⅱ型大城市	三亚	沿海城市	Ⅰ型小城市			

注：城市规模界定按照《国务院关于调整城市规模划分标准的通知》（国发〔2014〕51号）的标准，以“城区常住人口”进行确认。表中为2018年度数据。

（二）长江经济带重要节点城市特征描述

根据《长江经济带发展规划纲要》（后文简称《纲要》）的相关精神，

长江经济带涉及全国11个省级行政区划。在《纲要》中明确提出了发挥超大城市和特大城市引领作用，发挥大城市的核心带动作用。本文按照《纲要》内容对文件涉及的城市进行了梳理归类，这些城市属于长江经济带重要节点城市。详见表2。

表2　长江经济带重要节点城市特征描述

超大城市	上海*	武汉*	重庆*		
特大城市	南京	杭州	成都*	苏州	
Ⅰ型大城市	合肥	南昌	长沙*	贵阳	昆明
Ⅱ型大城市	无锡	宁波	舟山	南通	常州

注：标“*”的城市表示其同时属于《愿景与行动》和《纲要》中的节点城市。

从《纲要》精神中梳理出的长江经济带重要节点城市的分布来看，以上海、武汉、重庆3个超大城市为代表，呈现出明显的上游、中游、下游划分，既是沿江经济集聚的城市分布，也是长江“黄金水道”的重要航运枢纽，属于核心节点。其他城市按照城市规模、区位特征分属不同板块，共同形成了长江经济带重要节点城市的群落组合。

（三）对接“一带一路”与长江经济带的节点城市类型识别

在分别梳理出“一带一路”和长江经济带的国内重要节点城市的基础上，本研究将围绕上述城市开展基于城市关联网络的分析，以期进一步识别出对接“一带一路”与长江经济带的节点城市及其层次化特征。

城市关联网络研究是近年来区域经济领域的热点①，学者分别围绕城市

① Derudder，B.，Taylor，P. J.，Hoyler，M.，et al.，“Measurement and Interpretation of Connectivity of Chinese Cities in World City Network，” *Chinese Geographical Science*，2013，23（3）：261－273.

间交通客流[①]、通讯流[②]、知识流[③]等不同角度考察城市间要素流向方向及其规模，并从体系化的城市网络中考察其层级化特征。在上述不同的研究取向之间，基于交通的要素流动有着使用更广泛多元、数据更充分可靠、特征更清晰明显等诸多优势[④]，是识别城市网络中节点城市的重要工具。

在研究对象选取方面，本研究参照相关研究及政策文件中的区域发展范围，选取了"一带一路"国内26个重要节点城市（源自《愿景与行动》中相关表述）和长江经济带的16个重要节点城市（源自《纲要》中相关表述），将两项来源中重复的城市进行合并处理后，共涉及34个城市。

表3 本研究涉及的城市特征描述

名称	空间分布	城市规模	名称	空间分布	城市规模	名称	空间分布	城市规模
西安	内陆城市	Ⅰ型大城市	成都	内陆城市	特大城市	合肥	内陆城市	Ⅱ型大城市
兰州	内陆城市	Ⅰ型大城市	郑州	内陆城市	特大城市	上海	沿海城市	超大城市
西宁	内陆城市	Ⅱ型大城市	武汉	内陆城市	超大城市	天津	沿海城市	特大城市
重庆	内陆城市	超大城市	长沙	内陆城市	Ⅰ型大城市	广州	沿海城市	超大城市
宁波	沿海城市	Ⅰ型大城市	舟山	沿海城市	Ⅰ型小城市	汕头	沿海城市	Ⅰ型小城市
深圳	沿海城市	超大城市	湛江	沿海城市	Ⅱ型大城市	大连	沿海城市	Ⅰ型大城市
青岛	沿海城市	Ⅰ型大城市	烟台	沿海城市	Ⅱ型大城市	泉州	沿海城市	Ⅱ型大城市
福州	沿海城市	Ⅱ型大城市	厦门	沿海城市	Ⅰ型大城市	南京	沿海城市	特大城市
苏州	沿海城市	特大城市	杭州	沿海城市	特大城市	无锡	沿海城市	Ⅰ型大城市
贵阳	内陆城市	Ⅰ型大城市	昆明	内陆城市	Ⅰ型大城市	三亚	沿海城市	Ⅰ型小城市
南通	沿海城市	Ⅱ型大城市	常州	沿海城市	Ⅰ型大城市			
海口	沿海城市	Ⅱ型大城市	南昌	内陆城市	Ⅱ型大城市			

① Li, Z. Y., Dawood, S. R. S., "World City Network in China: A Network Analysis of Air Transportation Network," *Modern Applied Science*, 2016, 10 (10): 213.

② Grubesic, T. H., O'Kelly, M. E., "Using Points of Presence to Measure Accessibility to the Commercial Internet," *The Professional Geographer*, 2002, 54 (2): 259-278.

③ Ma, H. T., Fang, C. L., Pang, B., et al., "Structure of Chinese City Network as Driven by Technological Knowledge Flows," *Chinese Geographical Science*, 2015, 25 (4): 498-510.

④ 周一星、胡智勇：《从航空运输看中国城市体系的空间网络结构》，《地理研究》2002年第3期，第276~286页。

在数据来源方面，本研究关于交流客流相互联系程度的刻画，选择了主流客流途径的铁路客运和航空客运数据，这是由于铁路客流兼具短中长途且运量较大，航空客流是商务群体、旅游群体的重要选择，属于较好的刻画指标，而公路客流过于分散，迄今研究无法获取城市间有效数据，水路客流局限性强。从既有相关研究来看，在多元交通流中考察城市网络关系采用的均为铁路客流和航空客流①。借鉴前人的处理方式②，本研究在铁路客流数据采集中，选用中国铁路客户服务中心的车次数据，将其处理为阶梯矩阵形式以体现城市两两之间铁路客流情形，研究对象涉及的 34 个城市中舟山市较为特殊，不通铁路，因此形成的是“33 × 33”的矩阵，其理论上的双向联系组数为“33 × 32”对，从铁路通达图中反映的实际联系数为 720 对。类似的，在航空客流数据采集中，选用中国民航信息网络“航旅纵横”的航班数据，由于苏州、汕头没有实际承运的客运机场，因此 34 个城市的双向联系组数的理论值为“32 × 31”对，依据航空通达图进行识别，发现通过转机链接的城市间航班量实际联系值为 960 对。

本研究使用 NetDraw 可视化生成的网络数据 SimMatrix 测算和描绘城市间的关联，使用度中心性（degree centrality）和中介中心性（betweenness centrality）分别进行刻画。

度中心性在本研究中是刻画节点城市在城市体系中的相对位置的直接指标，其源于社会网络分析（SNA）方法，用于表示网络中某个节点的中心程度（centrality）。在本研究涉及的城市网络交通流向图中，其计算原理是，对于一个拥有 g 个节点的无向图，节点 i 的度中心性即为 i 与另外 g－1 个节点的直接相连的总数，其公式为：

$$C_D(N_i) = \sum_{J=1}^{g} xij(i \neq \mathrm{j})$$

---

① 陈伟等：《多元交通流视角下的中国城市网络层级特征》，《地理研究》2015 年第 11 期，第 2073～2083 页。

② 赵映慧等：《铁路和航空客运视角下“一带一路”城市网络研究》，《干旱区资源与环境》2017 年第 1 期，第 51～57 页。

其中 $C_D(N_i)$ 表示节点 i 的度中心性，$\sum_{J=1}^{g} xij$ 用于计算节点 i 与其他 g－1 个 j 节点之间的直接联系的数量。$C_D(N_i)$ 的计算即是将节点 i 在矩阵中对应的行、列所在单元格值进行汇总。更进一步的，由于度中心性所测度出的值与网络规模（g）有关，为消除网络规模变化对度中心性的影响，本研究采用 Stanley Wasserman 提出的公式计算了标准化度中心性 $C'_D(N_i)$，其方法是使用节点 i 的度中心性除以其他 g－1 个节点的最大可能的连接数，进而得到与节点 i 存在直接联系的网络节点的比重。显然，该值范围为［0，1］，0 表明该节点城市与其他城市在铁路或航空通达性上都没有联系，1 表明该节点城市与其他城市在铁路或航空通达性上都有联系。其公式为：

$$C'_D(N_i) = 1/(C'_D(N_i))$$

中介中心性刻画的是一个节点在何种程度上位于网路基图中其他“点对”的“中间”，它计算的是经过一个点的最短路径的数量。[①] 以 P_{jk} 表示参与者 j 和 k 之间的最短路径的数目，参与者 i 的中介性定义为所有经过结点 i 的路径数目，用 $P_{jk}(i)$ 表示，其中 $j \neq i, k \neq i$。中介中心性 $C_B(i)$ 的值的范围为［0，（n－1）×（n－2）/2］。为形式统一起见，本研究继续采用 Stanley Wasserman 的方法将中介中心性 $C_B(i)$ 处理为标准化中介中心性 $C'_B(i)$。公式为：

$$C_B(i) = \sum_{j<k} [P_{jk}(i)/P_{jk}]$$

$$C'_B(i) = C_B(i)/[(n-1)(n-2)/2]$$

据此，本研究按照上述方法和公式，形成了城市间铁路客运网络、航空客运网络的标准化度中心性和标准化中介中心性测度（见表4）。

① 经过一个点的最短路径的数量越多，说明它的中介中心度越高。

表 4　铁路客运网络中城市标准化度中心性和标准化中介中心性

排名	城市	标准化度中心性	标准化中介中心性	排名	城市	标准化度中心性	标准化中介中心性
1	武汉	1.000	0.160	18	福州	0.618	0.007
2	长沙	0.971	0.116	19	厦门	0.618	0.007
3	广州	0.942	0.131	20	贵阳	0.559	0.007
4	郑州	0.942	0.100	21	宁波	0.559	0.004
5	上海	0.942	0.080	22	苏州	0.500	0.007
6	南京	0.902	0.078	23	西宁	0.500	0.005
7	重庆	0.853	0.076	24	烟台	0.412	0.001
8	杭州	0.853	0.046	25	海口	0.382	0.008
9	天津	0.853	0.044	26	无锡	0.382	0.007
10	西安	0.853	0.039	27	泉州	0.382	0.000
11	南昌	0.794	0.050	28	大连	0.294	0.000
12	成都	0.765	0.022	29	常州	0.265	0.000
13	合肥	0.765	0.022	30	南通	0.265	0.000
14	青岛	0.735	0.020	31	湛江	0.265	0.000
15	昆明	0.677	0.017	32	三亚	0.147	0.000
16	兰州	0.677	0.014	33	汕头	0.118	0.000
17	深圳	0.647	0.007	34	舟山	—	—
本表涉及城市的平均值						0.619	0.033

注：由于舟山无铁路直达，故该行为空白。各类中心性测算以 33 个有客运火车站的城市为对象。

表 4 中，从铁路客运网络的城市间联系可以发现，在“一带一路”和长江经济带范围内，城市之间的联系强度呈现“幂律分布”特征。武汉、长沙、广州、郑州、上海这五个城市具备最强的城市间铁路客流联系强度，处于网络的中心地位。同时，从标准化中介中心性来看，城市间的差异更为明显，在 34 个城市中只有 11 个城市的中介中心性高于平均值，这意味着在“一带一路”和长江经济带范围的铁路客流联系强度方面，上述 11 个城市占据了枢纽位置，是核心节点。

在航空客运网络的城市间联系中，这种“幂律分布”较之铁路客运网络更为平缓，城市间呈现出梯次规律。广州、天津、上海、西安、昆明这五个城市具备最强城市间航空客流度的中心性，与样本城市均具备航运通达网络，属于首位节点。值得注意的是，武汉在铁路客运网络中具有最高的度中心性，但在航空客运网络中仅处于平均水平，甚至低于长沙；西安、昆明由于“离岛效应”的存在，航空客运网络的关联度弥补了其铁路客运网络的不足，具备参与城市间空间经济联系的能力（见表5）。

表5　航空客运网络中城市标准化度中心性和标准化中介中心性

排名	城市	标准化度中心性	标准化中介中心性	排名	城市	标准化度中心性	标准化中介中心性
1	广州	1.000	0.203	18	大连	0.848	0.041
2	天津	1.000	0.197	19	福州	0.818	0.091
3	上海	1.000	0.196	20	杭州	0.818	0.056
4	西安	1.000	0.123	21	合肥	0.788	0.080
5	昆明	1.000	0.123	22	贵阳	0.788	0.051
6	深圳	0.970	0.159	23	西宁	0.758	0.032
7	南京	0.970	0.149	24	无锡	0.758	0.020
8	重庆	0.970	0.122	25	宁波	0.727	0.015
9	成都	0.970	0.122	26	南昌	0.727	0.015
10	厦门	0.909	0.114	27	常州	0.576	0.013
11	海口	0.909	0.075	28	泉州	0.576	0.007
12	三亚	0.909	0.075	29	南通	0.485	0.007
13	长沙	0.879	0.096	30	烟台	0.485	0.005
14	郑州	0.879	0.055	31	湛江	0.333	0.002
15	兰州	0.879	0.051	32	舟山	0.212	0.002
16	青岛	0.879	0.036	33	苏州	—	—
17	武汉	0.848	0.075	34	汕头	—	—
本表涉及城市的平均值						0.802	0.075

注：由于苏州、汕头无有效客运机场，故该行为空白。各类中心性测算以32个有客运机场的城市为对象。后续计算中取其临近最大城市值进行折算后作为其中心性测算依据。

为直观呈现上述城市间基于交通流的空间经济关联，本研究借助Gephi软件绘制出上述34个节点城市之间的网络关系图（见图1）。同时，考虑到网络关系图无法清晰揭示城市之间的空间联系流向，本研究又以桑基图（Sankey Diagram）绘制了示意图，部分地呈现了其组间的内部关联（见图2）。

由于本研究涉及了铁路和航空两类客运网络，为实现有效分类，对表4、

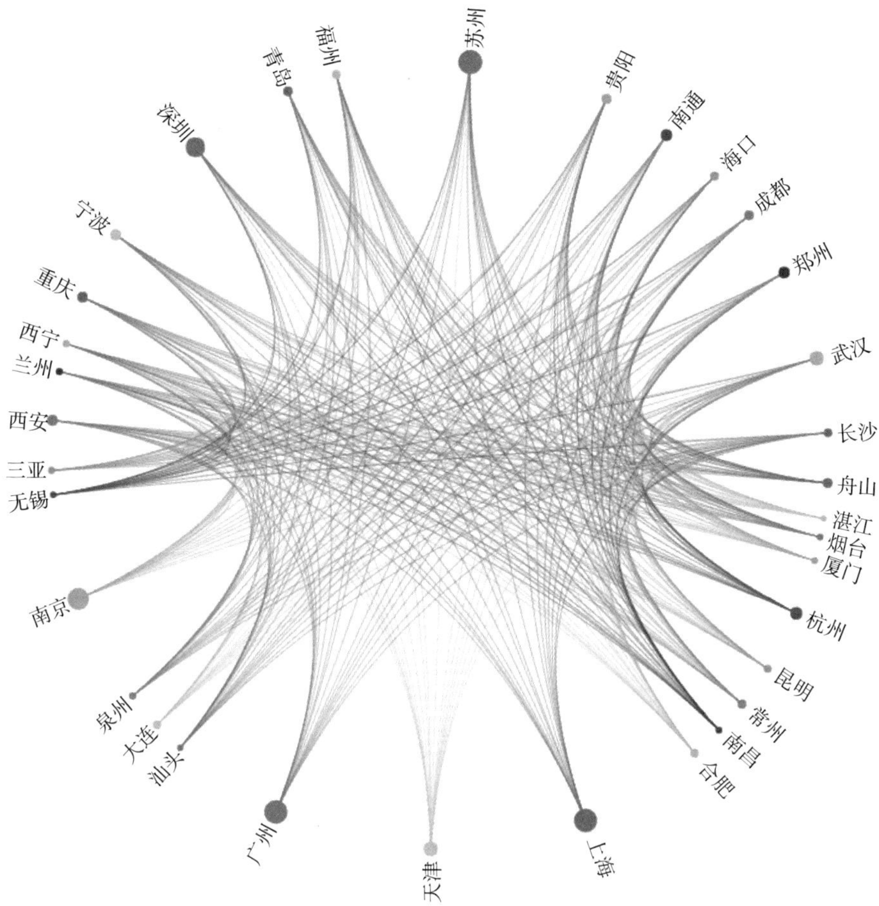

图1　“一带一路”与长江经济带范围的城市联系强度

表5的测算结果进行了等权加总，形成了综合交通流的度中心性和中介中心性测算结果，这两项指标分别反映了节点城市空间经济联系的强度和广度，从而识别出在对接“一带一路”与长江经济带中处于不同位置的节点城市。

其中，在城市间关联强度上，按照三等分方法将等权重测算后的度中心性分为高强度、中等强度和低强度三类；按照两等分方法将等权重测算后的中介中心性分为广度高、广度低两类。据此，本研究形成了对接“一带一路”与长江经济带的节点城市识别结果。后续将按照不同城市类型形成相应城市融入“一带一路”与长江经济带的发展路径（见表6）。

图2　"一带一路"与长江经济带范围的城市联系流

表6　"一带一路"与长江经济带范围内节点城市识别

城市类型	城市网络特征	类型描述	代表城市
Ⅰ型节点	空间联系强度高、广度高	连接"一带一路"和长江经济带的核心枢纽城市；多向性节点	上海　广州　重庆　南京　深圳
Ⅱ型节点	空间联系强度中等、广度高	区域性枢纽；多向性次节点	天津　武汉　苏州　成都　郑州　杭州
Ⅲ型节点	空间联系强度低、广度高	中介性节点；依赖物流网络	合肥　宁波　长沙　厦门　昆明　西安
Ⅳ型节点	空间联系强度高、广度较低	区域性节点；依赖经济腹地	青岛　福州　烟台　泉州　无锡
Ⅴ型节点	空间联系强度中等、广度较低	次区域性节点；依赖枢纽城市辐射	兰州　海口　南昌　大连　南通　常州
Ⅵ型节点	空间联系强度低、广度较低	节点功能尚不突出	三亚　汕头　西宁　湛江　贵阳　舟山

二　节点城市融入“一带一路”与长江经济带面临的挑战

在对“一带一路”与长江经济带范围内节点城市进行有效识别并进行类型划分的基础上，本研究将依据其空间经济联系现状，分类型地考察节点城市融入“一带一路”与长江经济带所面临的挑战。从空间经济联系的现状来看，“一带一路”与长江经济带范围内的34个城市之间未能形成相互协同、密切联系、产业分工合理的良性格局。“一带一路”与长江经济带作为新的空间经济地理格局，“城市融入”就是要求城市间要素流动、经济联系、产业布局沿着经济带展开“点-轴”分布。但本研究发现的现状是，核心枢纽城市与其他城市的空间经济联系呈“内循环”，区域性枢纽城市在对接“一带一路”与长江经济带的过程中“空间经济联系指向偏离”，中介性节点城市存在物流通道瓶颈，部分城市节点功能薄弱。上述问题对节点城市有效融入“一带一路”与长江经济带发展提出了挑战，需要在直面问题的基础上“靶向施策”、有效破题。

（一）核心枢纽城市空间经济联系“内循环”，未能发挥好其在“一带一路”与长江经济带中的辐射带动作用

本研究识别出的Ⅰ型节点城市包括上海、广州、重庆、南京、深圳，在空间经济关联中体现出网络强度高、广度高的特征，即综合度中心性、中介中心性“双高”。但分析上述城市的交通流构成发现，合计61.6%的空间经济关联是发生在这5个城市之间，与这5个城市之外的另外29个城市联系较低，如果再将对Ⅱ型节点城市的经济关联计入在内，则该比例更高。这反映了核心枢纽城市更多的是在其内部之间产生经济联系，而非对临近城市、沿线城市的辐射带动。在城市群经典理论中，该情形被认为是核心枢纽城市对周边及沿线城市的“要素吸附”，不利于城市间互补性产业分工的形成，也不利于其他沿线城市有效融入“一带一路”与长江经济带。

表 7　I 型节点城市之间经济联系占其在本研究 34 个城市经济联系的比重

单位：%

城市	上海	广州	重庆	南京	深圳
上海	—	18.32	3.64	22.63	19.56
广州	18.32	—	7.70	14.32	35.68
重庆	3.64	7.70	—	9.85	6.64
南京	22.63	14.32	9.85	—	15.67
深圳	19.56	35.68	6.64	15.67	—
合计	64.15	76.02	27.83	62.47	77.55

注：表中系上述 5 个城市经济联系占其在本研究 34 个城市中经济联系的比重，属于两两城市之间的无向图，因此呈现为沿对角线的对称分布。

上述问题成因涉及城市组织与管理体制①、财政与资源分配体制②、区域合作机制与产业布局③等层面，但其本质是在传统的城市发展过程中存在收益递增和自我强化的机制，导致既有的空间要素配置“锁定”（lock-in）。因此在面临“一带一路”与长江经济带的经济地理新布局时，这些枢纽城市仍自我强化原来的路径，在“路径依赖”中依靠自身的力量难以走出，无法缔造空间要素的新竞争优势。

（二）区域性枢纽城市发展过程中“空间经济联系指向偏离”，生产力布局未能与“一带一路”和长江经济带有机衔接

本研究识别出的Ⅱ型节点城市包括天津、武汉、苏州、成都、郑州、杭州，在空间经济关联中体现为强度中等、广度高，属于区域性枢纽。上述 6 个城市存在的共性问题，是在融入“一带一路”与长江经济带发展中面临其他方向的经济引力，其城市自身定位“摇摆”。如天津在 2010～2018 年，

① 项继权、刘开创：《中国特大城市过度极化的根源及其治理》，《理论与改革》2018 年第 6 期，第 159～169 页。

② 孙铁山：《中国三大城市群集聚空间结构演化与地区经济增长》，《经济地理》2016 年第 5 期，第 63～70 页。

③ 伏虎：《“一带一路”与长江经济带叠加效应下的城市商业功能转型——基于空间经济联系的网络特征》，《商业经济研究》2017 年第 2 期，第 199～200 页。

经济重心先后经历了向东、西北、南及向北的转移[①]；武汉市远城区迁移方向杂乱[②]，在对接长江经济带打造阳逻武汉新港的同时，提出武汉 - 黄石方向、武汉 - 咸宁方向和武汉 - 仙桃方向等多向拓展[③]，未能与沿江、沿线、沿经济轴同向而行[④]；苏州提出的沿江、沿路（苏嘉杭高速公路）、沿沪、沿湖（太湖流域）的方向定位有一定可取之处，尤其是将沿长江经济带和对接核心枢纽城市摆在重要位置，但也存在方向摇摆、城市发展指向前后不一致等共性问题；郑州、杭州也不同程度存在上述情形；成都在 2016 年的新版规划后明确了对接融入“一带一路”和长江经济带的城市定位、发展方向和产业新布局，其实践效果有待进一步凸显。

“一带一路”与长江经济带作为国家层面的总体布局，沿线城市需要协同发展方向、优化发展方式、提升发展质量，也就是将生产力布局和空间要素联系更多地向沿线区域集中，向核心枢纽城市靠拢，并发挥区域性中心节点城市“承上启下”的作用，本研究识别出的Ⅱ型节点城市未能发挥好联结性作用，既制约了其自身融入国家区域总体布局的效果，也影响了其他城市尤其是Ⅲ - Ⅵ型节点城市的对接。

（三）部分中介性节点城市存在物流瓶颈，在对接“一带一路”和长江经济带中难以释放区位优势

本研究识别出的Ⅲ型节点城市包括合肥、宁波、长沙、厦门、昆明、西安，这 6 个城市属于中介性节点，体现为空间经济关联中网络强度低、广度高。一方面，这批城市与其他城市间存在较好的“可达性”，是对接融入“一带一路”与长江经济带的优势所在；另一方面，上述城市在物流通道、

① 孟广文等：《天津市经济发展的重心空间演变及未来展望》，《经济地理》2017 年第 5 期。

② 陈莹等：《武汉市土地利用程度和经济发展的重心迁移及耦合协调性研究》，《长江流域资源与环境》2017 年第 8 期，第 24 ~ 33 页。

③ 颜俊、韦云波：《武汉城市圈城市经济联系测度及空间发展方向研究》，《国土资源科技管理》2010 年第 1 期，第 74 ~ 80 页。

④ 伏虎：《生产性服务业集聚、区际市场依存与制造业升级——基于我国长江经济带的实证分析》，《商业经济研究》2015 年第 27 期，第 115 ~ 116 页。

物流服务方面存在诸多"卡脖子"环节，影响了其节点城市的功能发挥。以昆明为例，随着云南"桥头堡"建设的推进和15个泛亚商贸物流中心的投用，当下大量物流人才需求存在缺口，但云南物流专业每年仅有2000余名毕业生。同时，昆明鲜花产业外部市场需求旺盛，但在春节、暑期等旅游高峰时段航班运力紧张，导致鲜花大量压货；南昆铁路也常年处于满负荷运转状态。类似的，西安具备成为国际陆港的陆桥物流系统的潜力，但南向通道受制于秦岭无法拓展，东西向通道的通行运能上限不高，导致无法满足当下城市间经济联系的需求，更遑论远期服务于"丝绸之路经济带"其他城市了。

中介性节点城市是"一带一路"与长江经济带发展中受益面最广的类型，因为在经济带形成中，中介性节点能够有效发挥其网络中心度高的特点，将自身打造为物流枢纽。Ⅲ型节点城市中的宁波、厦门、昆明都以国际物流枢纽为目标，是我国"走出去"的重要节点依托，西安、长沙、合肥都以打造国内物流枢纽和知名旅游目的地为目标，是大区域的重要节点和跨区域直达物流的主要口岸。但上述城市或多或少存在的物流瓶颈影响了上述功能的实现，需要围绕沿线关联城市尤其是核心节点城市，致力于消除物流通道瓶颈，建立更为紧密的空间经济联系。

（四）部分城市的节点功能薄弱，且作为"中心－边缘"的外围城市，未能将自身独特的历史文化资源转化为"一带一路"和长江经济带发展中的凝聚作用

本研究识别出的Ⅵ型节点城市包括三亚、汕头、西宁、湛江、贵阳、舟山，这6个城市节点功能尚不突出，在空间经济关联中体现为强度低、广度较低。舟山、汕头、湛江通往其他节点城市的客运线路仅相当于其他城市平均值的五分之一，三亚、西宁、贵阳在航空客运方面具有一定的节点功能，但铁路客运网络和综合交通流联系能力薄弱。整体来看，上述城市现有的空间经济关联不足以作为节点城市发挥功能。

值得注意的是，这些城市有着独特的历史和文化资源，其相对边缘的区

位换个角度理解反而是历史文化旅游资源的“高地”，例如三亚的热带风光、汕头的潮汕文化、西宁的高原凉都、贵阳的少数民族风情、舟山的海洋渔业文化等。尽管上述城市意识到城市旅游的价值，但未能从“发挥节点城市在融入‘一带一路’和长江经济带的凝聚作用”的角度用好自身独特的历史文化资源。这些城市尚未在“一带一路”和长江经济带发展中把独特历史文化优势转化为发展优势，历史文化与经济等要素的联系与合作程度仍需加强，各领域的各类文化活动的科技含量和市场推广度仍需大力提高。另外，目标功能定位不清所导致的保护不力和开发不足，普遍存在于这些城市的历史文化传承与发展中，导致基于历史文化挖掘融入“一带一路”和长江经济带的要素贡献不足，也导致了基于文化、旅游发展支撑“一带一路”和长江经济带的力度不够。

三 节点城市融入“一带一路”与长江经济带的思路与路径

本研究在分析节点城市融入“一带一路”与长江经济带的当下挑战基础上，将围绕节点城市功能定位，从经济开放功能、通道枢纽功能、要素集聚功能、对外交往功能、城市综合服务功能等维度回应上述挑战，形成节点城市融入“一带一路”与长江经济带的思路，最终按照六类节点城市的不同特征，形成其融入“一带一路”与长江经济带发展的具体路径。

（一）以提升城市“五项功能”为思路，化解节点城市融入“一带一路”与长江经济带的当下挑战

节点城市既需要具备城市普遍的、共同的功能，如政治中心、经济中心、文化中心、科技中心、航运中心等，也需要从对接“一带一路”与长江经济带的角度，具备经济开放、通道枢纽、要素集聚、对外交往、城市综合服务等更高层级的功能。这也是应对节点城市在融入“一带一路”与长

江经济带中的困境所必需的。核心枢纽城市与其他城市空间经济联系的“内循环”特征需要其大力提升经济开放功能；区域性枢纽城市“空间经济联系指向偏离”的问题需要其在要素集聚和生产力布局中重新谋划；中介性节点城市面临的物流通道瓶颈问题需要其加快完善通道枢纽建设；部分节点功能薄弱的“边缘型”城市需要挖掘其历史文化资源，做强对外交往功能；最终提升各节点城市的综合功能。基于上述问题分析与逻辑思辨，本文形成了节点城市提升城市功能融入“一带一路”和长江经济带的具体思路。

第一，六类节点城市均需要以提升经济开放功能为突破，其中Ⅰ型节点城市发挥好带动引领作用。这要求上述节点城市要从当前的“跟踪区域”向“创新区域”转型。Ⅰ型节点城市作为“多向性节点”，从承接产业转移、跟踪先进产业趋势转向自主创新，从“内循环”的传统经济联系转为“大开放”“大循环”，从而更好地实现核心枢纽的经济辐射能力，进而带动沿线次级节点城市有效融入。

第二，Ⅱ型、Ⅳ型节点城市需要以强化要素集聚功能为重点，优化沿线生产力布局。这要求上述节点城市从当前的“运输型”枢纽向“资源配置型”枢纽转型，从“制造”向“智造”转型。这是上述城市的发展潜力决定的，Ⅱ型、Ⅳ型节点城市也是先进制造业基地和现代服务业基地，在经济联系中要将交通流的潜力转化为资源要素重新配置的机遇，借助沿线物流大通道实现各类生产要素向城市集中，在转型升级的同时将需优化的生产力沿线对外扩散转移，其间的关键就是制造业的服务化，也就是以大数据和智能化为引领，在资源要素重新配置中提档升级，在要素重新集聚中缔造在全国乃至全球产业链中的比较优势。

第三，中介性节点城市需要以完善通道枢纽功能为突破，尤其是注重立体式通道功能和综合性枢纽功能。中介性节点城市即本研究中划分的Ⅲ型节点，其作为城市网络体系的“结构洞”具有最广泛的联通性，但通达能力受制于现有的交通布局、路径堵点以及软硬件配套设施与服务等。对此，在拓宽运能通道的同时，需要考虑包括水运、铁路、航空、公路、信息网络在内的立体式通道功能，这是挖掘中介性节点城市潜力、助推其有效融入的最佳方向。此外，Ⅲ型节点城市还需要在通道基础上附加枢纽功能，包括口岸功能、保税功能、检验检疫功能、仓储中转功能等，最大限度地用好该类型城市在融入“一带一路”与长江经济带中的比较优势。

第四，节点功能薄弱的城市需要找准比较优势，挖掘自身文化资源禀赋，提升对外交往功能，进而实现有效融入。本研究涉及的Ⅴ型、Ⅵ型节点城市当前的空间经济联系度较低，需要思考“弯道超车”的可行方案：其相对边缘的区位换角度理解反而是历史文化旅游资源的“高地”。在融入“一带一路”与长江经济带的过程中，上述城市需要在民心相通上做文章，在人文交流、观光旅游、会展论坛、城市宣介、签订友好城市等方面多向发力，挖掘自身资源禀赋，提升对外交往功能，提高城市的知名度、感知度和美誉度。对外交往功能的凸显也将有利于枢纽功能、要素集聚功能的达成，从而实现上述城市在融入过程中的功能进位。

第五，在“一带一路”与长江经济带范围内的节点城市要立足于城市综合服务功能的提升，打造良好的城市环境。城市作为空间高度集聚的综合体，其综合服务功能直接构成了城市的吸引力。为此，需要围绕“生产生活生态”“宜居宜业宜游”的整体性定位，在教育医疗、环境整治、生态保护、内部通勤交流、民生福利、城市形象等方面持续发力，以更好地实现和发挥好节点城市的价值。

（二）节点城市融入“一带一路”与长江经济带发展的具体路径

基于前述思路探讨，形成了以经济开放、通道枢纽、要素集聚、对外交往、城市综合服务等功能助推节点城市融入“一带一路”与长江经济带发展的基本思路。在此，将围绕上述思路和节点城市实际情况，形成其融入“一带一路”与长江经济带发展的具体路径。

1. 提升各节点城市的经济开放功能，重点是转变对外开放合作方式，培育“走出去”的企业主体

探索适合六类节点城市不同的外向型经济发展方式，包括创新驱动、市场驱动、交通驱动、成本驱动、效率驱动、特色资源驱动六种差异化的

“走出去”发展模式，在全国乃至全球的产业链、价值链中实现有效对接。

针对核心枢纽城市（Ⅰ型节点），重点是基于创新驱动的经济自组织与扩散能力提升。借助“一带一路”带来的全新资源配置空间和国际市场，发挥好核心节点功能，加快聚集高端业态；借助长江经济带“共抓大保护、不搞大开发”的契机，围绕“产业生态化、生态产业化”开展创新业态、创新业务，并实现向其他节点城市的梯次扩散。

针对区域性节点城市（Ⅳ型节点），重点是依托市场驱动的经济腹地区域功能整合。借助“一带一路”赋予的节点城市支撑作用和牵引功能，实现区域内部城市群产业分工与整合，用好经济腹地的“市场效应”，实现“走出去”与“引进来”的同向同步、互为支撑。

2. 提升各节点城市的要素集聚功能，重点是缔造空间要素的竞争优势，以“城市群－都市区”作为融入“一带一路”与长江经济带发展的新载体

对各节点城市而言，重点是与“一带一路”的指引“相向而行”，打造面向我国中西部以及东亚、南亚、东南亚等地区的产业优势集群，形成有利于各节点城市创新成果有效转化、生产、营销、运营的组织模式。

围绕与我国新型工业化、新型城镇化格局、资源环境承载能力相协调的目标，各节点城市要以中心城市建设为重点，推动大都市功能区域的融合发展，进而实现大都市功能区与“一带一路”、长江经济带的良性对接。

针对区域性枢纽城市（Ⅱ型节点），重点是促进各类高端创新要素向节点城市集聚。以国家创新型城市、国家承接转移示范区、自贸区等政策为发力点，积极推动产业空间格局的重构。如上述节点城市都对应有国家自主创新示范区（武汉东湖高新区、郑洛新区、成都天府新区、苏州工业园区），在沿“一带一路”和长江经济带的高端要素扩散中可以起到密切承接的作用。

针对次区域性城市（Ⅴ型节点），因其依赖枢纽城市辐射，所以要积极地开展紧密的城市创新合作，在与毗邻的高能级城市互动中分享发展红利。如本类型中存在兰州之于西安、海口之于广州、南昌之于武汉长沙等多组毗邻的“高－低”型经济关联。

3. 完善各节点城市的通道枢纽功能，重点是以互联互通改善交通软硬环境，并降低制度性的物流成本

“一带一路”、长江经济带优化了各节点城市沿线沿边及对外通道的生产力布局，这需要上述城市加快实现互联互通，并以降低物流社会成本为目标，将自身城市在“路径最短联通”的基础上打造为“物流成本最低的联通”“时间成本最小的联通”。

内陆节点城市要以立体式互联互通为方向。包括以高等级高速公路、米字形高铁网络、货运铁道专线为代表的地面联通，以航空港、卫星基站、特高压输变电为代表的空中联通，以光缆、管道管线为代表的地下联通，等等。在互联互通中，要重视软服务的打造，在全国高速公路打通省际收费站、实现 ETC 通行的基础上，实现物流标准趋同、交通执法互认、交通信息共享、物流事项通办，不断降低制度性成本和交易成本。

4. 做实各节点城市的对外交流功能，重点是依托城市资源禀赋并善于发挥比较优势

对于空间经济联系强度、广度均不高的节点城市（Ⅴ型节点、Ⅵ型节点），要善于发挥各自比较优势，找准相应发力点。一是，上述城市需研究立足“两头在外”经济格局的对外经贸合作方式，以土地、劳动力等要素相对较低的优势积极承接产业转移，化解自身经济腹地小、产业基础薄弱等劣势。二是，上述城市可借助宜居宜游的资源禀赋，积极推动沿“一带一路”、长江经济带的人文交流，包括学术往来、国际赛事、会议展览、国际注册、落户注册等活动，以人文交流带动对外交往功能，最终实现在更高的层面、更持久的周期中有机融入。

四 节点城市融入“一带一路”与长江经济带的保障机制

在形成节点城市融入“一带一路”与长江经济带的思路的基础上，本研究形成了融入“一带一路”与长江经济带发展的具体路径。在此之外，

还需要相配套的保障机制才能保证节点城市有效融入“一带一路”与长江经济带发展。为此，从“一带一路”与长江经济带跨区域性的角度，本研究认为各节点城市之间存在政府间协调障碍、互联互通不顺、要素保障不足等共性障碍，为此需要从跨区域协调机制、区际互联互通机制、要素保障机制等角度形成完善的保障机制。

（一）构建节点城市间跨区域协调机制

未来需研究制订节点城市的对外多边协调合作方案，形成相互之间可接纳、互动互补、操作性强的实施细则，加快完善区域合作的制度保障，在“一带一路”、长江经济带后续实施方案中予以落实。

跨区域性涉及构建互利共赢的国家间、区域间、区域内协同机制。“一带一路”是国家层面的整体部署，节点城市需要主动与国际沿线城市对接，通过对话会、协调机制、通报机制等保障。在区域层面，需要围绕沿线城市、省份，在物流、产业、空间布局、贸易方面做好协同，形成成本分担、利益共享的共建格局。在区域内部，需要城市间以降低制度性成本和交易成本为重点，做好政府间关系和企业间关系的有效协同。

（二）构建区际互联互通机制

各节点城市的区际互联互通机制，是以“软联通”为核心的利益联结。与国内外信息互换、监管互认、执法互助等合作具体措施，包括加快投资便利化进程，消除投资壁垒以及优化产业链分工布局，推动上下游产业链和关联产业协同发展的举措。

以通关为例，沿线目前是沟通机制而非协调机制，导致沿线省市各口岸贸易、物流查验管理部门数据尚未共享，同时各省市内部海关、检验检疫局、外汇管理局等相关部门间的业务要求和数据标准不一致，影响了区域通关一体化改革的实际效果和建设进程。

内陆节点城市要以立体式互联互通为方向。在政府间协调方面，建议建立定期磋商机制，制定通道建设规划，组织实施通道建设，协调各方分歧。

（三）完善要素保障机制

在人才要素方面，根据节点城市融入“一带一路”与长江经济带的人才需求，有针对性地集中编制人才需求目录（规划），完善柔性引才用才机制，吸引海内外高层次人才；充分挖掘本土人才；建立人才资源整合机制，疏通人才培养渠道；建立人才资源长效跟踪调研机制；探索人才发展基金等人才激励机制；促进人才合理流动。

在土地要素方面，各节点城市要用好《跨省域补充耕地国家统筹管理办法》和《城乡建设用地增减挂钩节余指标跨省域调剂管理办法》（国办发〔2018〕16 号）等政策，在沿“一带一路”、长江经济带的省市之间加强沟通，使土地指标转移方向与沿线生产力布局方向相一致，使土地要素在沿线节点城市间实现优化配置。

在资金要素方面，各节点城市要立足自身挖潜，广泛借助和吸引社会资本，激发民间资本投资活力。借助“一带一路”、长江经济带的国家支持，在政策性银行、地方债、PPP 投融资模式中形成适合不同融资主体、融资周期的资金补充支持。

产业发展篇

Industry Development

B.14
"一带一路"背景下的未来数字货币发展

蔡恒进　汪 恺　向 舜*

摘　要："一带一路"倡议促进了我国与多国之间的政治互信和经济融合，数字货币与电子支付（DC/EP）给当下复杂的国际经济形势加入了新的影响因素。传统的电子支付模式已经无法满足大众需求，数字货币结合了区块链的技术优势，能提高支付效率并降低成本，符合各类应用场景的需求。本文分析了未来财富的涌现方式，并推导出未来货币应该具有的四个特征：以信用为基础、有一定的通货膨胀、具备使财富向底层流动的机制以及多币种构成。由此看来，包括Libra在内的

* 蔡恒进，博士，武汉大学教授，研究方向为服务科学、人工智能、金融信息工程；汪恺，武汉大学计算机学院博士研究生，研究方向为数字货币；向舜，卓尔智联研究院研究员，研究方向为人工智能。

数字货币项目短期内虽然势头良好，但未来能否作为世界货币流通还有待考证。基于以上背景，我国可以把握历史机遇推行面向未来的数字货币，进一步推动“一带一路”发展，为“一带一路”的数字化建设赋能，并在这场全球的重构与竞争中占据上风。为此我们提出了基于通证的记账模型及数字货币方案，具有高可扩展性、并行性等优势，是我国开发数字货币体系时值得优先考虑的基础架构。

关键词： “一带一路” 数字货币 数字经济

一 “一带一路”背景下的数字货币需求

“一带一路”倡议的开展，以及人们旅游、留学等方面日益增长的电子支付需求，使电子支付的规模不断扩大。传统的电子支付模式已经无法满足大众需求。数字货币借助区块链技术，能满足不同场景的支付结算需求，提高支付效率并降低支付成本，在“一带一路”背景下，结合区块链技术特性的数字货币能解决信息不对称问题，保证数据的真实可靠和安全存储，实现交易的监督与追溯的自动化与多元化管理。传统意义上的货币人民币如果想要成为结算货币，意味着至少要有银行在当地成立结算中心；如果要建设覆盖面广的银行结算系统，成本会非常高。而数字货币可以很方便地通过网络或者手机进行收发和结算，只要有承兑商能够和当地支付系统进行对接就可以实现，且数字货币在跨境支付上流程更简单，借助区块链技术能更加高效地完成支付结算，是实现人民币国际化的有力工具。

同时，货币发行与国家货币政策直接相关。围绕数字货币问题还有一个维度，那就是国家层面的金融竞争和对抗。历史上，大国之间的竞争有英镑与法郎、美元，欧元与美元的竞争。世界舞台的博弈，数字货币和美元、人民币会在某种意义上竞争，这其中区块链会扮演重要角色。再加上新技术的快速发展，特别是中国现在处于上升期，那么未来金融对抗会更加激烈。在这种激烈对抗下，区块链可能成为另一把度量财富的尺子。“一带一路”是实现中华民族的伟大复兴和新时期深化对外开放格局的重要战略需要，面对国家化竞争的日益严峻形式，区块链和数字货币技术的发展至关重要。

二　未来财富的涌现方式

通常情况下，人对自己的评价高于其认知范围内的平均水平，并且在分配环节更希望得到高于自己评估的份额，我们将这种需求称为自我肯定需求。自我肯定需求本身不存在善恶之分，是人类的属性，是刚性需求，不比物质需求弱。从自我肯定需求的角度，我们能够解释历史上的朝代更替、财富中心转移，还有金融市场的波动，也能解释未来财富的涌现方式。自我肯定需求看起来很简单，但与“人是理性的”“人是自私的”“人是利益最大化的”这些传统观点并不一样。很多时候人会表现为理性或自私的，但从本质上讲，是内在的驱动力在起作用。自我肯定需求可以推动个人的进步，也是推动社会进步的力量。但是，它有时也会带来一些消极后果。例如团队中每一位成员都倾向于高估自己的贡献，也期待更多分配，那么团队当下产出就不够让大家都得到满意的分配。在这种情况下，实际可供分配的产出与大家的期望之间产生的差距，如果不能尽快得到弥补，团队就会处在一个不和谐的状态。在国家层面，类似的情形也会存在。我们在研究如何填补人的预期和当下产出之间的差距时，发现未来财富主要通过以下四种方式涌现。

第一种是学习与自主创新。学习可以是向他人学习，直接获得成型的产品或者技术，这样我们在比较短的时间内就能够产出更多的效益，用来弥补差距。当然我们也可以自主地创造发明，科技进步有一定垄断性，如果有专利保护，就可以有更高的收益，来满足大家的预期。

第二种是外部获取。在商业社会，我们的外部获取主要是靠贸易，特别是有贸易顺差的时候，就能创造更多的福利，让大家满意。在农业社会，外部获取可能更多地表现在抢占土地、弱肉强食上，以此达到快速获取外部财富的目的。我们把可以把社会看成一个系统，一定要有外来财富的进入，社会才能持续地发展，一个城市的发展也是这样，若有大量发展势头良好的公司进入城市，则城市经济将迅速发展。

第三种是透支未来。当下的产出不够，我们可以承诺未来。以国债为例，我们用新债抵旧债，债务实际上一直在滚动发行。很多国家曾经有过严重的透支，比如现在美国国债金额大约是22.5万亿美元，但实际上美国还不仅仅是有这些债务，更多的是对未来的承诺（Liabilities），把这些承诺折算成现值，竟高达200多万亿美元，几乎达到国债的10倍。美国金融资产的增值很快，除去通货膨胀后，平均下来能达到10%～14%。如果按照"七二法则"，金融资产就会是每五年翻一番或者每七年翻一番，持续100年之后，这个数字会大得惊人。另外，美国每年GDP总值的提高实际上不到3%，100年下来也没有增长很多，但是股票净值100年积累下来就是1000多倍。差距就来源于美国的外债和对未来的承诺。

第四种是崩溃后的再出发。假如前面这三种方式都不能使国家或社会维持下去，那就只能是崩溃之后再重建，也就是全部推倒重来。这需要巨大的社会成本。西方从葡萄牙、西班牙开始的财富中心，到荷兰，到英国，再到二战结束霸主之位过渡到美国，时间仅过去了300多年。美国从1776年建国到现在，也就200多年，可见帝国的盛况很难维持。

从这里我们也很容易看到国家的兴衰规律。假如按照一般的理解，国家制度好、文化先进，那就应该一直保持繁荣，但是我们看到近代好像没有一个国家是这样。曾经的日不落帝国——英国，牛顿的力学、麦克斯韦方程、图灵机、蒸汽机……许多重大创新的出现都与英国有关，但其繁荣还是没能一直维持。国家当然需要优秀的制度、文化和创新来延长寿命，但即使有这些，依然不足以长久延续，就是因为人们对自我肯定需求的追求没有尽头。

三 未来数字货币的主要特征与影响

（一）未来货币的主要特征

随着时间的推移和技术手段的强大，如果我们可以对信用的一些特征有更好的认知，那么未来世界货币更多的不是以实际的财富来做抵押，而是更偏向于信用本身。

我们现在的区块链和人工智能技术实际上已经提供了技术基础，为未来数字货币的多场景应用提供了可能。在这个趋势之下，我们也要看到本质的规律：自我肯定需求，每人都会高估自己的贡献，高估自己的重要性，而且希望在这个基础上还要多占一份。那么还是会导致信用的膨胀，如果过度膨胀，最终还是会导致崩溃性事件发生。实际的财富不会增长得比预期更快，那么积累的泡沫一定会破掉。这就推导出未来世界货币的特征之一，就是必然需要一定的通胀。例如工资幻觉，我们要保持一定的幻觉，觉得自己的工资在涨，才能满足自我肯定需求，但实际上通货膨胀率可能要抵销涨的工资的一部分。

未来世界货币的第二个重点特征是需要财富流向底层的机制。因为有自我肯定需求，人们会趋利避害，财富一定是向少数人流动，这是必然趋势。那么要有让财富返回底层的机制，否则如果向上聚集得太快，社会更容易崩溃。在现代制度里，在西方，个人可以申请破产，这是一种财富向底层流动的补偿方式。在中国，二次支付、二次分配、三次分配或者转移支付，这些也是补偿方式。现在西方有些地方正在试行基本收入制度，这同样是一种财富向底层流动的方式。一个好的制度是要保持系统的稳健发展，不能是泡沫。一个好的投资者，要尽量抑制泡沫，让社会的动力有序、缓慢地释放，这样才能维持的时间更长。未来货币制度的设计，就应该有这种机制的考虑。

未来货币的第三个特点应该是多币种，而且是廉价货币时代的多币种。

我们现在看到的趋势是，很多国家是负利率的。日本曾经执行低利率、负利率很长时间，现在欧洲已经是负利率了，美国看来也是朝那个方向走。假如都在同一个价值尺度上，则比较难以满足所有人的自我肯定需求。所以未来的货币体系应是多币种的，我们的社会也需要有多个价值体系，每个人都能选择适合自己的价值体系，并在体系里寻求自我发展与满足。

（二）区块链技术对未来货币的重要意义

区块链技术给我们带来了达成共识的全新方式。现在普遍关注的是技术上达成共识，而社区共识则是未来的发展方向。社区不是做大做全，它想达成共识的目标不能太大，而是要在小议题上达成共识，达成共识会带来价值的改变和转移，这样的社区运作才是良好的。在社区里，人们会寻找自己认同的价值体系，并在这个体系里找到自己的方式来满足自我肯定需求。我们必须承认每个人的认知水平是不一样的，社区共识需要让不同水平认知的人，都找到自己的价值体系，在价值体系里去搏斗、去成长。所以要求未来的世界货币拥有不同币种。例如美国的食物券可以拿到超市去买食物和日用品，但是不能拿去投资，这实际上就是不同的币种。中国有定向降准、产业政策的倾斜等，这些也可以通过不同的币种或通证来实现。如果在“一带一路”或者更大范围内推行一个人民币数字货币体系，作为与人民币境内流通体系保持一定独立关系的区域流通数字货币体系，又能以人民币信用背书进行国内产能向境外输出，实现终端消费通证（token）的多元化，将有利于人民币以数字货币的形式推进其国际化进程。

关于未来，可以从几个不同的层次进行理解：首先是我们要预期未来，如果能正确预测比特币的涨跌趋势，那就能进行交易从而套利；其次是抢占未来，例如企业家知道接下来的趋势，那么他们就能以最快的速度抢占先机；最后是创造未来，比如马斯克的 Starlink 计划，60 颗卫星一次发射，未来可能部署几万颗卫星，这种计划是在创造未来。而现在区块链技术的崛起以及分布式商业的探索，实际上也是要改变不合理的发展现状，例如贫富差距过大、资源分配不合理问题，以及信息渠道被少数公司占领、个人数据被少数公司垄断等问题和现状，本质上是一种平衡未来的做法。区块链技术之所以重要，有一个重要的影响因素就是近几年 AI 技术的快速发展。AI 技术的发展速度超过很多人的想象，大多数人远远低估了它的发展速度和带来的影响。AI 的成长并不是线性外推，而是呈指数加速成长。

这样一种对未来的平衡，将对未来的财富转移产生多元化的影响。在新技术的不断发展的前提下，数字货币的出现为金融竞争提供了一个新的维度，数字货币可能是另外一种财富承接的手段。除了主权货币的对抗外，数字货币的地位竞争也将影响国家的经济地位。

四　数字货币对“一带一路”的赋能

（一）以通证为核心的记账模型

比特币是近期受市场关注较多的数字货币，它被认为是区块链 1.0 数字货币时代的标志产物，与传统货币一样，能够承担支付和交易的功能，但它的手续费更低、速度更快，且具有去中心化的特点。比特币的记账方式是基于交易的模型，采用 UTXO（未花费交易输出）记账方式。区块链的优势很快被人们进一步发掘，区块链 2.0 时代随之到来，以太坊成为这一时代的标志。以太坊是基于账户（account-based）的记账方式，能够承载数字资产，支持智能合约。以太坊之后不同机制、不同特征的数字货币项目接踵而至。2019 年 6 月 18 日，Facebook 发布了 Libra 白皮书。作为全球首家大型网络巨头发起的加密币，Libra 加速了数字货币在全球范围内的推广。Libra 还带有以太坊基于账户的色彩，强调了交易（transaction）本身，即转移（move），从一个地方转移到另一个地方。基于账户的记账方式天然有一个缺陷，就是它的账户有限制，要实现分片或者跨链就比较困难。Libra 在设计 Move 的时候是充分考虑到了这两个问题，同时考虑到上亿潜在用户的需求，采用了新的 HotStuff，作为拜占庭容错的共识机制。Libra 是联盟链，节点数目可以控制，初步定 100 个节点。即使这样，要面对上亿用户，挑战还是很大，要满足这种用户量的 TPS 目前还不清楚，全球网络本身有延迟，达成共识也需要一定时间。到 5 年之后 Libra 想要改为公链就更艰难了，甚至可能需要彻底在结构上进行改变。虽然问题严峻，但我们还是相信 Libra 能够推行下去，因为数字货币世界确实需要价值锚定。有了价值锚定之后，其他通证的定价会变得更加方便。而且因为 Libra 的潜在用户足够多，所以它可以把更多的用户带进区块链世界。

随着“一带一路”的深入推进，在金融与政务领域的发展建设中，需要充分发挥数字货币的技术优势，在改变技术、转变商业制度和调整产品服务模式上，建立对应策略，为我国经济发展做出更大贡献，让数字货币与区块链技术为“一带一路”的金融体系建设和完善赋能。鉴于目前对 Libra 的理解，我们建议可以考虑采用以通证为核心（token-based）的记账模型来开发央行的数字货币体系。通证模型的记账方式的特性之一就是天生支持并行，因为交易关注的是 token 所有权，签上谁的签名就属于谁，而不是关注两个账户之间的动作。因为涉及两个账户的动作，它必须同时完成（原子性）才不会出错，很多盗币事件就是因为这两个账户不能平衡。通证模型中，每个 token 都有 ID，如果涉及双花或者 51% 攻击，那么配合一定的治理机制可以有效防止双花，尤其是 51% 攻击引起的双花。比特币的 POW 机制永远有可能面临 51% 攻击，这是比特币的一个缺陷，另一个缺陷就是能量消耗。

基于通证记账模型的区块链系统可以用来实现一种监管友好的数字货币银行架构，架构主要分为两大部分。

其一，M0 发行方。由央行的多个中心和央行邀请的协从节点组成的联盟，央行的中心可以是北京、上海、深圳、贵阳、武汉等全国地理位置上的分布式中心，央行还可以邀请其他银行（如五大行）和科技企业（如电信、华为等）进入 M0 发行方的联盟，联盟内部达成共识即可发币。地理及网络上的分布式结构，使系统中即便有部分中心被攻击或毁坏，整个 M0 联盟的工作也能正常运行。

其二，其他商业银行。商业银行与 M0 发行方进行交互，各商业银行可划分为总行、分行、支行等不同级别，每一层都可以是“一对多”的关系，即一家总行下属有多家分行，一家分行下属有多家支行。不管 Facebook 如何与联邦政府勾连，一旦有很多人使用的话，那就是一个全球化的竞争性的货币，因此 Libra 是美元事实上的竞争者。秦失其鹿，天下共逐之。央行主张的观点与我们的判断很接近。相比 Libra 的 Move 机制强调操作的本身，基于通证记账模型则会直截了当得多，该技术完全由中国技术团队自主研发，已经十分成熟，并且已经被应用于公链 everiToken 的底层实现中，单链的主网实测 TPS 在 10000 以上，除了高并发，还具有监管友好、高安全性的突出特点。基于通证模型的方案是纯区块链技术的银行体系架构，将满足未来商业发展与国家治理包括“一带一路”数字货币体系的全部需求。

与 Libra 的 Move 相比，我们相信通证模型比 Libra 的设计要好，它具有良好的可扩展性，具有 Libra 的所有特性。在这个框架里，货币意义上的 token 在理论上可以无限扩展，很容易把它理解成总行、支行、分行之间的关系，可以理解为用支票来支付，当然这个会涉及分行之间或者跨行的清算问题，但在电子世界里清算不是一件很难的事情。更重要的是通证模型也特别适合非货币通证，因为未来“币”不仅是现在的主流货币，更多的是区块链世界里不同的 token 所对应的不同资产，甚至是不同的意识片段。假如只限定于支付稳定币，现在支付宝、微信已经在中心化的前提下做得很好，采用去中心化的方式并不会带来太多的好处。我们用区块链技术，应该是在一个新的场景下、原来技术不能克服的或者是难以做到的情况下来做效果才会更好。

（二）未来数字货币的拓展与应用

区块链技术还能对数字货币的运用场景进行拓展，给金融交易领域带来新的行业颠覆和资源分配，构建完善的诈骗探测和风险防范体系。未来的世界货币不可能将利益与责任剥离开来，必须能够通过政府（或者央行等机构）进行兜底。自我肯定需求是人类的基本属性，人性如此，人的认知有差异，长此以往必定两极分化。历史周期、财富中心流转，这些规律都表明，事物发展到一定程度就需要重构（崩溃后的再出发），但在重构之前，还会经历诸多起伏，这些起伏波折需要被兜底。未来，小孩从出生就可以有 token，父母、老师、社会为其赋值赋能，这就是未来价值的生成方式。未来的世界可以有多种的 token，但都要锚定到公有的价值标杆，也就是锚定到未来的世界货币。未来的世界货币应当和每一个行业、组织、个人的 token 打通，是一种计价标准。世界货币也要通过对财富底层个人或组织的补充来调节未来预期，保证整个生态的健康运行。

参考文献

[1]〔美〕道格拉斯·诺思、罗伯斯·托马斯：《西方世界的兴起》，厉以平、蔡磊译，华夏出版社，1999。

[2]〔美〕约瑟夫·泰恩特：《复杂社会的崩溃》，邵旭东译，海南出版社，2010。

[3]〔美〕曼瑟·奥尔森：《国家的兴衰：经济增长、滞胀和社会僵化》，李增刚译，上海人民出版社，2009。

[4]〔美〕M. 罗斯托夫采夫：《罗马帝国社会经济史》，马雍 、厉以宁译，商务印书馆，2009。

[5] Tianqi Cai, H. J. Cai, Hao Wang, Xiji Cheng and Linfeng Wang, “Analysis of Blockchain System with Token - based Bookkeeping Method,” *IEEE Access*, 2019, Vol. 7: 50823 - 50832.

[6] 蔡恒进.《数字凭证：小范围内快速达成共识的工具》，《当代金融家》2018 年第 6 期，第 39 ~ 41 页。

[7] 蔡恒进：《论智能的起源、进化与未来》，《人民论坛·学术前沿》2017 年第 20 期，第 24 ~ 31 页。

[8] 蔡恒进：《中国崛起的历史定位与发展方式转变的切入点》，《财富涌现与流转》2012 年第 1 期，第 1 ~ 6 页。

[9] 数字资产研究院主编《Libra：一种金融创新实验》，东方出版社，2019。

[10] 朱民：《天秤币 Libra 可能带来的颠覆》，新浪财经，http://finance. sina. com. cn/zl/china/2019 - 09 - 23/zl - iicezueu7822307. shtml，2019 年 9 月 23 日。

B.15
“一带一路”地区文博旅游产业的资源优势分析与竞争力评估

童清艳　冯雨雷*

摘　要：“一带一路”倡议为我国旅游事业的发展提供了新的契机，而文物与旅游的结合也是近年来新兴的旅游模式。本文以“一带一路”涉及的18个省区市为研究对象，从《中国统计年鉴》《中国旅游年鉴》《中国文化文物统计年鉴》中收集与文博旅游产业发展有关的数据，构建了包含3个一级指标和14个二级指标的文博旅游产业竞争力评估体系，基于因子分析法提取了3个主因子，分别是文博事业发展现状、旅游业发展现状和文博事业基本支持，并且根据各省区市在各主因子上的标准化得分对各地区发展文博旅游产业的资源优势以及竞争力进行分析。根据得分排序，将“一带一路”倡议涉及省区市划分为发展文博旅游产业的强势型地区、潜力型地区和后进型地区，并针对不同的地区提出发展文博旅游产业的建议。

关键词：“一带一路”　文博旅游　文化创意产业　因子分析法

---

* 童清艳，上海交通大学媒体与传播学院教授，研究方向为文化传播、新媒体研究；冯雨雷，上海交通大学媒体与传播学院博士研究生，研究方向为新媒体传播、全球传播。

一　研究背景

2013年，中国国家主席习近平在出访中亚和东南亚国家期间，先后提出共建“丝绸之路经济带”和“21世纪海上丝绸之路”的重大倡议，简称“一带一路”，成为国际社会高度关注的热点。“一带一路”倡议的提出不仅有利于打造政治互信、深化经济融合发展，也有利于促使与文化产业相关的多重资源得到更加科学高效的配置。与此同时，区域间的旅游协作、旅游资源开发保护、旅游信息的交流成为日后旅游业发展的必然趋势。①

2018年10月，中共中央办公厅、国务院办公厅印发了《关于加强文物保护利用改革的若干意见》，文件中提出“促进文物旅游融合发展，推介文物领域研学旅行、体验旅游、休闲旅游项目和精品旅游路线”，标志着我国文物旅游事业将进入一个全新的发展阶段。根据《中国文化文物统计年鉴》最新的统计数据，我国目前共有包括文物科研机构、文保单位、博物馆等在内的文物业机构近9000个，从业人员超过15万人，其中近三分之一为专业技术人才，文物藏品更是多达4500万件，文物规模总量居世界前列。2017年，全国博物馆举办各类展览超过2万个，近10亿人次走进博物馆，参观博物馆日渐成为一种生活方式。

当前，我国的旅游事业发展已经迈入了新的阶段，面对我国人民的品质旅游需求与日益增长的海外游客数量，未来的旅游事业发展需要新的思维。而文化是旅游的灵魂，旅游是文化的重要载体。在发掘可应用于旅游产业的中华文化元素时，蕴含历史、艺术、科学、考古等多维度价值的文物资源是不能绕开的重要元素。文物事业发展注重的是文物保护和展现文物本体的真实灵韵，旅游事业发展则强调为游客提供真实有趣的旅游体验，二者的互补与促进已经是越来越明显的趋势。

① 李凤亮、宇文曼倩：《“一带一路”对文化产业发展的影响及对策》，《同济大学学报》（社会科学版）2016年第5期，第48~54、60页。

“一带一路”倡议提出之后，我国与57个共建国家缔结了涵盖不同护照种类的互免签证协定，与15个国家达成了19份简化签证手续的协定或安排；不仅与多个国家共同举办旅游年，创办丝绸之路旅游市场推广联盟，也相继成立了丝绸之路博物馆、美术馆、艺术节联盟，在共建国家设立了17个中国文化中心。

可以说“一带一路”推进了旅游合作新机制，旅游也成为“一带一路”共建国家和地区促进民心相通的途径，这都给我国“一带一路”涉及省区市提供了发展文博旅游产业的契机。文物和旅游都是相对而言比较宏观的概念，为了对文物资源与旅游事业的发展现状和优势进行具体的分析、融通各要素之间的充分流动，本研究希望通过因子分析法，对“一带一路”地区的文物旅游事业发展进行微观而具体的资源优势分析与竞争力评价，力求针对每个地区文物资源的特殊性，依据当地特点发展文博旅游产业。

二　文献综述

“一带一路”倡议的提出，使“丝绸之路经济带”和“21世纪海上丝绸之路”经济带成为我国旅游发展战略体系中的重要一环。从景区区位条件来看，“一带一路”地区包含丰富的自然与人文旅游资源，而不同的地势地貌、社会文化背景也使景区资源省际差异明显，存在发展不平衡的现象。[①] 邹永广基于社会网络分析法测度和分析了“一带一路”中国主要节点城市旅游经济联系度，提出应促进区域间旅游要素互动，实现沿海和内陆节点城市板块间的协同发展。[②] “一带一路”地区的“四区三带”自然生态旅游带和“六区三带”文化生态旅游带既有利于打造国际

① 翁钢民等：《“丝绸之路旅游带”景区区位优势等级测度与影响机理》，《经济地理》2019年第4期，第207~215页。

② 邹永广：《“一带一路”中国主要节点城市旅游的经济联系——空间结构与合作格局》，《经济管理》2017年第5期，第22~35页。

生态旅游区域网，也能有效保护生物多样性和历史文化遗产。[①] 而根据海外旅游网站的调查，除了探索丝绸之路古国、游览世界遗产和品尝当地美食之外，海外游客对在当地购物、参观美术馆和博物馆等旅游项目也十分感兴趣。[②]

过往研究表明，游客对旅游资源、旅游产品的选择偏好遵循差异性模式，即文化的异质性是吸引游客的重要因素之一。根据 1994 年以来国家旅游局和国家统计局颁布的《入境旅游者抽样调查资料》，海外游客对以华夏文化为背景的旅游景观最为感兴趣，尤其喜欢"文物古迹""民俗风情"等富有社会文化内涵和民族特色的旅游项目。[③] 随着游客对文化旅游的兴趣日益高涨，旅游产业也需要加入全新的且更具有活力的文化元素。[④] 文博旅游正是符合这种差异性模式的旅游方式，它所承载的历史文化底蕴和丰富的地域民俗文化知识向游客展示了独特的地方文化。

文博旅游是以文化为核心，以博物馆、古迹遗址等为载体，充分展示地域文化的一种新兴旅游方式。20 世纪 60 年代，大众旅游兴起，也使旅游发展和文物保护站在了对立面。20 世纪 90 年代，在可持续发展思想的指引下，我国的文物博物馆事业与旅游业逐渐建立起更充分合作的和谐关系。[⑤] 同时，开发文博旅游资源是城市与国家发展的内在需求。在微观层面，丰富文博、会展活动的文化创意内涵有利于提高城市的知名度和影响力[⑥]；在宏

---

① 董锁成等：《"一带一路"生态旅游带发展模式与对策》，《中国科学院院刊》2016 年第 6 期，第 647 ~ 655 页。

② 邹统钎：《"一带一路"旅游合作愿景、难题与机制》，《旅游学刊》2017 年第 6 期，第 9 ~ 11 页。

③ 马耀峰、李旭：《中国入境游客旅游选择模式研究》，《西北大学学报》（自然科学版）2003 年第 5 期，第 575 ~ 580 页。

④ Cheng, D. X., Huang, Y. Z., "Development Strategies Combined by Culture - Oriented Travel and Culture Industry - Practice in Huli Cultural Country Town, Autonomous County of Mauchu, Benxi," *Applied Mechanics and Materials*, 2014, 507: 603 - 608.

⑤ 苏东海：《文博与旅游关系的演进及发展对策》，《中国博物馆》2000 年第 4 期，第 15 ~ 19 页。

⑥ 朱德莉：《现代城市文化旅游产业发展研究》，《湖南社会科学》2012 年第 4 期，第 156 ~ 159 页。

观层面，博物馆的发展是全球语境下对一个国家历史、现在和未来的宏大叙事①。在文博旅游产业链条中，博物馆是关键的一环，游览博物馆也早已是许多国家和地区旅游的重要项目。② 而现代博物馆不仅是一个基于遗产保护与利用的社会机构③，也应该具有相应的美育功能。④ 比如民俗博物馆，就在民俗文物保护、传播民族文化、满足游客体验等方面起到了重要作用。⑤ 而近年来兴起的生态博物馆形式也有利于开发博物馆的科研价值和旅游价值。⑥ 在都市旅游发展过程中，博物馆是一个城市的旅游标志。理性休闲观念的兴起与参与体验型、交互型展示方式也为博物馆发展注入了新的活力。⑦ 但同时要注意到，我国目前各地区的文博旅游产品开发良莠不齐，没有建立起有效的由文化资源向旅游产品转化的通道，能够为旅游市场熟知并认可的博物馆并不多。⑧ 在旅游业发达的国家，博物馆是一种高品位的旅游资源，我国博物馆资源的旅游价值极高，市场前景也十分广阔。未来博物馆旅游资源的保护性开发需要统筹规划，深入发掘博物馆的特色和内涵。⑨

综上所述，现有研究关注"一带一路"地区的旅游事业发展状况以及文博旅游产业的前景，但是并未针对"一带一路"地区文博旅游产业的资源优势形成统一的量化指标体系，也未涉及各地区的文博旅游产业竞争力评

---

① Henderson, J., "Exihibiting Cultures: Singapore's Asian Civilizations Museum," *Interntional Journal of Heritage Studies*, 2005, 11 (3): 183 - 195.

② Kubica, A., "Museums that Travel," *Media Development*, 2017, 64 (4): 21 - 24.

③ 陈建明：《虚拟的场景真实的遗产——博物馆功能再审视》，《中国博物馆》2008 年第 3 期，第 16 ~ 18 页。

④ 史吉祥：《博物馆在现代社会中的功能》，《中国文化遗产》2005 年第 4 期，第 77 ~ 80 页。

⑤ 单霁翔：《民俗文化遗产保护、传承与民俗博物馆建设》，《民俗研究》2013 年第 4 期，第 80 ~ 88 页。

⑥ 余青、吴必虎：《生态博物馆：一种民族文化持续旅游发展模式》，《人文地理》2001 年第 6 期，第 40 ~ 43 页。

⑦ 李瑛：《我国博物馆旅游产品的开发现状及发展对策分析》，《人文地理》2004 年第 4 期，第 30 ~ 32、90 页。

⑧ 王玲：《基于公共文化空间视角的上海市博物馆旅游发展研究》，复旦大学博士学位论文，2010。

⑨ 杨丽：《我国博物馆特色旅游开发刍议》，《经济地理》2003 年第 1 期，第 121 ~ 125、134 页。

估。因此，本文为了能够较好地评估“一带一路”地区的文物旅游资源优势和竞争力状况，采用因子分析法对我国“一带一路”涉及的18个省区市的文博旅游产业进行综合评价，同时运用等级划分的聚类方法对文博旅游产业涉及的资源类型进行分类，为“一带一路”背景下我国的旅游事业发展提供新的思路。

三　研究方法

文博旅游产业的发展一定程度上依托于当地的文物业资源，包括文物业藏品数、文化事业费、文物业专业技术人才等多个方面。“一带一路”地区的省区市拥有巨大的旅游事业发展潜力，并且其中的浙江省、陕西省、福建省等地还有较为独特的文物业资源，拥有国际知名的旅游目的地和深厚的历史文化底蕴。

因此本文选择“一带一路”涉及的18个省区市作为研究对象，从《中国统计年鉴》《中国旅游年鉴》《中国文化文物统计年鉴》中收集2018年横截面数据，统计指标包括各地文物业专业技术人才、登记注册志愿者、文物业财政补助、文物业资产总计、文物业基本陈列、文化事业费、文物业藏品数、国际旅游收入、接待游客人数、旅游业从业人数、接待外国游客和旅行社单位数。由于《关于加强文物保护利用改革的若干意见》中特别提到激发博物馆创新活力、发展智慧博物馆、打造博物馆网络矩阵，本研究在文物资源数据的基础上，增加博物馆机构数和博物馆从业人员数两个二级指标，共计14个二级指标，希望能够全面完整地对文物旅游资源进行分析。

具体来说，通过因子分析法对14个统计指标进行降维处理，提取出综合了原始统计指标的3个主因子，分别命名为文物业发展现状、旅游业发展现状和文物业基本支持，并且根据各省区市在各主因子上的标准化得分，以提取各主因子方差贡献率占全部因子方差的权重进行加权求和，对各地区发展文博旅游产业的资源优势以及竞争力进行评估。

四 “一带一路”地区文博旅游产业资源优势的因子分析

（一）因子分析结果

本研究在进行因子分析前，首先利用 SPSS 20 统计分析软件进行了 KMO 和 Bartlett 球形检验。KMO 检验用于检查变量间的相关性和偏相关性，取值在 0 ~ 1 之间。KMO 统计量越接近于 1，变量间的相关性越强，偏相关性越弱，因子分析的效果越好。实际分析中，KMO 统计量在 0.7 以上时效果比较好；Bartlett 球形检验判断如果相关阵是单位阵，则各变量独立因子分析法无效。由 SPSS 检验结果显示显著值 Sig. <0.05 时，说明各变量间具有相关性，因子分析有效。本文的 KMO 和 Bartlett 球形检验结果如表 1 所示。

表 1　因子分析有效性检验

KMO 和 Bartlett 的检验		
取样足够度的 Kaiser - Meyer - Olkin 度量		0.717
Bartlett 的球形检验	近似卡方	417.461
	df	91
	Sig.	0.000

如表 1 所示，14 个变量在进行检验后，得出的 KMO 值为 0.717，大于 0.7，说明变量之间的相关性较强，可以进行因子分析；Bartlett 球形检验的显著值为 0.000，说明本文数据符合正态分布，适合进一步分析。

在因子分析中，需要通过解释总方差对所提取的主因子进行确定，如表 2 所示。累计方差贡献率是所有公因子引起的变异占总变异比例，说明所有公因子的合计影响力。表 2 中，提取 3 个主因子后的累计方差贡献率达到 91.088%，大于 85%，说明本文提取的主因子是有效的。这 3 个主因子保留了原始数据的大部分信息，并且减少了对原始数据进行评估的复杂性。

表 2　累计方差贡献率

单位：%

成份	初始特征值			提取平方和载入			旋转平方和载入		
	合计	方差的百分比	累积百分比	合计	方差的百分比	累积百分比	合计	方差的百分比	累积百分比
1	9.268	66.199	66.199	9.268	66.199	66.199	6.218	44.411	44.411
2	2.755	19.680	85.879	2.755	19.680	85.879	5.177	36.976	81.387
3	0.729	5.209	91.088	0.729	5.209	91.088	1.358	9.702	91.088

因子载荷矩阵是用标准化后的主成分近似表示标准化原始变量的系数矩阵，反映各因子之间的相关程度。采用最大方差法对因子载荷矩阵进行正交旋转之后，得到旋转后的因子载荷矩阵，如表 3 所示。博物馆机构数、博物馆从业人员数、文物业专业技术人才、文物业财政补助、文物业资产总计、文物业基本陈列和登记注册志愿者在第 1 个主因子上具有较高的载荷，说明第 1 个主因子基本反映了这些指标的情况，即主要反映了文博事业的发展现状；国际旅游收入、接待游客人数、旅游业从业人数、接待外国游客和旅行社单位数在第 2 个主因子上具有较高的载荷，这些指标主要代表了“一带一路”地区旅游事业的发展程度；而文化事业费和文物业藏品数在第 3 个主因子上具有较高的载荷，代表了各地文博事业的最基本的资源支持状况。

表 3　旋转后的因子载荷矩阵

变量指标	成分		
	1	2	3
博物馆机构数(个)	0.943	0.203	-0.012
博物馆从业人员数(人)	0.911	0.103	0.187
文物业专业技术人才(人)	0.909	0.241	0.216
文物业财政补助(千元)	0.887	0.211	0.102
文物业资产总计(千元)	0.839	0.134	0.461

续表

变量指标	成分		
	1	2	3
文物业基本陈列(个)	0.818	0.471	0.286
登记注册志愿者(人)	0.798	0.270	0.153
国际旅游收入(百万美元)	0.125	0.968	0.040
接待游客人数(万人次)	0.131	0.963	-0.076
旅游业从业人数(人)	0.108	0.893	0.370
接待外国游客(万人次)	0.272	0.881	0.296
旅行社单位数(个)	0.528	0.736	0.081
文化事业费(万元)	0.502	0.130	0.832
文物业藏品数(件)	0.473	0.271	0.811

注：提取方法：主成分；旋转法：具有 Kaiser 标准化的正交旋转法；旋转在 4 次迭代后收敛。

（二）“一带一路”地区文博旅游产业资源优势评价指标体系

前文因子分析的结果表明，本研究选择的评价指标是有效的和可行的，基于此所构建的“一带一路”地区文博旅游产业资源优势评价指标体系，一定程度上可以反映该地区的现有的文物资源优势以及未来的发展潜力，如表 4 所示。因子降维之后，14 个变量被提取为 3 个主因子，分别命名为文博事业发展现状、旅游业发展现状和文博事业基本支持。

表 4　“一带一路”地区文博旅游产业资源优势评价指标体系

一级指标	二级指标	符号
文博事业发展现状(F_1)	博物馆机构数(个)	A_1
	博物馆从业人员数(人)	A_2
	文物业专业技术人才(人)	A_3
	文物业财政补助(千元)	A_4
	文物业资产总计(千元)	A_5
	文物业基本陈列(个)	A_6
	登记注册志愿者(人)	A_7

续表

一级指标	二级指标	符号
旅游业发展现状(F_2)	国际旅游收入(百万美元)	B_1
	接待游客人数(万人次)	B_2
	旅游业从业人数(人)	B_3
	接待外国游客(万人次)	B_4
	旅行社单位数(个)	B_5
文博事业基本支持(F_3)	文化事业费(万元)	C_1
	文物业藏品数(件)	C_2

文博事业发展现状展示了一个地区文物业资源的状况，包括各类博物馆、纪念馆和陈列馆，是该地区人类历史上物质文明和精神文明精华的重要遗存；而旅游业发展现状评估了一个地区作为旅游景点的潜力，是未来文博旅游产业发展的突破口和增长点；推动文化事业、文化产业和旅游业的融合发展，也离不开文博事业的基本资源支持。3 个主因子基本体现了文博与旅游事业融合的意义所在：旅游需要文博资源做支撑，文博资源也需要旅游业带动才更充满活力，更能凸显资源的价值。

五　"一带一路"地区文博旅游产业竞争力评估

本文通过因子分析法生成了各因子标准化得分，即将各主因子平均分数标准化为 0 分，高于 0 分表示某地区在该因子上得分高于平均水平，低于 0 分则表示低于平均水平，然后将各主因子方差贡献率占总方差贡献率的百分比作为权重，与各主因子的标准化得分进行加权求和，得到"一带一路"地区文博旅游产业竞争力标准化得分及排序，如表 5 所示。

表 5　"一带一路"地区文博旅游产业竞争力标准化得分及排序

地区	文博事业发展现状(F_1)得分	旅游业发展现状(F_2)得分	文博事业基本支持(F_3)得分	综合得分	排序
广东	0.16605	3.53498	-0.88726	1.29476	1
浙江	2.50445	0.23223	-0.66365	1.13373	2

续表

地区	文博事业发展现状（F_1）得分	旅游业发展现状（F_2）得分	文博事业基本支持（F_3）得分	综合得分	排序
陕西	2.35947	-0.86613	0.75491	0.80085	3
上海	-0.17176	0.73946	3.69194	0.55533	4
福建	-0.44120	0.63988	-0.30431	0.01114	5
黑龙江	0.37828	-0.54356	-0.07290	-0.04006	6
甘肃	0.71238	-0.86118	-0.40646	-0.04149	7
辽宁	-0.14946	-0.00006	-0.01444	-0.06780	8
云南	-0.59645	0.38469	0.54633	-0.06964	9
广西	-0.04390	0.00422	-0.62294	-0.07837	10
内蒙古	-0.07743	-0.13546	-0.08735	-0.09295	11
重庆	-0.01927	-0.25817	-0.31758	-0.13483	12
吉林	-0.45305	-0.28839	-0.35506	-0.34229	13
新疆	-0.46020	-0.39592	-0.45651	-0.39507	14
西藏	-0.83261	-0.61379	-0.09048	-0.60550	15
海南	-1.01887	-0.38146	-0.21873	-0.61476	16
青海	-0.94245	-0.56725	-0.23410	-0.65101	17
宁夏	-0.91398	-0.62410	-0.26141	-0.66204	18

根据得分排序可知，"一带一路"地区文博旅游产业竞争力的水平差距较为明显。广东、浙江、陕西、上海和福建5个地区的综合得分及F_1、F_2、F_3各单项得分均显著高于其他地区，属于发展文博旅游产业的强势型地区；而黑龙江、甘肃、辽宁、云南、广西、内蒙古和重庆7个地区得分处于中档，说明这些地区文博旅游产业的竞争力还比较弱，存在一定的发展潜力，属于潜力型地区；吉林、新疆、西藏、海南、青海和宁夏6个省区市的综合得分排在最后，意味着在这些地区发展文博旅游产业，还需要进一步统筹规划，大力促进文博资源在旅游事业中发挥应有的价值，所以将这些地区归类为后进型地区。

从各主因子的标准化得分情况来看，浙江和陕西在主因子F_1上得分最高，其次是甘肃、黑龙江和广东，表明这些地区的文博事业发展现状良好，为文博旅游产业的发展打下了基础，而海南、西藏、青海和宁夏的文博事业发展现状相比之下并不乐观；在主因子 F_2 所代表的旅游业发展现状方面，广东分数最高且显著高于其他地区，其次是上海、福建、云南和浙江，意味着这些地区旅游资源丰富，旅游业发展势头强劲，能够为文博旅游产业的发展注入活力与动力，而以甘肃、宁夏、青海和西藏为代表的广大西北地区旅游业竞争力不强；主因子 F_3 代表了一个地区文博资源的基本支持，在这一项中，上海以绝对高分排在第一位，显示了其发展文博旅游产业的强大后备力量以及当地政府对文博资源价值传播的重视。云南和陕西在主因子 F_3 上的得分也比较高，相比之下广东、广西和浙江的得分最低，说明这些地区在文博旅游事业的基本支持方面竞争力是比较弱的。

六　研究讨论与建议

文化是新型旅游产业的内涵和灵魂，而文物作为文化的载体之一，也蕴含了丰富的价值。文博旅游产业的发展不仅有利于当地获得较为长远的社会效益，更能彰显国家文化软实力。本文着眼于文博事业发展现状、旅游业发展现状、文博事业基本支持 3 个一级指标和其对应的 14 个二级指标，将“一带一路”地区划分为发展文博旅游产业的强势型地区、潜力型地区和后进型地区。强势型地区的文博旅游资源开发已经达到成熟化和品牌化的程度，文博旅游产业的发展初具规模；潜力型地区虽然对文博资源的开发程度还不够，但是部分地区也具有特定的优势，需要统筹规划，克服短板；后进型地区整体文博旅游产业的发展状况处于劣势，当地的文物特色未能得到充分的活化利用。

“一带一路”倡议的提出为我国增加文化软实力提供了重要契机，如何发挥“一带一路”地区文博资源的价值、满足人民群众的文化需求、带动文博旅游的热潮是需要思考的问题。针对前述因子分析的结论，本文结合各地的特色和区位优势提出相应的建议。

（一）着力打造文博旅游优势品牌，延展文博旅游相关产业链

在文博旅游产业强势型地区中，广东的旅游业发展程度最高，浙江和陕

西文博旅游资源丰富，而上海和福建的旅游业与文博事业都表现出均衡发展的态势。在这种背景下，各地区需要对当地文博旅游品牌发展方向确立清晰的定位，以当地鲜明而独特的旅游形象赢得游客的青睐。文博产业还应该与其他产业有机结合，与媒体业、展览业、广告业、旅游业协同发展。同时，文博旅游强势型地区需要率先树立深入的文物科学认知意识，加快文博信息化建设，建立技术保护应用体系，依靠科技对文物进行保护性利用，加强对景区的保护和环境监测。除此之外，与"一带一路"共建国家和地区联合开发文博旅游也有利于我国在旅游市场中树立良好的国际形象。

（二）发掘本地区文化文物特色，以创新思维带动文博旅游发展

对文博旅游潜力型地区来说，旅游业和文博事业的发展空间都比较大，关键在于解决资源分配的问题，同时改观念、更新理念，找准文化创意切入点，把原本隐藏在文物中不易被了解的细节，变成游客能看懂的故事。文博事业管理部门需要激活闲置的文博资源，让文物走进展厅、面向游客、面向社会；同时找准地域特色，科学制定各级文物保护单位和博物馆的发展规划。发展文博事业，需要专业的技术人员队伍和科学的管理干部队伍，各地区可以加强人才引进，引进有运营经验和战略思维的主体参与引导和助力发展。同时创设良好的人才成长环境，培养具有理论功底和科学精神的文博旅游人才。

（三）加强政府主导作用，促进文化传承与经济发展并行

文博旅游后进型地区在旅游事业和文博事业发展评估中得分都不高，但是这并不意味着这些地区无法发展文博旅游产业，只是需要将地区特性和优势进行充分的活化利用。一个地区文博旅游品牌的制高点，在于整合与梳理当地的文博旅游资源并将其重点概括与树立到极致，比如苏州的园林文化、上海的海派文化就已经根植于游客的心中。

我国西北地区碍于地理位置和地势等因素，一些省区市的旅游业竞争力偏弱，需要寻找文博旅游的亮点并进行重点建设。比如可以发挥新疆独特的

区位优势，深化与中亚、西亚等国家的交流合作，打造以维吾尔民族文化为主体的旅游核心区；开发西藏边境旅游资源，积极对接"一带一路"和孟中印缅经济走廊，推动环喜马拉雅经济合作带建设①；同时可以发挥青海和宁夏的民族文化、人文优势，加快青海丝绸之路旅游黄金段建设，推进宁夏内陆开放型丝路旅游经济试验区建设，形成面向中亚、西亚、欧洲国家的旅游通道、集散枢纽、旅游产业和文化交流基地。②

文博旅游产业的发展不可能脱离其周围环境而孤立存在，文博旅游品牌价值的提升也需要经济、社会、文化、政治等方面的保障，这样才能确保文博资源景观的内涵与吸引力。在未来旅游产品的设计中，需要强调旅游者在旅游过程中获得的地域文化体验，以文化景观和文化审美来吸引海内外的游客。

---

① 徐宁、图登克珠：《"一带一路"背景下西藏边境旅游发展的战略选择》，《西藏大学学报》（社会科学版）2016 年第 2 期，第 147～152 页。

② 林炜铃、邹永广：《"一带一路"沿线旅游合作空间格局与合作机制》，《南亚研究季刊》2016 年第 2 期，第 76～83、6 页。

B.16

“一带一路”背景下中国企业对非投资竹产业的环境法律风险和防范*

张小虎　刘　念**

摘　要： 竹产业是近年来非洲的新兴产业，有巨大的开发潜力。随着“一带一路”的推进和中非友好关系的构建，未来将有大量的中国企业在非洲投资竹产业。非洲国家基于经济发展和环境保护的利益权衡，将会对中国企业投资竹产业设立一系列的投资环境门槛。中国企业对非投资竹产业仍可能在项目建设、生产经营和项目退出阶段面临巨大的环境法律风险。结合本国企业的经营理念和非洲的环境法律法规，中国企业应当通过加强环境影响评价、列出环境义务清单、设立多元化环境纠纷解决机制等多种风险防范措施，从而实现对非洲竹资源的合理利用和对生态环境的有效保护。

关键词： 中国企业　对非投资　环境法律风险

随着“一带一路”的不断推进，中国企业对非投资的规模持续扩大，中非双方的合作领域不断扩展。非洲竹子主要以马达加斯加岛沿岸和非洲东

* 本文系国家社科基金项目“‘一带一路’背景下我国企业对非投资的环境法律风险及对策研究”（项目编号：16YBQ057）阶段性成果。

** 张小虎，法学博士，湘潭大学法学院副教授，南非斯坦陵布什大学访问学者，中非经贸法律研究院研究员，研究方向为非洲环境法；刘念，湘潭大学法学院硕士研究生，研究方向为比较法、环境法。

北部为分布中心，种植和加工以满足居民的生活需要为主要目的。竹产业是近年来非洲的新兴产业，有巨大的开发潜力，但竹产业的生产加工工艺复杂，如果处理不当将会对非洲环境造成巨大威胁。中国企业对非投资竹产业将会在项目准入、项目经营和项目退出阶段面临多种环境法律风险，中国企业需要认真研究对非投资竹产业环境法律风险下的防范措施。

一　竹产业投资的环境法律风险日益凸显

（一）环境法律风险日益凸显的原因

1. 严重的外来竹种入侵

竹子是高大乔木状禾草类植物，其生长发育受自然环境影响较大。非洲大陆草原面积广阔，气候复杂多样，同一区域不同生物环境类型之间差异很大，虽然有利于竹种的分化和新种的形成，但竹的种子很少产生而且发育能力很低，反而不利于竹子种群的增长和扩散。非洲本土竹种适应环境能力不强，如锐药竹、高地箭竹、非洲山竹等本土竹种大多茎秆不直，蔑性不强，耐久性有限。由此非洲国家引进了龙竹、青篱竹、散生竹等较多生长快、生长量大的外来优良竹种，以此来增加本地竹种的多样性和竹资源储存量。但是非洲地域辽阔，生态类型多样，大多数外来竹种容易在非洲当地找到适宜的生长繁殖地，使非洲本土竹种较容易遭受外来竹种的入侵，不仅造成了本土竹种的产值和品质的下降，还侵占了本地竹种的生存空间，造成本土竹种死亡和濒危。[①] 根据全球"竹子种系发生研究团体"（BPG）的研究成果，非洲木本竹类共60种，其中原产竹种只有41种。[②] 基因多样性流失是当前非洲森林竹资源关注的最重要问题，为了保护非洲的森林竹资源，非洲国家进行了严苛的环境立法。

① Ibrahin Farah, Valentine Opanga, Sekou Toure, "China in Africa: A Call for Makumism in Africa's Development," *Development*, 2017, 58: 608 -613.

② 徐光华等：《非洲大陆竹子资源的概况和分析》，《竹子学报》2017年第1期，第9~13页。

2. 本地竹资源的过度砍伐

随着非洲耕地扩张和原材料需求的增加，非洲竹林面临着过度砍伐的威胁。由于缺乏存放场所，竹林采伐取决于中间商的需要，随采随卖，然而直到今天非洲国家普遍缺乏对竹资源的有效管理。政府既未规范采伐标准，也未制定有利于竹资源可持续发展的其他措施。加上当地人对竹子识别和分布缺乏足够的知识，使非洲的一些优良竹种和濒危竹种也遭到大量砍伐，不仅竹林面积呈逐年下降趋势，而且竹林质量也不断降低。坦桑尼亚于 1998 年颁布土地政策规定禁止砍伐竹林，但各种盗伐现象仍未杜绝。加纳国土与自然资源部制订了恢复退化区域开展竹子种植园开发计划，这对于土地恢复有重要的意义。乌干达水资源与环境部正在制订一项旨在通过利用竹子恢复退化区域以及减贫的计划。坦桑尼亚新出台的土地政策规定缴纳一定税后可以采伐国有竹林，也有效保护了该国的竹资源。

（二）环境法律风险日益凸显的表现

1. 环境权归入人权以宪法规制

大多数非洲国家独立后，由于对自然资源的过度开发，非洲地区的生态环境日益恶化，为了维护和修复生态环境，在吸纳西方国家先进的环境立法经验的背景下，设立了环境权，并将环境权归入人权。① 例如 1997 年《加纳共和国宪法》第一条第九款：国家在其资源范围内，应保障所有人，特别是儿童、母亲、残疾人、老年工人和老年人的身体健康、社会保障、自然环境和休息休闲。1995 年《喀麦隆共和国宪法》规定：每个人都有权享受健康的环境，保护环境是每个人的责任。可见，非洲国家已开始将环境权设想为一种独立的人权。目前，已有 26 个非洲国家将环境权写入宪法，并采

① Emake Polycarp Amechi, "Linking Environmental Protection and Poverty Reduction in Africa: An Analysis of the Regional Legel Responses to Environmental Protection," *Law Environment and Development Journal*, 2010, 6 (2): 114 - 129.

取了抽象规定和具体规定两种程序设计。[①] 比如以尼日利亚、加纳、加蓬等国为代表的抽象性的宪法规则，如 1999 年《尼日利亚共和国宪法》第 20 条：国家应保护和改善环境，保护尼日利亚的水、空气、土地、森林和野生生物。1997 年《加蓬共和国宪法》第 36 条第 9 款：国家应采取必要的适当措施，为子孙后代保护国家环境，并且应与其他国家和机构合作，以保护更广泛的国际人类环境。2011 年《刚果民主主义共和国宪法》第 5 条规定：人人有权享有健康的环境，并有利于整体发展。另一边是以利比里亚、坦桑尼亚、乌干达等国为代表的具体性的宪法规则，如 1995 年《乌干达共和国宪法》第 245 条规定：议会应依法规定：（1）保护环境免受滥用、污染和损害；（2）管理可持续发展的环境；（3）提高环保意识。2015 年《刚果共和国宪法》第 197 条规定：（1）经济、社会和环境理事会与公共权力机构相比，是一个协商会议；（2）它由共和国总统、国民议会议长或参议院议长等人员组成；（3）它可以主动提到任何经济、社会或环境性质的问题，也可以根据问题的经济、社会或环境性质，就国际条约和协定的草案、法案或法律提案以及法令草案征求意见。可见，非洲的一些主要国家在公民基本权利中列举环境权，并将公民环境权提升至人权保护高度，通过相关机构和法律实行严格的监督与保障。[②]

2. 环境立法完善且违法处罚严苛

非洲国家将环境权上升到人权的高度，并归入宪法来予以保护，体现了非洲国家对环境保护的重视度。作为非洲长期的发展合作伙伴，中国的战略利益在于解决其在非洲投资项目中的环境影响问题。[③] 非洲国家大到宪法、环境法律，小到规章条例、地方政策，都贯彻了保护环境的法律理念，详细规定公民的环境权不受侵犯，并需要履行一定的社会义务来保护环境。如乌

---

① 参见张小虎、贺鉴《非洲各国宪法中的公民环境权：文本分析与经验启示》，载徐祥明主编《中国环境资源法学评论》（第 12 卷），社会科学文献出版社，2017，第 58～72 页。

② 张小虎：《非洲国家宪法环境权比较研究——兼谈南非与肯尼亚宪法环境权的启示》，《人大法律评论》2018 年第 2 期，第 96～115 页。

③ Peter Bosshard, "China's Environmental Footprint in Africa," SAIS Working Pspers in African Studies, January 2008.

干达 2002 年发布的《国家生物多样性战略和行动计划》规定：乌干达政府制订了国家生物多样性战略和行动计划，加强生物多样性管理：（1）加强保护区以外的生物多样性管理；（2）进行环境影响评估；（3）严格审查可能对保护区内外生物多样性产生重大负面影响的计划或项目；（4）加强社区和其他利益相关方在生物多样性管理中的作用。喀麦隆 2006 年颁布的第 100 号命令宣布为实施森林、环境部门计划建立一个促进部际委员会，根据森林 - 环境规划项目（PSFE）的数据，对该部门的工作计划提出意见，促进森林、环境和野生动物部门的横断面研究，并确保对 PSFE 的管理进行审核和其他研究。而且非洲国家也设置了严厉的环境处罚制度。2002 年《埃塞俄比亚环境影响评估法》第 18 条规定：（1）在不违背刑法典规定的情况下，任何人违反本法或任何其他有关法律规定，即属犯罪，应按照规定承担责任；（2）任何人未经管理局或有关区域环境研究中心的授权进行环境影响评估，或在环境影响评估研究报告中做虚假陈述，即属犯罪，可处不少于 5 万比尔不超过 10 万比尔的罚款；（3）任何人如不备存记录或不符合依据本法发出的一项授权条件，可处不少于 1 万比尔不超过 2 万比尔的罚款；（4）法人犯罪，除可能受到的处罚外，未尽一切适当努力的经理处 5000 比尔以上 1 万比尔以下的罚款；（5）凡因本法或本法所产生的条例或指令而被起诉到法院，除可处以任何刑罚外，还可命令被定罪人恢复或以任何其他方式赔偿所造成的损害。中国投资企业对这些特殊法律规定较为陌生，极易遇到麻烦。

二　竹产业投资环境法律风险的主要表现

（一）项目建设阶段的环境法律风险

1. 环境准入规则风险

伴随着我国“一带一路”倡议的发展机遇，非洲正成为继东南亚和南亚之后的又一片吸引竹产业投资的沃土。投资非洲竹产业的企业数量大幅度增多，但由于非洲国家本土环境状况较差，竹产业又是对环境有严重威胁的行业，因此大多数非洲国家会对竹产业投资企业设置严格的环境准入门槛。如果中国企业没有认真细致地了解研究非洲国家关于竹产业投资的环境法律法规和环境投资政策，那么将会使很大一部分企业由于无法满足非洲国家竹产业投资的环境准入门槛而被禁止进入。如2002年《埃塞俄比亚共和国环境法》第12款第1条规定：外国投资者、在有资格享受激励措施的领域投资的本国投资者以及依合作关系进行投资的本国和外国投资者需要持有投资许可。2002年《埃塞俄比亚环境影响评估法》第3条第3款规定：任何许可机构在为任何项目颁发投资许可证、贸易或经营许可证之前，应确保管理局或相关区域环境机构已对其授权实施。1991年《乌干达投资法》第15条规定：如果外国投资者在城建、运输、采矿、林业、农业、加工等领域投资，还需向国家环境管理局申请环保许可。2012年《利比里亚共和国投资法》第13条第5款规定：外国投资者所有的企业不得建立低于利比里亚有关环境法规和法律规定的强制性要求的环境协议或标准。目前由于非洲各个国家的本土环境状况和环境法律法规有差异，有的国家竹产业环境准入门槛较低，而有的环境状况较为恶劣的国家，如埃塞俄比亚的环境准入门槛较高，必须获得环境机构授权才可颁发许可证，这将使一部分投资企业因为资格授权问题而被禁止进入非洲市场。

2. 环境影响评价风险

竹产业属于大型产业，而根据竹产业的生产加工环节，大致可分为原料采集、原料加工、产品销售三个环节。中国企业在非洲进行生产加工时都将面临选址建厂问题。而不同环节的选址建厂又需要考虑不同的条件因素。例如，在进行原料采集时需要考虑能源燃料因素，在原料加工过程中需要考虑劳动力因素，而在产品销售环节又要考虑交通市场问题。选址的关键在于所选地点是否适应工业的发展过程，中国企业对非竹产业在项目选址阶段也会面临环境法律风险，而选址建厂又会影响环评报告的实施。目前，非洲国家日益注重自然资源和生态环境的保护，大部分非洲国家的环境法律和投资法律都有关于环境影响评价的规定。中国企业赴非投资竹产业也需遵照执行非洲当地的竹产业投资环保标准和开展环境影响评价工作。虽然非洲各国的环评要求不尽相同，但已有埃塞俄比亚、尼日利亚、乌干达、肯尼亚等国率先建立起较为严格和完整的环境影响评价制度，非洲国家的环评法在环评内容和采取措施上比中国环评法的规定更为具体可行。我国环评法只规定环评应当对规划实施后可能造成的环境影响做出分析、预测和评估，提出预防或者减轻不良环境影响的对策和措施，而没有提出具体的环评内容和开展环评后应采取的措施。[①] 但2002年《埃塞俄比亚环境影响评估法》第4条第1款规定：项目的影响应根据项目的规模、位置、性质、与其他并发影响或现象的累积效应、跨区域效应、持续时间、可逆性或无可挽回性或其他相关影响进行评估。1995年《乌干达国家环境法规》第20条第8款规定：管理部门应当与牵头机构协商，依据以下准则进行环境影响审查、评价和研究：规定格式和内容、评估程序、公众特别是受项目影响最严重的公众参与评估以及管理部门认为有关的其他任何事项；同时该条第5款规定：第3款规定的环境影响评估，须与该项目的规模及可能产生的影响相适应。并据此进一步规定：a.如工程项目可能对环境有影响，则须进行环境影响复核；b.如该工程项目相当可能对环境有影响，则须进行环境影响评价；或c.如该工程项目将对环境产生重大影响，则须进行项目影响研究。非洲国家的环评措施虽然起步较晚，但是非洲国家采取了更为先进的环评机制，对环评内容、环评阶段和开展环评后应采取的措施都进行了详细规定。此外，我国的环境立法注重国家环境权的保护，而非洲国家环境立法更注重公民环境权的建构，这也将使中国企业或因环评缺乏透明度而被非洲人民排斥。[②] 在中非投资合作进程中，环评问题导致的项目搁浅或停止事件已经发生，如中国工商银行投资的肯尼亚拉姆燃煤电厂项目因环评公众参与度不够和环评内容不具体而被民众反对，由此法庭撤销了环境影响评估许可，项目被迫搁浅。

（二）项目经营阶段的环境法律风险

1. 环保工艺流程风险

竹制品的加工一般需要经历制备样材、蒸煮软化、定型干燥、竹片施

① 文云朝：《论西非市场与投资环境》，《西亚非洲》1996年第1期，第52～56页。

② 倪迎红：《我国对非洲投资的风险和法律对策》，《市场周刊》2012年第5期，第110～112页。

胶和压制板材五个过程。一方面，当地企业不间断地进行竹制品加工，另一方面，当前非洲国家的竹制品加工设备不够先进，在蒸煮、干燥、染色、储存等过程中会产生大量的污染物，其危险因素非常多。加之非洲当地员工文化素质普遍较低，安全管理意识相对薄弱。因设备处理而产生的污染物未经合理排放而污染环境的可能性较大。基于历史和现实因素，非洲国家的污染物排放条款较为严厉。1995 年《乌干达国家环境法》第 57 条第 2 款和第 3 款规定：任何人违反第 1 款将危险物质、化学物质、油类或含有油类的混合物排放入任何水域或环境的其他部分即属犯罪。任何人一经定罪，除法庭判处的任何其他刑罚外，还要支付移走的费用包括任何政府机构或机关在恢复因排放而损坏或毁灭的环境方面可能产生的任何费用；第三方的费用，如不由主管当局厘定，则须以补偿、修复、归还或赔偿的形式做出。2002 年《埃塞俄比亚环境污染控制法》第 3 条第 2 款规定：管理局或有关的区域环境机构可对违反法律向环境排放任何污染物的人采取行政或法律措施。非洲国家以环境立法的形式对污染物排放的种类、数量、浓度均做了严格规定，还明确规定了无证排放和拖欠排污费的法律责任。大多数非洲国家对企业非法排污行为采取双罚制，对企业规定民事赔偿责任以进行生态修复，对企业直接责任人员不仅处以罚款甚至还要入刑。当前，竹制品加工污染处理体系的不完善与非洲国家严格的排污责任条款之间形成了不可调和的矛盾，企业极易因不按规定排放竹制品加工产生的污染物而受到非洲当局的严厉制裁。

2. 环境监管责任风险

中国企业在进入非洲市场投资竹产业的过程中，将会面临严格的环境监管责任风险。其监管不仅来自当地环保部门，还来自企业内部。如 2016 年《多哥共和国环境与社会影响研究程序法》第 5 条规定：行政当局有权核查环境保护方面的紧急情况和条件，以有效地监测对环境和社会的影响。2017 年《马拉维共和国环境法》第 13 条规定：国家环境保护局应要求或根据自己的动机，调查任何违反或可能违反本法或与环境和自然资源管理有关的任何其他法律的行为，并采取它认为适当的行动纠正这种违反行为。如果企业没有切实履行环境监管责任，不仅会受到非洲当局的严厉制裁，而且极有可能会引发严重的环境污染事故。

（三）项目退出阶段的环境法律风险

1. 环境侵权诉讼风险

虽然非洲地区各国法律体系呈现不同的特点，但对于导致环境污染或生态破坏的行为，各国法律均规定了严格的环境侵权责任。投资企业不仅应承担民事赔偿、行政罚款和刑事惩罚的严厉制裁，更需要通过耗时长久的诉讼方式来解决纠纷。2002 年《埃塞俄比亚环境影响评估法》第 3 条第 4 款规定：批准环境影响研究报告或获得主管部门或相关区域环境机构的授权不会免除提议者的环境损害赔偿责任。同时第 5 条规定：在不影响本条第 4 款的情况下，只有在证实是受害人本人或第三方造成损害，而提议者对该第三方不负责任时，才可免除责任。由此看来，埃塞俄比亚政府对于外国投资企业的民事赔偿设定了过错推定责任的模式。该法第 18 条也详细规定了投资企业不备存记录或不符合环评许可条件应处以 1 万 ~2 万比尔的罚款，未经管理局或有关区域环境研究中心的授权或在环评研究报告中做虚假陈述即属犯罪，可处 5 万 ~10 万比尔的罚款。1991 年《尼日利亚国家环境保护条例》第 21 条规定：任何人或团体，无论是法人团体还是非法人团体，如违反本条例的任何条文，即属犯罪，一经定罪，可处该法第 35、36 条所指明的刑罚。非洲大多数国家将环评不实、逃避监管、抗拒交税、恶意排污的行为直接入罪，以严苛的刑法来进行规制。更要注意的是，无论是民事诉讼还是刑事诉讼，通常具有诉讼费用高昂、历时长久等特点，而且可能会出现被害人反复提起诉讼的局面。一旦陷入环境侵权纠纷，无论投资企业能否在诉讼中获胜，只要进入司法程序都将付出高额的诉讼成本，将会给在非投资竹产业的中国企业带来巨大灾难，还会影响中国企业在非投资形象。

2. 生态环境修复风险

环境保护义务将成为中国竹产业投资企业在非洲投资过程中潜在的社会

责任。[①] 由于竹产业生产加工流程复杂，工业设备处理技术不够成熟，生产加工的过程中会产生大量的废水、废气和废料，严重污染当地的土壤和水源，造成环境污染的企业不仅需要承担严苛的环境侵权处罚责任，还需要承担长久的生态环境修复的责任，避免损害进一步扩大。[②] 如 2004 年《坦桑尼亚共和国环境管理法》第 7 条第 3 款规定：为实现保护环境的目标设立了预防原则，该原则要求对有可能发生的严重不利影响，需采取预防措施；这需要污染者付费，对引起不利环境的影响必须全额支付社会和环境费用，避免、减轻或补救那些不利的效果。非洲多个国家的环境法律法规都规定，造成生态环境破坏的投资企业需要承担生态环境修复责任，但尚未规定具体的环境修复标准和措施，通常情况下中国投资企业提出的生态环境修复方案无法满足非洲国家和当地民众的要求，极有可能引发后续的诉讼风险。

三　竹产业投资环境法律风险的防范对策

非洲竹产业具有广阔的发展前景，中国投资企业在“一带一路”倡议的推进下，其竹产业投资过程将会历时长久。但是伴随着中国企业和其他外国企业对非洲竹产业领域的长久广泛投资，面临的环境法律风险也逐步加大。中国企业对非投资竹产业在项目准入、生产经营和项目退出阶段会面临多种环境法律风险，因此，中国竹产业投资企业需要根据非洲国家的环境法律法规和现实环境状况，细致研究中国企业在非洲投资竹产业所面临的环境法律风险的防范措施。

（一）项目建设阶段的环境法律风险防范对策

1. 环境准入规则的风险防范措施

非洲各国投资法律制度和环境法律缺乏协调性，常常给已经或者希望在非

① May Tan－Mullins, “The Potential of Corporate Environmental Responsibility of Chinese State－owned Enterprises in Africa,” *Enivironmental*, *Development and Sustainability*, 2013, 15 (2): 265－284.

② 杨玉泉、刘妙华：《环境公益诉讼案例指导机制的完善》，《山西省政法管理干部学院学报》2014 年第 1 期，第 38～39 页。

洲几个国家和区域内进行投资的投资者带来困惑，这种不协调性将使中国竹产业投资者难以用统一的条件进行区域范围内的投资。[①] 基于非洲各国投资市场的差异，本国企业在进入非洲竹产业市场前应成立或聘用专业的法律团队，深入研究非洲不同国家的环境法律法规和竹产业投资政策，开展环境尽职调查，派遣公司人员赴非洲进行实地考察；出台对非竹产业投资指南，不仅包括对当前非洲国家竹产业环境准入标准的说明，也要对未来非洲国家竹产业投资制度变化趋势进行研究。中国竹产业投资企业应以“一带一路”绿色发展为原则，加强企业法律文化建设，增强对非洲当地员工的文化素质培训，提高安全管理意识，塑造符合绿色发展原则的经营理念和经营机制，中国企业应积极参与非洲竹产业投资行业规范的制定，加强国际投资协定中的环境保护。

2. 环境影响评价的风险防范措施

企业应积极开展环境效益与成本定量评估，在赴非投资前应委托当地权威机构或实地进行考察，定量测评投资竹产业所带来的环境效益与可能付出的生产成本，在权衡环境效益和环境成本的基础上，将评估结果作为切实可行的投资参考。项目选址要考虑企业成本因素，更要避开自然保护区、风景名胜区、饮用水保护区和其他需要特别保护的区域，因地制宜地选址建厂。在合理选址建厂的前提下，应按照非洲国家规定开展环境影响评价。非洲大多数国家的环评法已较为先进，环评法规定的环评内容、环评程序、公众参与和环评措施都具体可行，我国企业要严格按照非洲国家环评法开展环评，秉承共商、共建、共享的理念绿色投资。企业应根据绿色发展和可持续发展的要求，在非洲环评法规定的基础上制定内容更广泛、程序更具体和措施更高效的测评标准，并积极引导当地民众参与，对环评报告用当地或官方语言全文予以公示，并建立环评报告答疑和申诉机制，保证项目环评过程的公开与公正。

（二）项目经营阶段的环境法律风险防范

1. 环保工艺流程的风险防范措施

由于非洲地区执行严格的环保标准和环境责任，一方面，中国企业应

---

① 参见朱伟东《中国对非投资环境法律研究》，湘潭大学出版社，2009。

及时组织当地使领馆、当地商会、非政府组织、研究机构和大学等相关主体进行交流，协商拟定竹产业环保义务清单和危险物管理计划，明确企业应履行的环保义务和执行的环保标准。另一方面，应完善绿色采购政策，对节能产品、环境标志产品实施品目清单管理。在采购需求中提出相关绿色采购要求，促进绿色产品推广应用，进行清洁生产。此外，对非洲地区的技术设备及时进行清理修复，开展技术创新，引进并研发适合非洲地区竹产业生产加工的先进技术设备，并及时申请国家专利，保护企业的自主知识产权。

2. 环境监管责任风险防范措施

企业在项目经营过程中有履行环境监管的义务。企业根据当地政府和企业内部要求落实环境监管责任，引导非洲当地政府和非政府组织关注并介入，加大对生产加工过程中的监管力度和强度，保证监测数据的真实性和准确性。另外，企业应积极主动地披露竹产业生产经营信息，确定信息披露的负责人员、时间等，并建立环保信息交流和申诉机制，主动接受社会大众和环保组织的监督与审查，及时调整公司战略。在环境监管过程中针对不同情况相应构建环境示范工程和应急处理预案，对绿色高效的工艺流程进行宣传推广，对高危流程加强监管，设立应急处理措施，并与其他企业就安全信息及时进行交流，共同探讨风险防控对策。

（三）项目退出阶段的环境法律风险防范对策

1. 环境侵权诉讼风险防范措施

中国企业对非投资竹产业因造成环境污染而退出非洲市场时，应按照当地法律要求做好善后工作，及时组织相关人员进行审计清算，结算未了结的债权债务关系，召开发布会、座谈会公布企业收集到的证据，掌握舆论工作主动权。① 此外，非洲不同国家的环境法律法规和环境本土状况存在差异，

① 陈小洪等：《中国企业在非洲的社会责任：现状与建议》，《中国发展评论》2010 年第 1 期，第 19 ~ 21 页。

企业在非洲国家投资竹产业发生投资纠纷时，基于不同性质的环境投资纠纷，应按照不同国家的法律规定和行业习惯合理运用司法程序。对于平等主体的民事投资纠纷，可以采取诉讼或非诉等多种手段保护自己的合法权益。倡导投资双方进行和解或委托当地权威机构进行调解，合理协商解决投资纠纷。对于通过协商无法解决的，可以依双方当事人意愿申请仲裁或诉讼，保障双方当事人的诉讼权利。而对于纵向的政府投资纠纷，应严格按照国际条约或国内法律，合理承担法律责任，防止当地政府提出无理的赔偿要求。

2. 生态环境修复风险防范措施

中国企业在竹产业生产加工过程中造成环境污染后，一方面，应积极与非洲国家进行沟通，协商拟定合理的处理方案，防止损害进一步扩大；另一方面，企业需积极履行环境修复义务，对造成环境污染的地区积极开展环境修复工作。第一，建立生态修复机制，根据不同区域的环境污染状况，构建污染物的生物吸收与富集机制和生物降解机制，分别利用植物吸收和生物降解来修复生态环境，并由当地政府和民众指导和监督生态环境修复工作。第二，完善生态补偿政策，以水域为线构建水资源生态补偿机制，设立生态补偿专项资金，搭建有助于建立水资源生态补偿机制的政府管理平台，推动建立生态保护共建共享机制。

结　语

投资非洲竹产业一方面能促进非洲经济与社会的发展，另一方面还能起到维护和修复生态环境的作用。随着"一带一路"倡议和中非友好关系的推进，未来中国企业赴非投资竹产业可以作为一种新的投资选择。但是企业因生产加工而面临的环境法律风险也逐步加大。中国企业对非投资竹产业在项目准入、项目经营和项目退出阶段会面临多种环境法律风险。因此，中国竹产业投资企业应结合非洲国家环境法律法规和现实环境状况，通过完善环境影响评价制度，列出环境义务清单和构建多元化纠纷解决机制等多种风险防范措施，在保护非洲环境的基础上绿色发展非洲竹产业。

Abstract

In 2020, the novel coronavirus pneumonia (COVID - 19) epidemic continues to hit the global market. Economic activities nearly stalled, and global production and consumption seriously contracted, posing a huge threat and impact on global economic development and economic security in 2020. We expect the "Belt and Road" industrial chain cooperation to reconstruct the global supply chain and value chain pattern, as a starting point to establish a new global economic order.

In the context of new globalization, the industrial division of labor, as the basis of economic development, has become an important driving force for transformation in the world situation in the process of continuous adjustment and restructuring. Since 2013, the "Belt and Road" initiative, aimed to promote changes in the global industrial division of labor, has brought important opportunities for many developing countries to integrate into the globalized economy and develop an open economy. Some developing countries, including China, have achieved rapid economic development and, to a certain extent, industrial transformation and upgrading through their integration into the global industrial division of labor system dominated by multinational corporations from developed countries.

In the climate of the fourth industrial transfer, the "Belt and Road" initiative has driven the industrial upgrading and enhanced industrialization level of the countries along the route. For example, China's steel enterprises have also shifted their steel manufacturing industry outward through the establishment of steel production bases and project cooperation in Indonesia, Malaysia, Serbia, South Africa, and other countries. In the process, the structure of China's manufacturing industry was optimized and technology-intensive industry has dominated. At the same time, some of the advanced technologies have been exported to countries along the route.

Deepening capacity cooperation brings more opportunities, involving industries such as chemical manufacturing, automobile manufacturing, computer communication equipment manufacturing, pharmaceutical manufacturing and transportation, construction, etc. In 2019, foreign direct investment in transportation, warehousing and postal industry grew by 225.6% year-on-year, and construction industry grew by 48.7% year-on-year. It is expected that in the third and fourth quarters of 2020, through the active engagement of infrastructure projects such as transportation project construction and power project construction, with releasing domestic production capacity, improve the local development environment will be improved and new opportunities will spring up.

Annual Report on Investment Security of China's "the Belt and Road" Construction (2020) prospects the world economy and new globalization, constructing a model of four major indicators and 32 sub-indicators of the "Belt and Road" investment and economic security, financial security, political security and social security. This report not only combines qualitative and quantitative analysis, but also quantifies qualitative analysis, by adopting the scores/rating results of the corresponding international authoritative analysis agencies based on specific indicators, to evaluate the opportunities and risks faced by enterprises in terms of investment and security in trade, science and technology, finance and culture. As a result, with comprehensively grasping the dynamics of countries along the "Belt and Road" route we can objectively assess their comprehensive development environment. Overall, the "Belt and Road" initiative international cooperation index has generally improved. In the process of pushing forward financial integration, facilities connectivity and unimpeded trade, the "Belt and Road" initiative has reshaped the basic pattern of global industrial chains and supply chains.

The digital economy has become an important hub forthe "Belt and Road" initiative and global industrial chain linkages. China's digital economy is developing rapidly and is leading the way in the "Belt and Road" countries and even globally. The "Belt and Road" initiative links the Western developed countries with the emerging developing countries. In the context of the "monolithic operation" of the global economy, China is using its existing digital economy technology and experience to cooperate with the "Belt and Road" countries to help them keep up with the pace in the areas of the digital economy such as new electronic trade, electronic money and other areas. Through a higher degree of openness and the re-forging of industrial chains in Western countries, the economic structure is being pushed to upgrade. Ultimately, the "Belt and Road" initiative and the global industrial chain are able to form the "east-west linkage" pattern.

The "Belt and Road" interconnection has ushered in a broader development space for global supply chains. At present, connectivity of transport facilities is beginning to show results, and transport facilitation has accelerated trade in goods. China has established airline links with more than 600 major ports in more than 200 countries and regions around the world, and its maritime connectivity index remains the highest in the world. The construction of backbone corridors such as the New Asian-European Continental Bridge, the Bangladesh-China-Indian-Myanmar Economic Corridor and the China-Pakistan Economic Corridor, have also raised the level of interconnectivity, in which the transportation efficiency and connectivity of software and hardware have been greatly improved, bringing the constant growth in total export-import volume and demand of cargo transportation. Once the epidemic ends, logistics industry and management of supply chain can both provide development opportunities. In 2020, it will continue to strengthen the infrastructure construction of transportation hubs, logistics corridors and information platforms, promote connectivity with countries along the "Belt and Road" route, on this basis of which, promote international cooperation in production capacity and equipment manufacturing, and promote the construction of border economic cooperation zones and cross-border economic cooperation zones, while strongly encouraging enterprises to deepen foreign investment cooperation, to gradually establish localized supply chain systems , and to actively integrate into global supply chain networks.

The "Belt and Road" initiative promotes international trade cooperation and integration into global value chains. In recent years, with the help of the "Belt and Road" effective economic cooperation platform, China's trade in goods with countries along the "Belt and Road" route has grown at an average annual rate of 19 per cent, 4 percentage points higher than the average growth rate of China's foreign trade over the same period. As the "Belt and Road" initiative goes further, the trade investment between China and other countries along the route will surely increase rapidly and greatly in the future. In 2020, through intermediate goods trade, China will bring more developing countries into the world economic activities, in which they will participate in international trade cooperation and integrate into the global value chain.

Sharing the global trading system and partnerships for inclusive global value chains of the "Belt and Road" initiative. In the context of this global public health emergency, global value chains have been fragmented by "localization instead of internationalization", "manufacturing backflow" and "trade protectionism", and the structure of global value chains has been affected and challenged. The "Belt and Road" initiative is an innovative new type of international relations and opening-up strategy, leading multilateral cooperation in the international trade structure to counter the impact of "reverse globalization", building free trade zones and economic and trade cooperation zones, activating international trade activation, systematically promoting the establishment of various consultation mechanisms, multilateral cooperation organizations and multilateral agreements, and playing a leading role in the "Belt and Road" value chain. From passively accepting the rules of international governance to proactively safeguarding the interests of the vast majority of developing countries, the Belt and Road initiative aims to promote the development of the world economy and create a more efficient and dynamic new pattern of value chains.

In short, the security of investment and trade is the strategic focus of promoting the further deepening of the "Belt and Road" multilateralism, and the "Belt and Road" international cooperation will also become the leading force in China's economic development to build a broad market during the "Fourteenth Five-Year Plan".

Contents

Ⅰ General Report

Abstract: Under the current international situation, the investment coverage to countries along the "Belt and Road" of China continues to expand, the amount increase, the structure of industry continues to optimize. At the same time, the safety of its investment is still affected by many factors, including economic, financial, political, social and safety of relations with China. Based on the basis and practical experience, our study constructs an investment safety evaluation model with five first-level indicators and 38 second-level indicators, and takes the "Investment Safety Index" as a comprehensive reference to measure the safety of Chinese enterprises' investment in countries along the "Belt and Road" Overall, the Investment Safety Index of countries along the "Belt and Road" is still uneven, with the highest in Singapore and the lowest in Yemen. It is suggested that the investment safety level should be adjusted to local conditions, top-level design should be improved, cooperation and dialogue mechanisms in various fields should be established, unstable factors should be actively managed, and the safety level of China's investment in countries along the "Belt and Road" should be improved.

Keywords: The "Belt and Road"; Outward Foreign Direct Investment (OFDI); Investment Safety; Investment Risk

Ⅱ Special Subject

B. 2 Constructing the “Road-Zone-Economic Belt Combination” Model to Prevent Long-term Investment Risk of “The Belt and Road”

Li Yanjun / 058

Abstract: One of the key problems of the sustainable high-quality development of the “Belt and Road” Initiative is to prevent the investment risk existing in the infrastructure construction with huge capital scale and long period. Based on the summary of the achievements reached more than expected in the past six years, aiming at the in-depth problems that exist in the field of long-term investment, the proposal of preventing long term investment risk of the “Belt and Road” through constructing the “road-zone-economic belt combination” was thus proposed. In this paper, the basic mechanism of the model was analyzed, and additionally based on the principle, which is, the balance between social overhead capital of infrastructure and corporate social capital decides the total output, three ways to construct “road-zone-economic belt combination” were also analyzed in this article.

Keywords: Long-term Investment Risk; Return on Investment; User Payment; “Road-Zone-Economic Belt Combination”

B. 3 The “Belt and Road” Initiative, OFDI and Business Environment

—A Quasi-natural Experiment under the “Belt and Road” Initiative

Xu Zhengli, Wu Jun, Cai Xiang and Gan Xiaoli / 072

Abstract: Chinese enterprises’ outward foreign direct investment (OFDI) not only considers the business environment of the target country, but also the economic benefits of the investment. How to ensure the safety of investment projects in the process of participating in foreign direct investment and integrate the benefits brought by the global value chain is an important part of promoting the "Belt and Road" construction. This article considers the 2013 "Belt and Road" initiative policy as a quasi-natural experiment, using the difference-in-difference method to analyze the promotion effect of the "Belt and Road" initiative policy on Chinese enterprises' direct foreign investment and its effect in countries (regions) along the "Belt and Road", we also use the business environment score indicators obtained by factor analysis to further analyze the impact of the business environment of the countries (regions) along the "Belt and Road" on China's acceptance of OFDI. The research results show that the introduction of the "Belt and Road" initiative policy has significantly promoted Chinese companies foreign direct investment in countries along the "Belt and Road", and the promotion effect is not sustainable. The better the business environment is, the better it is to attract China 's OFDI. It provides empirical evidence for evaluating the effects of the "Belt and Road" policy. It is suggested that efforts to improve the business environment through the efforts of two or more parties can provide a reference for the precise implementation of the "Belt and Road" initiative to promote the participation of Chinese enterprises in the division of global value chains and expand opening up.

Keywords: The "Belt and Road" Initiative; OFDI; Doing Business

Abstract: China – US economic and trade relation have been zigzagging forward with tariff dispute and negotiation since 2018. Chinese free trade areas strategy and the "Belt and Road" are important to adapt to the complex external environment and cope with China – US trade frictions. Both of them are aimed at market opening, trade facilitating and investment limitless, which are important elements in making new ground in pursuing opening up on all fronts. In this context, this paper analyses the necessity of the coevolution of free trade areas construction and the "Belt and Road" from micro firm-level and macro open-view, and untangle previous and current development status of the two elements based on quantity and quality. The causes for the coordinated development of the free trade areas construction and the "Belt and Road" are complex, China – US trade friction has increased the risk factors. For the difficulties and challenges from the coevolution development, we put forward to promote higher-standard bi-directional liberalization, improve the ability to set up and broad new trade topics, actively participate in regional cooperation, support WTO reform and build Chinese dominated global value chains.

Keywords: Free Trade Areas Construction; The "Belt and Road"; Coevolution; Trade Friction; High-level Openness

Abstract: The main risk of the "Belt and Road" initiative is legal risk and requires high quality legal services. The opening or liberalization of the legal services industry is an important way to improve legal services. The new international standards, represented by TiSA and TPP, require the negotiating countries to further lift restrictions on commercial presence pattern and presence of natural persons pattern, and achieve higher levels of legal service liberalization. The new rules of the domestic free trade zone have not broken through the original GATS commitment table in the areas of business scope, market access and national treatment, so they lag behind the new global standards and the results are not good. The current situation requires that the legal service industry should continue to be opened up under the rule of law. It is advisable to learn from the experience of opening up the legal service market in a phased manner from Korea and Japan, and to use the pilot free trade zone as a platform to connect with new international standards on the one hand and stress test on the other. Set a buffer period to protect and develop the domestic legal services industry. The pilot free trade zone should lead the legal service industry through the rule of law, continue to explore the partnership system of Chinese and foreign law firms, cancel the restrictions of foreign lawyers' interpretation and application of Chinese laws, introduce the lawyers' "fly in and fly out" system and improve the lawyers' liability insurance and other supporting legislation and relevant measures.

Keywords: Legal Services; the "Belt and Road" Initiative; Liberalization; The Rule of Law

Abstract: As an important part of RMB internationalization, the cultivation and development of offshore RMB market is of great significance to expand the influence of RMB in the countries along the line of the "Belt and Road" initiative, promoting RMB from peripheral to regional, and finally to globalization. In this paper, we use VAR - BEKK - MVGARCH - DCC model to study the dynamic relationship between Hongkong offshore and onshore RMB and the exchange rates of the main countries along the "Belt and Road" initiative. The results show that offshore RMB has significant mean spillover effect and volatility spillover effect on more currency exchange rates, and it is more susceptible to the influence of the main currency exchange rates along the "Belt and Road" initiative. The dynamic related relationship between offshore and onshore RMB and the major countries currency exchange rate along the "Belt and

Road” initiative have strong persistence, but their dynamic correlation coefficients fluctuate greatly. It shows that offshore RMB has a strong dynamic linkage with the countries along the “Belt and Road” initiative, but like onshore RMB, it has not yet formed a stable dynamic correlation. Therefore, we should further promote the construction of offshore RMB market, deepen the reform of RMB exchange rate system, strengthen the supervision of RMB market, encourage the cross-border use of RMB, improve the RMB internationalization infrastructure.

Keywords: The “Belt and Road”; RMB Internationalization; Offshore RMB; Exchange Rate Linkage

B.7 The New Pattern and Greening Process of China's Foreign Investment in the Context of the “Belt and Road” Initiative *Wang Peng, Wei Bi and Li Jingyuan* / 165

Abstract: The “Belt and Road” initiative not only greatly accelerates the growth of China's foreign direct investment flows, but also promotes the transformation of foreign direct investment in terms of geographical distribution, industrial distribution, and also the development of investment in mergers and acquisitions abroad. The initiative facilitates the establishment of a new pattern of China's foreign investment, which enhances China's status in the field of international investment and financing. At the same time, the initiative inaugurates the greening process of China's foreign investment. This paper reviews the development of China's foreign direct investment since Reforms and Opening-Up to the beginning of the “Belt and Road” initiative, and summarizes three characteristics of China's foreign direct investment. Additionally, this paper uses the initiative as a starting point, and analyses the opportunities and challenges of international investments, as well as the construction of China's new foreign investment pattern in the context of the “Belt and Road” initiative. Based on these analyses, this paper discusses the meanings and future developments of the greening process of the "Belt and Road" initiative.

Keywords: The "Belt and Road"; Foreign Investment; Green Finance

Abstract: Europe is an important part of the construction of the "Belt and Road", which is characterized by capital intensive and technology intensive. Developed industries and science and technology in Western Europe occupy a leading position in many fields of the world, while the tertiary industry also leads the world in many fields, so the European economy is highly complementary. However, in recent years, the European debt crisis, refugee crisis, deindustrialization, populism wave, the rise of polarized parties, anti-china suspicion and China and other phenomena have jointly demonstrated the division and crisis in Europe, so we can analyze the impact of the continuous investment environment in the political, social and economic fields. Based on the analysis framework of political sociology and political social phenomena, this paper evaluates the investment environment risk of the "Belt and Road" construction in Europe.

Keywords: Europe; Investment Environment; Risk Assessment

Ⅲ Cooperation Study

Abstract: Since China put forward the "Belt and Road" initiative in 2013, China's investment in ASEAN has gradually expanded. Among them, the

“Guangxi Corridor” opens up cooperation for China-ASEAN cooperation. As the main open platform for China to ASEAN, Guangxi not only promotes the deepening of China ASEAN cooperation, but also ushers in major development opportunities. This paper first introduces the current situation of Guangxi's investment in ASEAN countries and summarizes the problems it faces; then it analyzes the main risks in the investment process from three aspects of political risk, economic risk and social risk, and constructs an effective early warning system of investment risk for risk prevention; finally, it puts forward countermeasures to further accelerate Guangxi's investment in ASEAN and effectively reduce the risks Discussion: strengthen the guiding role of government investment, implement the strategy of “unity and assistance”; give full play to the demonstration role of large-scale enterprises in ASEAN Investment, provide service platform for small and medium-sized enterprises; implement localized operation of enterprises, promote the establishment of ASEAN Economic Community; establish risk transfer mechanism, improve the anti risk ability of enterprises; improve overseas investment insurance system, protect the legitimate rights and interests of investors.

Keywords: The “Belt and Road”; ASEAN Countries; Investment Risk; Guangxi Companies

Abstract: Does China's export of cultural products from ASEAN rely on the home market effect, and how is the situation of different cultural products? In response to these problems, this paper uses the panel data of bilateral trade of cultural products between China and ASEAN countries in 2008 – 2017, and applies the two-way fixed effect model to test the home market effect of China's exports of ASEAN cultural products and sub-products. The main conclusion of the study is that although China does not have a home market effect on the export of cultural products of ASEAN, the home market effect is detected in paintings, crafts and books, and the home market effect exceeds the traditional relative factor endowment to become the main driver of the export of these three types of products; The lower income level of ASEAN countries, the market effect of third countries and homogenized products are the possible reasons for China's lack of home market effects on the export of cultural products of ASEAN; The export of handicraft products has a home market effect, reflecting the South China Sea The problem is that the geopolitical factors of China and Vietnam, Indonesia, and the Philippines have not had a substantial impact on the export of handicrafts.

Keywords: ASEAN; Cultural Products Export; Home Market Effect; Gravity Model

Abstract: Since the "Belt and Road" initiative was launched six years ago, China has formed trade cooperation relations with countries and regions along the route in such fields as energy, metals, real estate, and transportation. Among them, the energy sector accounts for more than half of the total OFDI in the "Belt and Road" industry, and cooperation with ASEAN countries also shows this trend. Chinese energy companies have ushered in new opportunities in resource utilization and market development in ASEAN countries, and the investment security issues they face in the process of seeking transnational cooperation in energy resources cannot be ignored. This article analyzes the current situation of Chinese energy companies' investment in ASEAN countries, and proposes security measures for energy companies' direct investment in ASEAN based on the issues and risks of direct investment to provide some theoretical help for subsequent direct investment by energy companies.

Keywords: Energy Enterprises; Investment Security; the "Belt and Road"

B. 12 Henan Practice of Using SCO Platform to Promote Sino-Pakistan Agricultural Cooperation *Xu Ke* / 238

Abstract: Henan Province's "Opening-up Conference" pointed out that "to accurately grasp the trend of opening-up changes and phase characteristics" , Zhengzhou should be positioned as a central open city in Eurasia inland, expanding "opening to the West" to offset the impact of Sino-US trade friction. Agricultural cooperation between China and Pakistan is progressing smoothly in the Central Plain region and has broad prospects. Making use of the Shanghai Cooperation Organization Platform, we have selected Pakistan as a high-quality partner, giving full play to the functions of "local diplomacy" and "city diplomacy" , and providing international public service products, "hard strength", "soft strength" and "smart strength" will be condensed into the "comprehensive strength" of opening-up.

Keywords: SCO; Agricultural Cooperation; Smart Strength

B. 13 Joining the "Belt and Road" and the Yangtze River Economic Belt Development Node Cities: Type Identification and Path Analysis *Fu Hu* / 250

Abstract: The node cities in the "Belt and Road" and the Yangtze River economic belt are of great value in coordinating the transformation and upgrading of domestic industries and strengthening regional economic links. This study examines the spatial economic links between cities and finds a "power-law distribution" feature by means of multivariate traffic flow method, and forms 6 types of cities that connect the "Belt and Road" and the Yangtze River economic belt. On this basis, according to the different types of node cities, this paper analyzes the four challenges faced by the integration of the "Belt and Road" and the Yangtze River economic belt, and forms the train of thought and specific path for the integration of node city docking into the national top-level design, including enhancing the economic opening function of each node city, the function of channel hub, the function of gathering elements, the function of external communication, and the comprehensive service function. This study also explores the export-oriented economic development mode suitable for the differentiation of six types of node cities, including innovation driven, market driven, traffic driven, cost driven, efficiency driven, characteristic resource driven, etc. Finally, from the perspective of inter regional coordination mechanism, inter regional interconnection mechanism and factor guarantee mechanism, the safeguard mechanism of node city integration into the "Belt and Road" and the Yangtze River economic belt is formed.

Keywords: The "Belt and Road" Initiative; Yangtze River Economic Belt; Node Cities; Spatial and Economic Links

Ⅳ Industry Development

Abstract: The "Belt and Road Initiative" has strengthened political mutual trust and economic integration between China and other countries. With the development of blockchain technology, digital currency and electronic payment (DC/EP) bring in new factors to the current world economy. Because the traditional electronic payment mode fails to meet the requirement of the public, combined with the technical advantages of block chain, digital currency can improve the payment efficiency and reduce costs, and meet the needs of various application scenarios. In the view of the wealth transfer, this paper analyzes the emergence of future wealth, and infers four characteristics of future currency: credit based, with certain inflation, the mechanism of making wealth flow to the bottom and multi currency structure. It can be concluded that the digital currency project including Libra has a good momentum in the short term, but is still verified that it can be used as the world currency in the future. Based on the above background, China can grasp the historical opportunity to promote digital currency for the future, further promote the development of the “Belt and Road Initiative”, and empower the digital construction of the “Belt and Road” Initiative, and prevail in this global reconstruction and competition. Thus, we put forward a token-based bookkeeping model and relevant digital currency scheme, with high scalability, security and TPS, which is worthy as a priority infrastructure in China's developing digital currency system.

Keywords: The “Belt and Road”; Digital Currency; Digital Economy

Abstract: The “Belt and Road” initiative provides new opportunities for the development of China's tourism industry, and the combination of cultural relics and tourism is also an emerging tourism model in recent years. This article takes 18 provinces along the “Belt and Road” Initiative as research objects, collects data related to the development of cultural tourism industry from China Statistical Yearbook, China Tourism Yearbook and Statistical Yearbook of Chinese Cultural Heritage to construct an evaluation system for the competitiveness of the cultural tourism industry, including 3 first-level indicators and 14 second-level indicators. Based on the factor analysis method, three main factors were extracted, which are the current status of cultural development, the development of tourism, and the basic support of cultural development. According to the ranking of scores, the provinces and cities along the “Belt and Road” initiative are divided into strong areas, potential areas and backward areas for the development of cultural tourism industry, and suggestions for developing cultural tourism industry are put forward for different regions.

Keywords: The "Belt and Road"; Cultural Tourism; Cultural Creative Industry; Factor Analysis

B. 16 Environmental Legal Risks and Prevention of Chinese Enterprises' Investment in the Bamboo Industry in Africa under the Background of the "Belt and Road"

Zhang Xiaohu, *Liu Nian* / 296

Abstract: Bamboo industry is a new industry of Africa in recent years, which shows great development potential. The Chinese government has offered to help Africa to develop bamboo industry, since the revitalization of the African bamboo industry has brought opportunities along with the steady progress of the initiative and the establishment of friendly relationship between two sides. As a result, a lot of Chinese companies will invest in Africa bamboo industry in the future. However, as African countries balance the interests between economic development and environmental protection, a number of restrictions on investment environment will be imposed on Chinese companies. Hence, Chinese companies' investments in the bamboo industry probably will be facing huge legal risk of environment at various stages of project construction, production and operation, and termination. Considering the operation philosophy of domestic companies and environmental laws and regulations of African countries, Chinese enterprises should construct a variety of environmental legal risk prevention measures, including extending the environmental impact assessment, implementing of list the environmental duty, and establishing the diversified settlement mechanism to resolve environmental conflicts, in order to develop the bamboo industry in a green way on the basis of protecting the ecological environment of Africa.

Keywords: Chinese Enterprises; Investment in Africa; Environmental Legal Risk

皮 书

智库报告的主要形式
同一主题智库报告的聚合

皮书定义

皮书是对中国与世界发展状况和热点问题进行年度监测，以专业的角度、专家的视野和实证研究方法，针对某一领域或区域现状与发展态势展开分析和预测，具备前沿性、原创性、实证性、连续性、时效性等特点的公开出版物，由一系列权威研究报告组成。

皮书作者

皮书系列报告作者以国内外一流研究机构、知名高校等重点智库的研究人员为主，多为相关领域一流专家学者，他们的观点代表了当下学界对中国与世界的现实和未来最高水平的解读与分析。截至 2020 年，皮书研创机构有近千家，报告作者累计超过 7 万人。

皮书荣誉

皮书系列已成为社会科学文献出版社的著名图书品牌和中国社会科学院的知名学术品牌。2016 年皮书系列正式列入“十三五”国家重点出版规划项目；2013~2020 年，重点皮书列入中国社会科学院承担的国家哲学社会科学创新工程项目。

社会科学文献出版社
SOCIAL SCIENCES ACADEMIC PRESS (CHINA)
皮书系列
卡号：148534553256
密码：

S 基本子库
UB DATABASE

中国社会发展数据库（下设 12 个子库）

整合国内外中国社会发展研究成果，汇聚独家统计数据、深度分析报告，涉及社会、人口、政治、教育、法律等 12 个领域，为了解中国社会发展动态、跟踪社会核心热点、分析社会发展趋势提供一站式资源搜索和数据服务。

中国经济发展数据库（下设 12 个子库）

围绕国内外中国经济发展主题研究报告、学术资讯、基础数据等资料构建，内容涵盖宏观经济、农业经济、工业经济、产业经济等 12 个重点经济领域，为实时掌控经济运行态势、把握经济发展规律、洞察经济形势、进行经济决策提供参考和依据。

中国行业发展数据库（下设 17 个子库）

以中国国民经济行业分类为依据，覆盖金融业、旅游、医疗卫生、交通运输、能源矿产等 100 多个行业，跟踪分析国民经济相关行业市场运行状况和政策导向，汇集行业发展前沿资讯，为投资、从业及各种经济决策提供理论基础和实践指导。

中国区域发展数据库（下设 6 个子库）

对中国特定区域内的经济、社会、文化等领域现状与发展情况进行深度分析和预测，研究层级至县及县以下行政区，涉及地区、区域经济体、城市、农村等不同维度，为地方经济社会宏观态势研究、发展经验研究、案例分析提供数据服务。

中国文化传媒数据库（下设 18 个子库）

汇聚文化传媒领域专家观点、热点资讯，梳理国内外中国文化发展相关学术研究成果、一手统计数据，涵盖文化产业、新闻传播、电影娱乐、文学艺术、群众文化等 18 个重点研究领域。为文化传媒研究提供相关数据、研究报告和综合分析服务。

世界经济与国际关系数据库（下设 6 个子库）

立足“皮书系列”世界经济、国际关系相关学术资源，整合世界经济、国际政治、世界文化与科技、全球性问题、国际组织与国际法、区域研究 6 大领域研究成果，为世界经济与国际关系研究提供全方位数据分析，为决策和形势研判提供参考。

法律声明